TREZE ALMAS

Marcelo e Mauro se esforçando para uma foto comportada, numa tarde de inverno em 1973. Sem sucesso!

AO MEU IRMÃO, MAURO.

A imagem do meu irmão ardendo em chamas ainda é viva em minha mente. Quando o acidente aconteceu, éramos garotos, e eu me lembro o quanto ele lutou para viver. As feridas deixadas pelo fogo foram quase nada perto das que ele teria de enfrentar pelo caminho, muitos anos depois. Ainda dói e não cicatriza. Ele combate suas tristezas, medos e revoltas à sua maneira, e eu o admiro por isso. É o jeito "Mauro" de ser.

Ele acha que entendo de muita coisa só porque escrevo em parceria com os colegas desencarnados. No entanto, meu irmão, um ano e meio mais velho, é quem sempre foi o gênio lá de casa.

Eu o amo e o respeito por ser do jeito que é, por falar o que pensa e o que sente, por ser inteligente pra caramba, além de ter um humor extraordinário e dominar qualquer assunto. Ele é uma enciclopédia que consulto a todo momento.

Esse cara, além de ser um grande homem, em todos os sentidos, é uma das forças que me sustentam nesta vida.

COORDENADORA EDITORIAL: TÂNIA LINS
ASSISTENTE EDITORIAL: MAYARA SILVESTRE RICHARD
COORDENADORA DE CRIAÇÃO: PRISCILA NOBERTO
COORDENADOR DE COMUNICAÇÃO: MARCIO LIPARI
CAPA E PROJETO GRÁFICO: REGIANE STELLA GUZZON
DIAGRAMADORA: LETÍCIA NASCIMENTO
PREPARADORA: MÔNICA D'ALMEIDA
REVISORA: CRISTINA PERES

1ª edição – 3ª impressão
3.000 exemplares – novembro 2014
Tiragem total: 28.000 exemplares

Dados Internacionais de Catalogação na Publicação (CIP)
(Câmara Brasileira do Livro, SP, Brasil)

Aurélio, Marco (Espírito).
Treze almas / pelo espírito Marco Aurélio;
[psicografia de] Marcelo Cezar. — São Paulo:
Centro de Estudos Vida & Consciência Editora, 2014.

ISBN 978-85-7722-237-7

1. Espiritismo 2. Romance espírita
I. Cezar, Marcelo. II. Título.

13-13845 CDD-133.9

Índices para catálogo sistemático:

1. Romance espírita : Espiritismo 133.9

Este livro adota as regras do novo acordo ortográfico (2009).

Editora Vida & Consciência
Rua Agostinho Gomes, 2.312 – São Paulo – SP – Brasil
CEP 04206-001
editora@vidaeconsciencia.com.br
www.vidaeconsciencia.com.br

MARCELO CEZAR

ROMANCE INSPIRADO PELO ESPÍRITO MARCO AURÉLIO

TREZE ALMAS

1

O sol ainda não se recolhera, tingia o céu em tons de laranja e vermelho, tornando aquele entardecer na capital paulista bucólico e aprazível. Amanda e Nádia entraram no centro espírita às seis em ponto. O local já estava apinhado de gente, como de costume, mas havia ali uma energia tranquilizadora, que convidava à reflexão e à quietude. Elas se dirigiram à fila de passes em silêncio, esperaram, entregaram a ficha.

Depois de alguns minutos, entraram em uma salinha, onde havia algumas pessoas vestidas de branco, em pé atrás de cadeiras colocadas em círculos, que sorriam para os que entravam. As duas mulheres e mais dez pessoas foram entrando e se acomodando. Sentaram-se. Uma música suave encheu o ar, e uma luzinha azul dava um toque calmante ao recinto.

Depois de um passe revigorante, Amanda e Nádia receberam um copinho com água, beberam e foram para o salão de palestras. Elas adoravam as palestras proferidas por Orlando. Era um velhinho que beirava os noventa anos, alto, olhos esverdeados, cabelos brancos e

fartos, penteados para trás, traços marcantes, de quem fora muito bonito no passado. Ele falava com voz grave, sem atropelos, com lucidez e eloquência surpreendentes. Ninguém diria a idade que tinha. Aparentava bem menos. Andava com segurança e elegância, o corpo ereto, nem um milímetro curvado. O sorriso não desgrudava dos lábios.

— Se eu tivesse um avô — comentou Amanda —, seria assim, como o Orlando.

— Concordo — respondeu Nádia. — Ele é muito fofo, além de ser muito elegante e inteligente.

Orlando não gostava que o chamassem de senhor ou doutor. Simplesmente Orlando. Era casado havia mais de cinquenta anos com Selma, uma senhora de setenta e poucos anos, bonita, cabelos graciosamente pintados de castanho-claro, olhos verdes e profundos, de uma mediunidade estupenda.

O casal mantinha o centro espírita havia muitos anos. Era um centro diferente do convencional, sem ligação com nenhuma entidade, federação ou algo do gênero. Orlando era um livre-pensador, de mente bem aberta, lia Kardec em francês, viajara o mundo e conhecera outras correntes espiritualistas que estudavam seriamente a reencarnação. Em seu centro, além dos tratamentos convencionais, também se fazia uso de cromoterapia, de cristais e de ervas.

No plano astral do centro, espíritos de padres, freiras e médicos transitavam por entre pretos-velhos, caboclos e índios. Era um espaço sem preconceitos, que encarnados e desencarnados frequentavam por afinidade e gosto, com o objetivo comum de promover a ampliação de consciência das pessoas, manter o equilíbrio emocional e preservar a paz interior.

Nas aulas, sempre lotadas, os alunos aprendiam que as energias que a pessoa irradia são responsáveis

por tudo o que ela atrai em sua vida e que as energias negativas grudam no ser, diminuem sua força e seu estoque de boas energias, deixando o corpo suscetível às doenças. Orlando sempre fazia questão de reforçar em suas palestras:

— É preciso inteligência para não se deixar envolver pela energia negativa, seja dos encarnados, seja dos desencarnados.

Orlando e Selma sofreram reprimendas, mas sempre receberam ajuda e apoio dos bons espíritos. Os dirigentes desencarnados da casa sempre os orientavam:

— Não liguem para a crítica nem para o julgamento dos outros. Enquanto eles criticam, vocês estudam, pesquisam, trabalham e ajudam. Vocês é que estão em sintonia com o plano espiritual superior. Esqueçam as convenções do mundo.

Orlando escutava, assimilava e colocava em prática as orientações dos mentores, fortalecendo sempre o pensamento no bem. Conclusão: o centro espírita, antes um espaço pequeno, que atendia meia dúzia de pessoas, agora atraía gente de todos os cantos do país. Até uma rede inglesa de televisão rodara um documentário sobre o centro e sobre a vida de Orlando e Selma, o que despertou o interesse de pesquisadores norte-americanos que estudavam e investigavam com seriedade os fenômenos paranormais.

Ele e a esposa conheceram Neide, uma espírita de mediunidade também extraordinária, que fazia um ótimo trabalho de cura em Minas Gerais. A amizade e a parceria brotaram espontaneamente. Quando havia algum caso mais sério de doença, Orlando enviava o paciente para Minas. Se o paciente não tinha recursos, Orlando conseguia uma maneira de juntar o dinheiro necessário para custear a viagem. Tudo dava certo. Sempre. Às vezes,

em casos mais graves, Neide vinha até São Paulo, atendia o paciente na residência ou no hospital, e se hospedava na casa do casal amigo.

Orlando e Selma optaram por não ter filhos. Preferiam dedicar-se em tempo integral às atividades do centro, que eram muitas.

Amanda e Nádia eram frequentadoras do centro, e a mãe de Nádia, Melissa, fora amiga de Neide nos tempos em que tinha morado em Minas, muitos anos atrás.

— Como está seu pai? — indagou Nádia.

— Na mesma, amiga — respondeu Amanda, entristecida, dando de ombros. — Está lá, no quarto do hospital, esperando a morte chegar.

— Triste, não?

— Mas o que fazer, Nádia? Ainda bem que eu creio na vida após a morte. A mudança sempre existe e sempre é para melhor, embora, às vezes, ela venha de forma dolorosa. A resistência faz com que a vida traga um desafio mais forte. Nada fica parado.

— Eu a admiro! — Nádia apertou delicadamente a mão da amiga.

— Se eu não for forte e não aceitar as coisas como são agora, então de nada adiantaram esses anos que aqui viemos.

— Você está coberta de razão, Amanda. Não temos mesmo o que fazer.

— Já entreguei nas mãos de Deus — tornou, sincera.

— Em todo caso, se quiser, posso dormir no hospital, revezar.

— Imagine! Você tem marido e filhos, Nádia!

— Você também.

— Contratei enfermeiras que se revezam. E papai não vai se demorar para partir. Eu sinto.

— Acha mesmo?

— Acho. Se mamãe estivesse viva — Amanda refletiu —, talvez ele tivesse enfrentado a doença de outra forma. Mas não. O câncer o está corroendo por dentro. Os médicos disseram que ele deveria ter morrido há quase um mês, acredita? Eu não entendo o porquê de tanta resistência.

— Será que algum espírito o prende aqui?

— Não sinto isso quando estou lá no quarto dele. Não percebo nada ruim.

— Não acha melhor perguntar ao Orlando?

— Ele é tão ocupado, Nádia. Melhor não perguntar. Vamos aproveitar e orar, pedir aos espíritos que ajudem papai a se desprender do corpo o quanto antes e ir embora deste mundo. Oitenta anos, estado terminal. Chega, né?

— Tem razão.

Amanda remexeu-se no banco e comentou, baixinho:

— Preciso lhe confidenciar uma coisa.

— O quê?

— Ontem aconteceu algo inusitado.

— O que foi?

— Papai não tem mais falado, há dias. Estava sentindo muitas dores, os médicos aumentaram a dose de morfina, e ele está praticamente inconsciente.

— Sei.

— Mas... Nádia... ele balbuciou um nome.

— Um nome?

— É. Ao passar no hospital hoje cedo, como faço todos os dias, encontrei a enfermeira da noite deixando o turno. E ela me contou.

— Será que ela não deu um cochilo e sonhou?

— Não. Ela disse com todas as letras: Lina.

— Lina?

— Sim. Comentou que papai passou a noite toda gemendo e pronunciando esse nome: Lina.

— Estranho.

— Eu não conheço ninguém com esse nome. Na minha família, pelo menos, não conheço ninguém.

— Não é o nome da primeira esposa do seu pai? — indagou Nádia.

— Não. Pelo que sei, o nome da primeira esposa do papai era Rosana.

— E da filha dele? Seu pai teve uma filha, não teve?

— Sim, mas o nome dela era Amélia, Amelinha — Amanda falou e sentiu um calafrio percorrer-lhe o corpo.

— Que sensação estranha! — tornou Nádia.

— É. Estranha.

— Sente-se bem? Quer uma água?

— Aceito.

Nádia levantou-se e foi buscar a água. Ela adorava Amanda. Eram amigas desde sempre, desde que nasceram. As famílias eram amigas, e elas tinham a mesma idade. Cresceram juntas e não se desgrudavam por nada. Embora casadas e com dois filhos cada uma, eram como unha e esmalte, do tipo que se ligavam todos os dias, falavam-se a todo instante, mesmo que fosse para comentar o capítulo da novela do dia anterior. Elas se gostavam de verdade.

Nádia voltou e entregou o copo a Amanda, que bebeu e sentiu-se melhor. De repente, perceberam uma sombra imensa sobre elas. Amanda levantou os olhos assustada e... sorriu. Era Orlando, enorme, com o sorriso de sempre estampado nos lábios.

— Como vão, meninas?

— Tudo bem, Orlando? — perguntou Nádia.

— Vou indo, e você? — completou Amanda.

Ele foi direto:

— Meu guia mandou um recado para você, Amanda.

— Para mim?

— Sim. É sobre Luís Sérgio.

— Papai está com um obsessor, não é? Por isso não desencarna.

Orlando meneou a cabeça negativamente.

— Não. Seu pai está preso porque está atormentado com situações mal resolvidas.

— Situações de vidas passadas? — questionou Amanda.

— Não. Desta vida mesmo — respondeu Orlando. — Luís Sérgio já deveria ter desencarnado. Como tudo ocorre na hora certa, no tempo certo, logo ele vai se permitir ir. Quando seu espírito decidir que acabou, acabou.

— Mas o tumor está devorando o corpo dele — interveio Nádia.

— O corpo físico está sendo consumido pela doença, mas o espírito está lúcido e tem o poder de decidir quando cessa a vida, conscientemente ou não — observou Orlando. — Luís Sérgio está preso na culpa, no remorso.

— O que podemos fazer? — quis saber Amanda.

— Precisamos ir até o hospital e conversar com seu pai.

— Ele não escuta. Está inconsciente.

— Conversaremos com o espírito dele. Depois faremos uma oração. No entanto, preciso que Neide venha nos ajudar. Terei de chamá-la. E Melissa também precisará vir.

— Mamãe?! — perguntou Nádia, surpresa. — O que minha mãe tem a ver com isso?

— Tudo — respondeu Orlando. — Sua mãe vai nos ajudar no processo de desenlace de Luís Sérgio.

— Como?

— Sua mãe foi muito importante para alguém que vai libertar Luís Sérgio da matéria.

— Quem? — inquiriu Amanda, curiosa.

Orlando olhou para as duas e sorriu:

— Lina.

Amanda e Nádia arregalaram os olhos.

— Quem?! — insistiu Amanda, segurando o braço de Nádia, para não cair.

— Lina — Orlando repetiu, calmamente.

As duas se entreolharam e balançaram a cabeça, estupefatas, curiosíssimas. Amanda não podia acreditar naquilo. Como Orlando soubera de Lina? Por que Luís Sérgio balbuciara aquele nome durante toda a noite anterior? Afinal de contas, quem era Lina?

Seria preciso voltar no tempo, precisamente ao sertão nordestino, no finzinho da década de 1950, para saber quem tinha sido aquela mulher que mexera com a vida de tanta gente...

2

O sol, impiedoso, não dava trégua. Parecia um olho raivoso a fulminar tudo o que estivesse ao seu alcance. O dia começava abafado e, ao meio-dia, a sensação que se tinha era a de se estar vivendo dentro de um imenso forno. Para muitos, a impressão era a de que se vivia literalmente no inferno. O calor do sertão nordestino é assim: quente demais, abafado demais, ardido demais.

O ano começara e nem sinal de chuva. Nada. Fazia meses que não caía uma gota de água do céu. Lavradores e agricultores perderam a colheita; os animais minguavam até morrer. O cenário era triste, desolador.

Jovelino nascera e crescera no Ceará, em uma cidade que era puro deserto. Chovia a cada dois, três anos. Todavia, esta seca estava se arrastando havia tempos; era pior do que a de 1915, afirmavam os mais velhos, que se lembravam com pesar da seca que os castigara havia mais de quarenta anos. Jovelino não tinha alternativa. Precisava ir embora, mesmo que sem rumo.

Dos quatro filhos, dois já tinham morrido. De fome. Cícera, a esposa, era um trapo de gente. O pouco

de farinha e rapadura que conseguiam a duras penas ia direto para a boca dos outros dois filhos.

— Não dá mais pra ficar aqui, mulher.

— E o que fazer? Já rezei pedindo um pouco de água. Janeiro chegou e nada.

— Vamos embora.

— Para onde, Jovelino? Cinira mais os filhos foram para o Amazonas. A barca virou e não sobrou ninguém. Eu não quero subir — fez um gesto com os dedos, apontando para o Norte.

— Vamos descer.

— Será que aguentamos?

Jovelino tirou o chapéu de couro e limpou o suor que encharcava seu rosto. Meneou a cabeça:

— Pior do que a vida que estamos tendo não vai ser. Certeza. Amanhã seguimos viagem para baixo. O compadre Ribamar disse que estão construindo uma cidade no meio do nada, lá pros lados de Goiás.

— A viagem vai ser muito longa. As crianças não vão aguentar *mode* não comem há dias.

— Do jeito que está, vamos morrer. Melhor arriscar. Só sobramos nós aqui.

— Aqui parece uma cidade fantasma. Nem alma tem. O sol espantou os vivos e os mortos.

Jovelino fez o sinal da cruz:

— Melhor arriscar.

— Está certo.

— Tenho duas garrafas de aguardente. Vou ver se troco por comida no armazém. Partimos por estes dias.

Durvalina, a mais velha, contava catorze anos de idade. Tinha um bom coração e era dotada de enorme senso de justiça. Nos últimos dias apresentava sono agitado, alguns pesadelos. Embora entre um agito e outro sonhasse com Bibiana, antiga moradora do vilarejo,

benzedeira, por quem ela nutria muito carinho e que morrera havia alguns meses, Durvalina geralmente acordava com a respiração entrecortada, ofegante, gemendo palavras sem nexo.

Naquela noite, acordou num solavanco. Passou as costas das mãos pela testa suada. Tateou o chão, voltou a adormecer. Assim que entrou em sono profundo, sonhou com Bibiana. Era como se a velhinha estivesse ali, ao lado dela, viva.

— Estou com medo, Bibiana. Parece que algo muito ruim vai acontecer.

— Seu espírito pressente as mudanças. Sua vida está para mudar de maneira radical.

— Vou morrer, como meus irmãos?

— Não. Não é o seu momento.

— Por que esta sensação desagradável?

Bibiana, olhos azuis profundos e brilhantes, encarou-a e, enquanto alisava os cabelos de Durvalina, disse com voz amável:

— Quando estamos vivendo situações de incerteza na vida, é natural essa sensação desagradável, porque você não tem controle de nada, não sabe o que vai acontecer.

— Tenho medo. Painho e mainha querem pegar a estrada e partir rumo ao desconhecido. Não sei aonde vamos parar. Gosto de ter controle da situação. Sempre fui assim.

— Está na hora de mudar, minha querida.

— Não quero. Não admito injustiças. Isso me tira do sério.

Bibiana meneou a cabeça para os lados e exalou um suspiro.

— Tantas vidas levadas ao extremo, Durvalina, para quê? Para lhe trazer dor? Não acha que está na hora de sentir a essência divina, confiar nas forças universais e deixar que a vida se encarregue daquilo que você não tem condições de mudar?

— É muito difícil. Durante muitos séculos, fui guerreira. Matei e morri por justiça, para proteger minha tribo, meu povo, meu país...

— Tornou-se forte, cresceu por caminhos tortuosos. Agora está em uma posição em que tem condições de rever essas crenças extremistas. De nada adianta ser inflexível, adotar posturas rígidas, porque a vida muda a cada segundo, a vida muda a todo momento, é flexível.

— É difícil, Bibiana. Muito difícil.

— Ora — tornou Bibiana sorridente —, mas não é impossível. Veja — ela achegou-se mais a Durvalina e passou o braço pelos ombros da menina —, o dia a dia no planeta é um eterno desconhecido. Você tem uma falsa sensação de segurança, no entanto, a vida encarnada não funciona da maneira como imaginamos. Tudo pode mudar num piscar de olhos. A morte, por exemplo, chega sem avisar, não é mesmo?

Durvalina apoiou a mão sobre a da velha senhora:

— Disse que eu não ia morrer. Estou com medo.

— Vamos mudar de assunto — tornou Bibiana. — O meu tempo é curto. Hoje vim vê-la por outro motivo.

— Qual?

— Preciso que vá até minha casa. Sob a minha cama, há um saco costurado bem rente ao estrado, quase imperceptível. Ao abri-lo, vai encontrar uma caixinha. Quero que pegue o que tem dentro dela.

— O que tem dentro da caixinha?

— Um saquinho. Amarre-o no pescoço.

— É um patuá? É para me dar sorte?

Bibiana riu.

— Num primeiro momento, sim. Amarre-o no pescoço. É um saquinho de couro. Depois, no momento oportuno, vou inspirá-la a guardá-lo em outro lugar.

— Está bem. Tem certeza de que vou me lembrar de todo o sonho?

— Somente do essencial. Vai se lembrar de pegar o saquinho de dentro da caixa. É o que importa. Precisa fazer isso antes que outra pessoa o faça.

— Quem?

— Ninguém que você conhece. Deixe de ser curiosa.

— Está certo. Estou com saudades da senhora.

— Eu também, meu tesouro — Bibiana a beijou na testa. — Agora precisa voltar e descansar. Logo o sol vai nascer.

— Está bem.

— E não se esqueça de controlar seus impulsos. Faça a sua parte e deixe a justiça divina fazer o resto.

— Vou tentar. Juro que vou.

No dia seguinte, bem cedinho, Durvalina acordou e, com muitas partes do sonho ainda frescas na memória, pulou da cama e arrumou-se com o intuito de ir à casa de Bibiana. Encontrou o pai também de saída.

— Aonde vai?

— Até a casa de dona Bibiana.

Jovelino olhou-a de soslaio.

— *Mode* fazer o quê? A casa está fechada. Veio um parente distante dia desses, perguntou, entrou na casa, vasculhou e saiu meio decepcionado. Não se lembra do homem?

— Não.

— Ele passou pelo armazém. Sua mãe viu.

Durvalina lembrou-se imediatamente da caixa.

"Será que o homem está atrás da caixa?", pensou.

Desconversou:

— Dona Bibiana colecionava revistas de cantoras de rádio. Vou ver se sobrou alguma para levar na viagem.

— A casa ficou vazia.

— Eu vou dar uma espiada, pai. Só uma espiada.

— Não gosto que entre na casa dos outros.

— Ela já morreu. E gostava de mim. Se a casa está vazia, que mal há?

— Está bem. Mas nada de entrar na casa.

— Está certo. Só vou espiar — mentiu, obviamente.

Jovelino meteu o chapéu na cabeça e saiu com as garrafas de aguardente. Durvalina correu na direção oposta até a casa de Bibiana. Ao se aproximar, viu uma poeira densa se levantar e não conseguiu enxergar o veículo que se afastava. Só escutou o ronco do motor. Cobriu o rosto para não deixar o pó de terra vermelha entrar nos olhos.

Ao abri-los, nada. Nem poeira, nem carro, nem barulho. Aproximou-se da varanda e notou a porta entreaberta. Mordiscou os lábios apreensiva.

— Será que entro?

Sentiu um friozinho na barriga. Ouviu uma voz sussurrando em seu ouvido, forte e determinada:

— Entre!

Imediatamente Durvalina empurrou a porta e entrou. A casa estava praticamente vazia. Os poucos móveis estavam cobertos com panos. Ela atravessou a sala, dobrou o corredorzinho até o quarto e entrou. Só havia a cama, nenhum outro móvel no cômodo. Durvalina abaixou-se e começou a tatear o estrado. Sentiu o tecido grosso e abaixou a cabeça. Estava bem costurado. Ela olhou ao redor, levantou-se e foi até a cozinha. Havia alguns talheres sobre a pia e ela apanhou uma faca. Voltou ao quarto, rasgou o tecido e a caixinha caiu no chão.

Era pequena, parecia uma caixinha comum de joia. Abriu-a e tirou dela um saquinho, bem pequeno,

de couro. Ela apertou-o e sentiu ser algo parecido a um caroço de azeitona. Sorriu e o amarrou como um colarzinho em volta do pescoço.

Durvalina guardou a caixinha dentro do saco, levou a faca até a cozinha, depois saiu e fechou a porta. Quando estava afastada da casa, não percebeu que um homem, dentro do veículo, a uns bons metros de distância, olhava para ela com ar de interrogação e se perguntava, passando o lenço sobre o rosto vermelho e suado:

— Eu revirei a casa toda e não encontrei nada. A velha não tinha nada de valor. Mas então... Que diabos essa menina foi fazer lá dentro? Preciso segui-la e tentar descobrir...

3

Naquela mesma semana, enquanto o sol forte continuava a castigar a terra e seu povo, Jovelino e Cícera pegaram alguns pertences, um pouco de comida que haviam conseguido em troca das garrafas de aguardente, amarraram na mula e seguiram viagem. Donizete, cinco anos, apertando a mão da mãe, caminhava com os olhos grudados no chão; às vezes, parava um pouco, choramingava de fome. Estava bem magrinho, era só botar reparo no menino que se contavam as costelas.

Durvalina apanhava um punhado de farinha fresquinha e metia na boca do moleque.

— Vamos, Donizete. Aguente firme. Painho disse que vamos para uma cidade nova.

— Lá tem água?

— Deve de ter.

— Muita água?

— Sim. Agora coma, querido.

O menino engolia a massaroca devagarinho, sorria, e continuavam seguindo viagem.

No terceiro dia, encontraram um bezerro bem magrinho no caminho. Donizete e Durvalina correram até ele.

— É de verdade, pai! — exclamou Donizete, alegre, enquanto tocava no animal.

— Precisamos comer — acrescentou Cícera. — Senão morreremos de fome.

Jovelino puxou o facão e matou o bicho. Os filhos ajudaram-no a arrancar as entranhas. Donizete tinha tanta fome que não esperou. Abocanhou um punhado das tripas e, mesmo sentindo o gosto amargo de sangue, mastigou e engoliu.

Quando o pai puxou o facão, Durvalina afastou-se. Sabia que o animal iria morrer, mas a fome era tanta... Escondeu os olhos com as mãozinhas encardidas. Nunca gostou de matar bicho, tinha pena. Só que naquele momento era questão de sobrevivência. Não dava mais para se manter em pé à base de rapadura apenas. O estômago doía. Vencida pela fome, Durvalina comeu um pedaço de tripa, a contragosto.

Depois de assar algumas partes do animal e servir os filhos e a esposa, Jovelino comeu alguns nacos de carne. Sentindo-se mais revigorados, deitaram-se sobre a terra morna e dura.

— Amanhã seguimos mais um pouco.

— De barriga cheia, vamos chegar lá — emendou Cícera, sorrindo.

Durvalina sentiu uma forte dor no estômago.

— O que foi? — perguntou Cícera.

— Acho que a comida não desceu bem. Estou enjoada e com dor de barriga.

— Corre até o arbusto — apontou o pai.

— Pelo jeito vai sair por cima e por baixo — completou a mãe.

A menina acelerou o passo e se escondeu atrás de um arbusto espinhento. Levantou o vestidinho puído e agachou. O enjoo passou, Durvalina respirou fundo, olhou para o céu e viu uma estrela.

— Deus, me ajude. Não aguento mais tanta privação. Quero uma vida melhor — suplicou e deixou uma lágrima escapar.

De repente, ouviu-se uma gritaria, e dois homens mal-encarados acercaram-se da família.

— Roubaram e mataram nosso animal! — vociferou um deles.

Jovelino tentou defender-se. Levantou-se num salto e argumentou, humilde:

— Não! Não roubamos nada. O bezerro estava no caminho. A fome era tanta! Tenha piedade — apontou para Donizete. — Meu menino estava passando fome. Olha como ele é mirradinho e...

Era uma dupla de matadores. Cruéis e sem compaixão. Agiram de maneira rápida. Durvalina deitou-se atrás de outro arbusto ressequido e ficou à espreita. Viu quando a luz da lua refletiu na lâmina afiada de um dos homens. O facão desceu e atingiu em cheio o menino.

Donizete estava adormecido e tão fraquinho que mal sentiu o golpe. A morte foi instantânea. Cícera arrastou-se e jogou-se sobre o corpo do filho, numa tentativa tardia de protegê-lo. Logo, ela e Jovelino também estavam estirados no chão, olhos arregalados e estáticos, fitando o nada, o sangue a escorrer pelo canto dos lábios.

Durvalina engoliu em seco. Subitamente sentiu o desejo de vingança, de justiça.

"Mataram meu irmãozinho, um garoto inocente", pensou, entre lágrimas. "Eles vão se ver comigo."

Levantou-se rápido e correu. O mais forte dos homens avançou e alcançou-a.

— Não carece de ter medo *mode* não vou lhe matar.

— Matou meu irmão! — protestou, nervosa, olhos rancorosos.

— O pequeno estava por um fiozinho. Não ia aguentar. Estava sofrendo.

— Por acaso é Deus? — gritou ela, enraivecida.

O grandalhão deu uma cusparada para o lado e gargalhou.

— Atrevida! — e meteu um tabefe no rosto de Durvalina.

Ela cambaleou e caiu. O outro veio logo atrás:

— Deixe ela, Tenório — e, aproximando-se, interrogou: — Quantos anos tem?

Durvalina aproveitando-se de seu estado raquítico e desnutrido, mentiu sem pestanejar:

— Dez.

— As regras já vieram?

Ela fez não com a cabeça, mentiu de novo. Se eles soubessem que ela já menstruava, na certa iriam estuprá-la. Não. Tinha de mentir. Era questão de sobrevivência. Ela repetiu, agora com voz mais infantil:

— Ainda não. Acabei de completar dez anos.

— E daí que ainda não é mulher? — perguntou Tenório.

— Nada disso, homem — respondeu Olério. — Se abusarmos de menina pura, não entraremos no céu.

— A gente cria ela até ficar formosa. O que me diz?

— Pode ser.

Tenório fixou os olhos no pescoço dela.

— O que é isso aí? — apontou.

Durvalina levou a mão até o saquinho e respondeu rápido:

— Um patuá. Foi mainha quem fez. Para me dar sorte.

— Funcionou. Pelo menos ainda está aqui, viva.

— Chega de conversa — cortou Olério. — Agora vamos dormir *mode* que o dia vai clarear e seguiremos viagem.

Durvalina estava muito abalada. Não se importava se eles lhe pedissem o saquinho. Sabia que eram dois matadores, assassinos profissionais. Não hesitaria em lhes dar o que quer que fosse. Estava mais interessada em preservar a própria vida. Ao longe, com a claridade lunar, viu os três corpos ensanguentados e estirados no chão.

— Mataram minha família — murmurou entre dentes. — Mas eles me pagam. Vão ter o troco. Juro que vão.

Olério, o menos cruel, puxou-a pelo braço e a fez deitar-se sobre um pedaço de pano de cor indefinida de tão encardido que estava. Descansaram. Durvalina, porém, não conseguiu pregar o olho. Passou o resto da madrugada fazendo orações, entrecortadas por cenas em que matava cada um dos dois de uma maneira, várias vezes.

Seu espírito havia vivido muitas vidas entre guerras, disputas, cruzadas. Durvalina reencarnara muitas vezes com o objetivo de defender a honra, a pátria, a religião, os pobres, os necessitados. Tinha um bom coração, contudo era inflexível. Em suas últimas experiências terrenas, tudo ocorrera na base do oito ou oitenta, do vai ou racha. Não havia meio-termo. Se ela gostasse de alguém, defendia a pessoa com unhas e dentes, até morreria no lugar dela se preciso fosse. Entretanto, se não gostasse, era capaz de matar, sem hesitar, sem ter um pingo de remorso pelo ato praticado.

Entretanto, a consciência se expande, o espírito amadurece, a vida cria recursos para o indivíduo crescer e aprender por meio de suas próprias experiências. O espírito de Durvalina estava cansado de tanta rigidez e ansiava por mais flexibilidade a fim de sofrer menos. Pedira para reencarnar longe da Europa, desejava novos ares.

Os espíritos decidiram que ela podia, sim, renascer em outro continente, mas não tinha como deixar de reencontrar afetos... e desafetos. Agora era a hora da lição de casa. Estaria Durvalina preparada? Só o tempo iria dizer.

Quando o sol deu as caras e tornava-se insuportavelmente quente, os homens seguiram viagem e arrastaram Durvalina com eles.

— Ao menos enterrem minha família — pediu ela, chorosa.

Tenório balbuciou algo ininteligível e Olério concordou.

— Tem razão. Vamos fazer uma cova.

Enquanto os corpos eram atirados em uma vala rasa, Durvalina deixou as lágrimas escorrerem e fez sentida prece, uma das inúmeras que aprendera com Bibiana.

Uma brisa fresca tocou o seu rosto. Em seguida, foi como se escutasse lá dentro da cabecinha:

— Coragem, meu tesouro. Mais um pouco e logo nova etapa vai se iniciar. Seu espírito pediu, Deus atendeu. Agora siga em frente. Com fé.

O espírito em forma de mulher beijou-a na testa e desvaneceu no ar.

Os dias correram céleres e igualmente quentes. Desceram o Piauí, cortaram a Bahia e, semanas depois, pararam em uma cidadezinha ao norte de Minas Gerais. Durvalina seguira o tempo todo sem abrir a boca. Não conversava e, quando sentia medo, rezava; quando sentia ódio, também rezava. Algo dentro dela dizia para aguentar firme e seguir confiante, sem esmorecer.

— Não sossego enquanto não fizer justiça. Não posso deixar que eles continuem matando impunemente.

— Esta tarefa é de Deus — sussurrou-lhe uma voz.

Durvalina deu de ombros e, como se estivesse falando consigo mesma, respondeu:

— É tarefa minha. Mexeram com a *minha* família — ressaltou. — Eu vou resolver, do meu jeito. E ponto final.

Chegaram ao Jequitinhonha e acamparam nos arredores. Havia uma cachoeira. Durvalina arrancou o vestido puído e tirou o colarzinho de couro.

— Não sei o que tem aqui dentro.

Na dúvida, abriu o saquinho e tirou o que havia dentro. Era uma pedrinha transparente e brilhante.

— Nossa, parece um pedacinho de vidro. Por que será que dona Bibiana pediu para eu guardar isso?

Durvalina deu tratos à bola. Guardou a pedrinha no saquinho e o enrolou no vestido; em seguida, atirou-se na água refrescante. Bebeu, banhou-se, lavou os cabelos. Havia tanto tempo que não via ou sentia água fresquinha no corpo todo!

— Estou no paraíso — sorriu contente, enquanto batia palmas e brincava com a água fresca e cristalina.

Tenório, bêbado, arrancou as vestes, entrou na água e achegou-se à menina.

— Vem.

— Não quero — ela se afastou.

— Estou mandando. Chegue junto.

— Sinhô Olério disse para não chegar perto de mim.

— Ele não está aqui. Vai, abre essas pernas. Rápido.

Ela meneou violentamente a cabeça.

— Não!

Tenório avançou. Durvalina, percebendo a ameaça, teve um lampejo e viu ali uma maneira de iniciar seu plano de vingança. Por uma questão de instinto, misturado ao ódio, alcançou uma pedra com enorme rapidez e desferiu um golpe certeiro na cabeça de Tenório. O homem

tonteou e perdeu o equilíbrio. Durvalina aproveitou que ele estava alcoolizado e desorientado.

— É agora! — ciciou, rangendo os dentes de raiva. — Ou ele, ou eu.

Montou sobre Tenório e bateu na cabeça dele, sem dó nem piedade. Quando ele parou de se debater e o corpo boiou inerte na água, ela o empurrou com os pés, atirou a pedra ao longe e voltou à beirada. Jogou as roupas dele na água, mas antes pegou o facão que estava preso ao cinto. Exalou longo suspiro.

— Maldito!

Durvalina deixou uma lágrima escorrer. Fez uma prece e lembrou-se de seus pais e de seu irmãozinho. Viu os três estirados no chão, o sangue escorrendo... Imediatamente soergueu o corpo, balançou os cabelos.

Olhou para trás, Tenório continuava inerte, cabeça afundada na água. Estava morto. Durvalina fez o sinal da cruz, vestiu-se e foi até o acampamento. Olério roncava e mastigava a saliva ao mesmo tempo.

— Poderia matar esse aí agora, mas não. Tudo no seu devido tempo. Estou cansada. Preciso comer e dormir um pouco. Qualquer movimento estranho — ela passou os dedos pela lâmina afiada do facão — eu já sei como agir. Agora me sinto mais forte.

Ela apanhou um punhado de farinha e rapadura. Comeu um pouco e adormeceu, com o facão escondido sob o vestido e o saquinho de volta ao pescoço.

— Cadê o Tenório? — quis saber Olério, enquanto a sacudia.

Durvalina demorou um pouco para concatenar as ideias. Levantou-se de um salto e respondeu, firme:

— Está se banhando.

— Até agora?

— É.

Olério deu uma cusparada no chão e foi até a cachoeira. Durvalina sabia como proceder.

— Agora preciso terminar o serviço.

Puxou o facão, correu até a beira do riacho. Estava escuro ainda e Olério não conseguia enxergar muita coisa.

— Tem certeza de que ele está aqui? — perguntou, enquanto olhava para trás. — Já chamei e não responde. Estranho.

— Ele estava enchendo a cara. Deve estar com o sono pesado, de tanto beber.

— Pode ser. Já disse para Tenório não abusar da cachaça.

Ele insistiu e gritou. Nada. Estava desconfiando. Durvalina percebeu e apontou para um canto escuro:

— Ali! Olhe ele ali. Não falei que ia se banhar e tirar um cochilo?

Olério confundiu o amigo com a figura de um tronco estendido no chão. Deu de ombros. Arrancou a roupa e entrou na água. Durvalina escondeu-se atrás de umas folhagens.

Olério cantarolou, assoviou e, ao sair, Durvalina estava na sua frente, expressão séria no rosto.

— O que faz na minha frente, mocinha? Não vê que estou pelado?

— E daí?

— Eu tenho uma menina da sua idade. Já disse que não abuso de criança.

— Mas matou meu irmãozinho — rebateu ela, numa voz rancorosa e forçosamente infantil.

— O menino era pele e osso. Eu só fiz uma caridade. Transformei um garoto faminto em um anjo do Senhor.

Durvalina ficou mirando-o de cima a baixo. Olério sentiu um excitamento.

— Está me deixando doidinho. Se continuar me olhando...

Ela ensaiou um sorriso safado — lembrou-se de Marialva, uma quenga lá do vilarejo —, caminhou lentamente até seu corpinho quente encostar em Olério. Com uma mão escondeu o facão nas costas e, com a outra, levantou o vestido.

— Pode provar.

— Não!

— Me faz mulher.

Olério estava sem diversão havia muito tempo. Durvalina abaixou o vestido, esticou a mão e o tocou.

— Gosta assim?

Ele fechou os olhos.

— Menina, o que é isso?

— É bom, não acha? — insinuou Durvalina, acariciando-o.

— Isso é bom demais — assentiu Olério, olhos ainda fechados. — É desse jeito que gos... — não terminou de falar.

Com a outra mão, Durvalina cravou-lhe o facão no peito. Olério grunhiu, perdeu o equilíbrio e caiu para trás. Ela se jogou sobre ele, fazendo o facão rasgar-lhe as carnes do pescoço até o umbigo.

— Isso é pelo meu irmão Donizete, filho do cão! Essa outra é pelo meu pai... e essa — rasgou novamente o homem, com toda a força que tinha — é pela minha mãe.

Em seguida, percebendo que o sangue esguichava e escorria por todo lado, e Olério não mais se mexia, ela saiu de cima dele e indagou para si:

— Está morto?

Nada. Só escutou o eco de sua voz e o barulho das águas. Entrou no riacho, banhou-se, colocou novamente

o vestido. Mais calma, apanhou uma sacola com um pouco de mantimentos e foi-se embora, sem olhar para trás.

No caminho, Durvalina sentiu algo estranho, muito estranho. Sentiu um incômodo no peito.

— Foi bom — disse para si. — Eu me vinguei. Fiz justiça com as próprias mãos.

— E? — era como uma voz interior a lhe interrogar.

— E o quê?

— Como se sente? Bem? Gostou?

— Não é isso. Eu fiz justiça. Só isso.

— E trouxe sua família de volta?

— Não, mas...

— E por acaso você sabe se eles eram casados, se tinham família também? Chegou a pensar nisso?

Durvalina não pensara em nada. Ficara cega de raiva, quisera fazer justiça, vingar a morte de seus pais e de seu irmãozinho. Sua mente estava perturbada, as ideias embaralhadas.

Era a primeira vez, depois de muitas vidas, que ela começava a perceber que vivemos de acordo com as leis que impusemos a nós mesmos e tudo acontece de acordo com o que acreditamos. Deus não pune nem é juiz de ninguém, nós somos os nossos próprios juízes e os nossos próprios algozes.

Durvalina não notou, pois estava absorta em seus pensamentos mais densos. Um raio cruzou o céu e fez um barulho ensurdecedor, como se anunciasse uma tempestade. Porém, não choveu, não caiu uma gota de água. Eram os pensamentos atribulados de Durvalina que tinham a capacidade de construir... ou de destruir.

Caberia a ela saber usar essa força poderosa no decorrer de sua jornada.

4

Já estava entardecendo quando Durvalina avistou uma caminhonete aproximando-se da estradinha. A poeira levantou rapidamente e seus olhos ficaram embaçados por um momento. Ela fez sinal e o carro parou.

Sorriu para o senhor que dirigia. Devia ter uns cinquenta anos. Cabelos brancos e ralos. Olhos apertados e escuros escondiam-se por trás de um par de óculos de armação preta e de um rosto simpático e avermelhado.

— O senhor pode me dar uma carona?

— Vai para onde, menina?

— Qualquer lugar.

— Qual é o seu nome?

— Durvalina.

— Cadê seus pais?

— Morreram.

Ele arregalou os olhos.

— Como assim?!

— A gente fugiu da seca. Depois dois homens apareceram e mataram meu pai, minha mãe e meu irmão.

O homem sentiu forte emoção. Conteve-se.

— Fizeram mal a você?

— Não. Não deixei.

— Onde estão?

Ele falou e abriu a porta do veículo. Desceu. Durvalina, num impulso, atirou-se em seus braços e enterrou a cabeça no peito dele.

— Eu matei. Tive que matar. Eles queriam me pegar... — contou chorando.

— Shhh! Calma, minha filha — ele dizia, enquanto a apertava de encontro ao peito. — Agora você está salva.

Ela se afastou e estancou o choro.

— Tem certeza?

— Sim.

— Mesmo?

— Não vou deixar ninguém lhe fazer mal.

— Eu vim do sertão. Vou para qualquer lugar.

Ele fez sinal gracioso com as mãos, apontando para o interior da caminhonete.

— Suba.

— Esse bicho de lata é seguro?

Depois de um riso alto, ele afirmou:

— É um bicho velho, mas pode confiar. Garanto a você que é mais seguro que mula.

Ela sorriu e entrou.

— Esta estrada vai para onde?

— Teófilo Otoni.

Durvalina deu de ombros. Nunca ouvira falar. Não conhecia nada, jamais saíra do seu vilarejo. Sua vida até ali fora marcada por tristeza, sofrimento, miséria e dor. Nem sabia ao certo o dia em que nascera. Não tinha certidão de nascimento, nada.

Fizeram a viagem em silêncio. O senhor — Aderbal era seu nome — ficou condoído com o estado de Durvalina. Depois de horas de viagem, chegaram a um posto.

— Sente fome?

Ela fez sim com a cabeça.

— Vamos comer alguma coisa.

Durvalina nunca comeu tanto. Mastigou devagar para que o estômago se acostumasse com a comida farta. Lembrou-se dos pais, e as lágrimas desceram.

Aderbal limpou as lágrimas dela com as costas da mão.

— Por que está triste?

— Lembrei dos meus pais.

— Gostava deles?

— Acho que sim — foi a resposta curta e correta, pois Durvalina crescera em um ambiente em que a demonstração de afeto era tão rara quanto a água.

— Quantos anos tem?

— Mainha dizia que estou com catorze.

Aderbal sentiu certo estremecimento pelo corpo. Durvalina notou e perguntou:

— O que foi?

— Nada — e, tentando ocultar a emoção, ajuntou: — Parece menos. As regras já vieram, certo?

— Já, sim senhor. Há três anos.

— Tem certeza de que os homens não abusaram de você?

— Sim. Eu menti. Disse a eles que ainda não tinha me tornado mocinha.

Ele sorriu da esperteza de Durvalina. Após terminarem o lanche, ele perguntou:

— O que é isso no pescoço?

Ela passou a mão e lembrou-se de Bibiana. Sentiu saudade. Ao mesmo tempo, estava tão triste, havia passado por tanta desgraça. Parecia que seu espírito tornara-se mais forte. Ela nem pensou. A boca falou:

— É um amuleto da sorte. Foi benzido por uma antiga moradora do meu vilarejo, para me dar proteção. Ela conversava com os espíritos, e eles pediram para ela fazer

este amuleto para mim. É o meu patuá. Quem tocar nele pode ficar doente, pode até morrer.

Durvalina disse isso com tanta convicção, com os olhos tão vivos e brilhantes, que Aderbal levou as costas para trás e quase caiu da cadeira. Ao mesmo tempo que ela falava, era como se ele visse outra pessoa. Sentiu um grande desconforto e procurou desviar os olhos do saquinho. Pigarreou, desconversou e indagou, meio em transe:

— Quer ir passar uns tempos comigo?

Ela o olhou desconfiada.

— Como assim?

— Não é nada do que está pensando.

— E estou pensando em quê?

Aderbal sorriu.

— Eu tenho esposa. Gostaria que você fosse passar uns tempos com a gente. Você não tem parentes, tem?

— Não.

— Tem lugar para morar?

— Também não.

— Então... Se não for comigo, será encaminhada para um orfanato.

— Vou para qualquer lugar, desde que não seja o sertão.

— Você vai gostar da minha casa.

— Pode ser. A sua casa não fica no sertão, fica? Porque nunca mais quero voltar para lá.

Aderbal riu.

— Não moro no sertão. Já disse. A minha cidade se chama Teófilo Otoni. Fica perto. Vamos chegar ao anoitecer.

— É só o senhor e sua esposa?

— Sim.

— Ela não vai reclamar?

— Eugênia é uma mulher triste, tem um temperamento difícil, mas creio que você vai cativá-la.

— Tem filhos?

Os olhos de Aderbal brilharam emocionados. Ele fitou um ponto distante e depois respondeu:

— Tive. Uma menina.

— Onde ela está?

Aderbal apontou para o alto.

— No céu, eu creio. Tinha a sua idade quando morreu. Catorze anos.

— Sinto muito. Faz tempo?

— Já se foram dois anos.

— Ela morreu de quê?

— Tuberculose.

— O que é?

— Depois explico.

Durvalina notou o semblante carregado e percebeu o desconforto. Tentou animá-lo.

— O senhor perdeu uma filha e eu perdi os meus pais!

— Para ver como é a vida — ele devolveu, num sorriso forçado.

Durvalina terminou o guaraná, limpou a boca com gosto.

— Posso ser sua filha? — disparou, inocente.

Aderbal levantou-se e a abraçou. Enquanto as lágrimas teimavam em descer, asseverou, trêmulo:

— Claro! Eu a aceitaria como filha, Durvalina.

Ela meneou a cabeça negativamente:

— Durvalina, não. Prefiro que me chame de Lina.

— Por quê?

— Porque vou começar outra vida. Se vou começar outra vida, quero ter outro nome. E, se quer saber, nunca gostei de Durvalina.

— Não?

— De jeito algum. Não acha Lina mais simpático?

— Acho. Tem algum documento?

— Não. Onde eu morava não tinha lugar para registro. Painho dizia que, quando a gente ficasse maior, iria para uma cidade grande tirar documentos.

— Precisamos providenciar isso. Eu tenho um amigo que é dono de cartório. Ele poderá nos ajudar.

— Seria bom.

Aderbal pagou a conta e logo seguiram viagem.

A conversa agora estava descontraída. Durvalina, ou melhor, Lina, daqui por diante, perguntava sobre a vida de Aderbal, sobre Eugênia e sobre a filha morta. Descobriu que a menina se chamara Estela. Aderbal, por sua vez, cravou Lina de perguntas. Queria saber como cresceu, como era sua família, como tinha sido a vida no sertão.

Lina nem percebeu quando a caminhonete estacionou em frente a um portãozinho de madeira azul.

— Chegamos.

— O senhor mora aqui no mato?

Ele riu.

— É um sítio. Eu vivo e trabalho aqui. A cidade está logo atrás daquele morro — apontou. — Bem pertinho. Um pulo. Dá para ir de bicicleta e, se tiver boas pernas e disposição, dá para ir a pé.

Lina desceu do carro e aspirou o ar. Encheu os pulmões.

— Já estou adorando o mato. Cresci sem quase ter visto verde.

— Aqui você vai ter muito verde para ver, plantar e colher.

Uma mulher de estatura média, cabelos presos em coque, aparentando quarenta e poucos anos, aproximou-se do portão. Olhou para Aderbal e dele para Lina. Levantou o queixo, como se estivesse fazendo uma pergunta.

— A pobrezinha estava na estrada, sozinha, sem eira nem beira.

— Não vai me dizer que ela vai ficar, vai? — a voz de Eugênia era seca e amarga.

— Por uns tempos. Você não tem reclamado de dor nas costas? Cuidar da casa é pesado demais. A Lina poderá nos ajudar.

— Claro que posso — ela se adiantou e se postou à frente de Eugênia, num largo sorriso. — Posso ajudar. Sei cozinhar, pregar botão, varrer chão. Deixa eu ficar, deixa?

Eugênia encarou-a com ar de poucos amigos. Lina levantou os olhos, que eram de súplica. A mulher até sentiu compaixão, mas era dura e não queria demonstrar uma gota de sentimento. Fechou o cenho. Recompôs-se e indagou, nervosa:

— Mais uma boca para alimentar, Aderbal?

— Uma boca pequena.

— É sim, senhora. Eu como pouco. Veja como sou pequenina.

Aderbal sorriu, Eugênia não achou graça alguma.

— Vá se banhar — apontou para um banheirinho anexo à casa. — Há quanto tempo não toma um banho?

— Poucos dias. Sei que estou encardida, suja. Mas, se me der um sabão, juro que vou ficar limpa e cheirosa.

— Vamos, mulher, pegue o sabão para a moça — mandou Aderbal.

Eugênia bufou, meneou a cabeça e girou nos calcanhares. Entrou na casa e voltou com a barra de sabão e uma toalha.

— Vai logo. O jantar vai sair daqui a pouco.

Ela resmungou e, quando Lina entrou no banheiro, Aderbal balançou a cabeça, numa negativa:

— Por que a tratou com tanta frieza?

— Frieza? Eu?!

— É nítido. Veja, a mocinha acabou de perder os pais e um irmão. Veio do sertão, passou fome, muitas necessidades.

Ela deu de ombros.

— Lina tem catorze anos — Eugênia estremeceu e Aderbal continuou: — Não acha coincidência ela ter a idade de nossa filha?

— Não acho nada. Porque, se Estela estivesse viva, estaria com dezesseis.

— Nossa filha morreu com catorze.

— E daí?

— Daí que essa mocinha passou por momentos terríveis. Mal começou a vida e já perdeu toda a família.

— Cada um que carregue a sua cruz.

— Não pense de forma tão mesquinha, Eugênia.

— Cada um tem os seus momentos terríveis. Eu perdi a minha filha.

— Estela se foi porque era a hora dela.

— Não me venha com esse discurso idiota — Eugênia alteou a voz. — Faz dois anos que acordo todos os dias e chamo Estela para o café. Não perco esse hábito — ela falou e a voz tremeu.

Aderbal abraçou-a com carinho.

— Sei, minha querida. O que fazer? Lina não tem nada a ver com isso.

Eugênia se desfez do abraço e resmungou:

— Tem. Por que Deus não levou essa menina? Não era mais fácil matá-la e arrancá-la desse mundo horrível onde vivia? Por que Ele veio justamente bater na nossa porta e levar a nossa filha?

— Pensei que Lina pudesse nos trazer alegria.

— Eu me tornei uma mulher amarga e descrente. Não tenho mais idade para conviver com uma criança.

— Ela não é criança, já é uma mocinha e precisa de alguém que lhe dê orientações, seja uma boa amiga. Você sempre foi terna.

— A minha ternura se foi no dia em que enterramos nossa filha.

— Lina parece ser boa pessoa.

— Sei. Para você, todo mundo é bom.

— Até que se prove o contrário.

— Por isso está sempre sendo levado na conversa.

— Ora essa, Eugênia. Essa discussão não vai levar a lugar nenhum — Aderbal estava cansado. Meneou a cabeça numa negativa e exigiu: — Vamos parar por aqui. Eu vou tirar as caixas da caminhonete, e você vai terminar o jantar.

— Bom, e daí?

— E daí o quê?

— A viagem, oras? Valeu de alguma coisa?

— Não.

— Não é possível, Aderbal.

— Eu fiz o melhor que pude, Eugênia.

— Era eu que devia ter ido, sabia? Você sempre foi um molenga.

— Alto lá! Falando assim, você me ofende!

— A mulher das cartas foi categórica, Aderbal.

— Ela levou a gente na conversa. Quis arrancar dinheiro.

— Não quero mais tocar nesse assunto com você — tornou Eugênia, exasperada. — Perdemos a oportunidade de ter um futuro melhor. Só isso. Perdemos a filha e agora perdemos a chance de ter um futuro melhor. Você não faz nada direito, não faz nada...

Eugênia virou-se de costas, resmungando, torcendo nervosamente as mãos no avental. Assim que entrou na cozinha, viu Lina saindo do banho. O vestido da menina era um pedaço de tecido puído, encardido. Contrafeita,

Eugênia foi até o quarto de Estela e pegou um vestido no armário. Olhou ao redor. Deixara-o exatamente igual ao dia em que Estela morreu. Eugênia entrava lá uma vez por semana, para tirar o pó. Abria a janela, deixava o ar fresco renovar o ambiente e em seguida fechava-o, não sem antes praguejar contra deus e o mundo.

Assim que puxou o cabide, viu uma caixa pequena no fundo do armário. Eugênia estremeceu.

— Esta caixa não deveria estar aqui — disse, nervosa.

Colocou o vestido sobre a cama e pegou a caixa. Sentou-se no banquinho da penteadeira e abriu-a. Era uma mistura de cartas e fotos antigas, tudo amarelado pelo tempo.

Eugênia leu uma carta, depois passou os olhos sobre outra. Uma lágrima desceu pelo canto do olho. No fundo, encontrou uma foto bem antiga. No retrato aparecia ela abraçada a outro homem, também jovem, bem-apessoado.

— Ah, Jurandir, por que você se tornou um doente da alma? — ela perguntou e balançou a cabeça, inconformada. — Nossa vida poderia ter sido diferente.

Eugênia suspirou. Lembrou-se da juventude, de quando se apaixonara por Jurandir, um rapaz de Uberlândia. Namoraram e, quando ficaram noivos, Eugênia percebeu que ele tinha tara por meninas novinhas.

Procurou espantar os pensamentos maliciosos. No entanto, passado um tempo, durante um almoço em família, flagrou Jurandir tocando uma garotinha de maneira lasciva. A cena horrorizou Eugênia, e ela rompeu o noivado.

Jurandir tentou se defender, botou a culpa na bebida e jurou que jamais faria aquilo de novo. A intuição bateu forte e Eugênia manteve-se firme em sua decisão. Passado um ano do rompimento do noivado, ela conheceu Aderbal. Em três meses estavam casados e

de mudança para Teófilo Otoni. Eugênia sorria e cantava pela casa. Era uma mulher feliz.

Estela nasceu, bem mirradinha, bem fraquinha. Cresceu inspirando cuidados e aos doze anos contraiu tuberculose. Quando levaram a menina para tratamento em Campos do Jordão, era tarde demais. Estela morreu, e todo sorriso, assim como toda cantoria, acabou. Eugênia fechou o cenho e não se permitia esboçar um sorriso que fosse. Nem quando tinha vontade de dar um.

Para piorar a situação, sua prima Penha, viúva de longa data, envolvera-se justamente com seu ex-noivo, o tal Jurandir. Penha tinha casado e engravidado. O marido morrera num acidente de trem e ela tivera Melissa. A menina era um ano mais velha que Estela. Estava agora com dezessete anos.

Quando Melissa completou dez anos, Penha casou-se com Jurandir. Para evitar o encontro com ele, Eugênia mandava dinheiro para Melissa comprar as passagens e ir passar o feriado de Páscoa em sua casa. Depois que Estela morreu, dois anos atrás, Eugênia apegou-se mais ainda a Melissa.

Os pensamentos causaram-lhe dor de cabeça. Eugênia soltou novo suspiro.

— Preciso jogar tudo isso fora. Nem sei por que vieram parar no quarto de Estela.

Juntou tudo, fechou a caixa, apanhou o vestido sobre a cama e foi até a cozinha. Lina estava sentada na cadeira, cotovelos sobre a mesa.

Eugênia sentiu vontade de sorrir, mas manteve-se firme. Não queria amolecer.

"Amanhã ela vai embora, e eu vou ficar sozinha de novo. Chega de dar amor e não receber nada em troca", pensou, triste. "Eu dou amor e a vida me tira. Chega."

Respirou fundo e entregou o vestido a Lina.

— Tome.

— Para mim?

— Não, para o espírito santo — respondeu com ironia.

Lina não entendeu o sarcasmo. Sorriu e imediatamente tirou o próprio vestido e colocou o de Estela. Ficou bem largo.

— Eu posso fazer os ajustes, dona?

— Dona Eugênia.

— Posso, dona Eugênia?

— Se não quiser ficar igual a um saco de batatas, tem agulha e linha naquela caixa sobre a máquina — apontou para o canto da cozinha, onde havia uma máquina de costura.

Lina foi até lá, e Eugênia foi até o barracão ao lado da cozinha. Nesse barracão, ela costumava ferver os lençóis em um fogão a lenha. Aproveitou que ainda havia um resto de brasa e jogou todo o conteúdo da caixa nele.

— Eu me liberto do passado — disse para si.

Em seguida, guardou a caixa vazia numa prateleira e voltou à cozinha para servir o jantar.

Quando Lina se sentou para tomar a canja, o vestido já estava ajustado.

— Ela leva jeito para costura — observou Aderbal.

— Mainha me ensinou a pregar, dar ponto, bordar. Eu ia na casa de dona Bibiana e ajudava ela a coser.

Eugênia sentiu leve tremor e não disse uma palavra. Aderbal manteve-se impassível.

Depois do jantar, Aderbal levou Lina até a sala e improvisou uma cama com colchonetes, lençóis e coberta.

— Hoje você dorme aqui.

— Sim, senhor.

Lina acomodou-se. Fazia tanto tempo que não dormia sobre algo tão macio, que pegou no sono em minutos. Aderbal e Eugênia foram para o quarto e se deitaram. Eugênia fez uma prece, virou de lado na cama e adormeceu.

5

Lina despertou com batidas de panelas na cozinha. Abriu os olhos e passou as mãos neles. Levantou-se e olhou pela janela. O dia já começara fazia tempo. Ela se apressou em arrumar os lençóis e deixar a sala em ordem. Depois foi para a cozinha. Eugênia batia os bifes sobre uma tábua de madeira.

— Bom dia, dona Eugênia.

Ela nem virou a cabeça. Continuou batendo os bifes.

— Ainda não tirei a mesa do café por sua causa. Sente-se e tome seu café.

— Não estou acostumada com café.

— Aqui não é o Nordeste. Não tem rapadura nem tapioca, tampouco farinha branca. Vai ter de mudar os hábitos, mocinha. Sente-se e aprenda a tomar café com leite. Tem um pãozinho na cesta. E manteiga no pote de vidro.

Lina assentiu e sentou-se. Apanhou o bule, colocou café na caneca. Estranhou a mistura com leite.

— Gosto ruim — fez uma careta.

— Põe açúcar que melhora — respondeu Eugênia, continuando a bater os bifes.

Lina encheu a caneca de açúcar, mexeu.

— Agora está melhor.

Pegou o pãozinho e passou manteiga. Comeu com gosto. Terminado o desjejum, ela se levantou e começou a tirar a mesa.

— Onde guardo isso?

— Lá.

— E isso? — mostrava outra coisa.

— No armário logo ali — Eugênia apontava.

Lina guardou tudo, apanhou a toalha e levou para o quintal. Sacudiu as migalhas no galinheiro e voltou.

— Posso colocar os pratos para o almoço?

— Ainda é cedo.

— Quer ajuda?

— Não.

— Posso fazer alguma coisa? Quero ajudar.

Eugênia bufou. Largou o martelo sobre um bife, enxugou as mãos no avental.

— O que sabe fazer?

— Qualquer coisa. O que não souber, eu aprendo. Sou rápida.

Eugênia pensou e sorriu, maliciosa.

— Lá atrás, no barracão — apontou —, tem um monte de roupa. Sabe lavar e quarar roupa?

— Sim, senhora. Ajudava dona Bibiana lá no sertão. Ela era velhinha e não tinha muita força. Eu fazia todo o serviço de casa para ela. Depois ganhava um doce, às vezes uns trocados.

— Sei — Eugênia falou e voltou a bater os bifes.

Lina saiu para o quintal e caminhou até o barracão. Lá havia um tanque, uma mesa velha, um ferro de passar e uma cesta com muita roupa suja. Ela sorriu e começou a separar as roupas.

Ao longe, Eugênia observava.

— Vamos ver o quanto essa menina aguenta. Logo, logo, vai desistir de tanto serviço. Ela vai implorar para o Aderbal deixá-la partir. Dou dois dias para ela sumir daqui. Por isso, não vou abrir meu coração. Chega de sofrer.

Eugênia falou num tom sentido e voltou a bater os bifes, agora com mais força. As lembranças da filha vieram-lhe à mente. Não tardou para que as lágrimas escorressem.

De formação católica, Eugênia deixou de ir à igreja e de acreditar em religião que fosse depois que Estela morreu. Seu coração endureceu e ela se tornou uma mulher amarga. Amarga, triste e desiludida da vida. Lina começava a amolecer seu coração. Mas ela foi dura consigo mesma.

— Por que Deus tirou minha filha, tão linda e tão jovem? — questionava-se constantemente.

A manhã passou, o almoço foi servido e, ao olhar para o calendário pregado na parede, sorriu.

— Melissa virá e tudo poderá mudar.

A celebração da Páscoa aproximava-se. Eugênia contava nos dedos o dia da chegada de Melissa.

— Melissa vai me ajudar a tirar essa pirralha daqui de casa — suspirou, convicta.

Aderbal chegou em casa no finzinho da tarde. Homem simples, era um faz-tudo: de eletricista a encanador e bombeiro, de pintor a pedreiro. Muito devotado ao trabalho, nas horas vagas plantava sementes, cultivava uma bela horta em seu pequeno sítio. Sempre que as verduras cresciam, ele as colhia e saía para vendê-las. Naquele dia, em particular, havia vendido tudo o que colhera e toda a produção de ovos. Estava feliz. Entrou em casa e sentiu o cheiro de canja.

— De novo?

— É o que temos — protestou Eugênia. — Eu ia deixar uns bifes para você comer agora à noite, mas essa mocinha morta de fome comeu três bifes. Três bifes, Aderbal! — exclamou, nervosa.

— Ela não come direito desde que nasceu. Precisa se alimentar bem. Viu como é mirradinha? Precisa recuperar peso.

— Sim, concordo. Precisa se alimentar bem. Não exagerar, como fez.

— Logo passa, ela vai se adaptar. Calma, mulher, Lina acabou de chegar.

— E daí?

— É uma outra vida. Aliás, ela está tendo uma nova vida. Outro clima, outra cidade, outras pessoas, outros hábitos. Tudo isso leva um tempo de adaptação. Ela logo se acostuma e ficará tudo bem.

A mulher não respondeu. Voltou para o fogão e, com uma colher de pau, mexia a sopa na panela.

— Falando nela, cadê a Lina?

— No barracão, lavando roupa.

— Não acha que ela é muito novinha para isso?

Eugênia virou o corpo e meteu as mãos na cintura.

— Aderbal! Essa menina diz ter catorze anos. Na idade dela, eu fazia muito mais coisas para minha mãe. Estela, embora com saúde debilitada, também me ajudava nos afazeres domésticos.

— Isso é verdade. Mas lavar tanta roupa, o dia todo? Não é um trem pesado?

Ela deu de ombros. Aderbal abriu a porta e chegou ao quintal. Os varais estavam carregados de roupas. Foi até o barracão ali do lado. Lina estava fervendo algumas peças.

— Oi.

Ela levantou a cabeça e sorriu.

— Oi, seu Aderbal. Como vai?

— Estou bem, querida. E você?

— Terminando de ferver esses lençóis. Depois deixo de molho e amanhã coloco no sol para ficarem mais brancos.

— Desde que horas está aqui?

— Não sei. Acho que desde que acordei. Parei para o almoço, comi três bifes!

Ele riu. Ela prosseguiu:

— Depois voltei para cá.

— É muito tempo. Deveria parar para descansar.

— Que nada! Estou bem. Adoro ser útil.

— É uma boa menina. Gosto de você, viu?

— Eu também gosto do senhor. E da dona Eugênia também. É que ela é nervosa, né?

Ele abaixou a cabeça para não mostrar o sorriso. Pigarreou:

— É, tem razão. Agora vamos. Deixe o serviço e vamos jantar. Depois você vai descansar e amanhã vai pegar mais leve no batente.

— Hã? — ela não entendeu.

— Venha, por ora.

— Sim, senhor.

Lina apagou o fogo, mexeu os lençóis e apagou a luz do barracão. Antes, porém, apanhou uma foto e entregou a Aderbal.

— O que é isso?

— Estava caída no chão. O fogo não apagou tudo.

Aderbal olhou para a foto e reconheceu o rosto de Eugênia. Havia um braço que passava por trás dos ombros dela. Mas era impossível ver quem era. O rosto da outra pessoa havia sido consumido pelo fogo.

Aderbal mordiscou os lábios.

— Só havia esta foto?

— Também havia um papel bastante queimado, mas eu o joguei de volta na fogueira.

— Vamos para dentro.

Lina assentiu. Afastou o tacho das brasas, lavou as mãos no tanque e seguiu Aderbal, em silêncio. Entraram na cozinha. Eugênia estava sentada.

— Vamos, sentem-se logo. A canja vai esfriar.

Ele se aproximou e entregou a foto a ela.

— O que é isso?

— O quê?

— Essa foto. É você.

Eugênia sentiu um frio na barriga. Engoliu em seco.

— É. Sou.

— E por que essa foto estava lá nas brasas do barracão?

— É... é que eu fui limpar o quarto de Estela e achei umas velharias.

— Foto a gente não joga fora.

— Eu não gostava dessa foto — respondeu rápida.

— Quem a estava abraçando?

— Como? — ela fez a pergunta para ter tempo de pensar.

— Quem está aí abraçado a você?

— Um vizinho lá de Uberlândia.

Aderbal ia fazer nova pergunta, mas Eugênia rebateu:

— Esta foto é coisa do passado. Agora está na hora de tomar a canja. Se demorar, vou ter de esquentar de novo.

Aderbal sentou-se na cadeira, ressabiado. Eugênia respirou fundo, picotou a foto, e jogou-a no lixo.

Lina começou a falar sobre o dia agitado que tivera, e logo Aderbal esqueceu a foto. Eugênia sentiu tremendo alívio.

6

Eunice não saía do quarto. Nem por decreto. Nem se a casa estivesse pegando fogo. Por nada e por ninguém. A mãe já tentara de tudo. Trouxera padre, fizera corrente de oração com algumas senhoras da igreja, pedira encarecidamente a Deus... Entretanto, a filha não cedia, não escutava, não queria saber de conversa. Eunice decidira que nunca mais na vida sairia daquele quarto. Nunca mais.

Acordava pontualmente às seis da manhã, fazia a higiene, depois se arrumava, como se fosse sair para trabalhar. Usava sempre o mesmo vestido: preto, comprido, de gola alta. Sapatos pretos, luvas pretas e casquete preto. Nada de maquiagem.

— Mulher decente não usa maquiagem — costumava ouvir do namorado.

— É verdade — disse para si. — Mulher decente não usa maquiagem. Talvez um pouco de pó. E um pouquinho de brilho nos lábios. E olhe lá! Tudo bem discreto.

Depois de se vestir, ela se sentava elegantemente em uma poltrona próximo da janela. Ali permanecia

sentada durante o dia todo, mirando o infinito. Às vezes sorria, às vezes deixava uma lágrima escapar pelo canto do olho, às vezes fitava por horas o horizonte, sem ao menos piscar os olhos. Era impressionante. Parecia estar em transe.

A empregada levava o café, o almoço e o jantar no quarto. Eunice comia bem pouco. Quase nada. Já era nítida sua magreza. O tom pálido da pele preocupava a família.

Naquela manhã, Leonor, sua mãe, perdeu a compostura. Mulher educada, fina e muito elegante, estava à beira de um ataque de nervos. Não sabia mais o que fazer. Estava desesperada. Entrou no quarto escuro quase aos berros:

— Assim você me mata! Não aguento mais tanta tristeza.

Eunice permanecia imóvel na poltrona. Sem virar o rosto, olhos fixos no nada, respondeu:

— Não tenho motivos para ser alegre.

— Eu posso arrumar vários. Começo a elencá-los agora mesmo. Por favor, vamos dar uma volta. Podemos ir até o jardim, respirar um pouco de ar puro — Leonor falou e foi até a janela, empurrando as cortinas e deixando a claridade invadir o quarto. Levantou a guilhotina da janela e uma brisa suave invadiu o ambiente.

Eunice permanecia na mesma posição.

— Não quero sair daqui.

— Só um pouco, meu bem.

— Paulo me disse que hoje vai se atrasar.

— Por favor, minha filha. Eu não sei mais o que fazer. Padre Antônio já veio e disse que seu caso é sério. Conversou com o arcebispo Dom Motta e pensam em levar seu caso para o papa.

Eunice deu de ombros.

— Deixe padre Antônio longe disso. Ele tem a Igreja de Santa Ifigênia para cuidar. O meu caso nada tem a ver com isso.

Leonor ia falar, mas ouviram um ranger de portas, e Solange entrou no quarto, rindo. Aproximou-se de Eunice e beijou-lhe a testa.

— Como tem passado, irmãzinha?

— Bem.

Ela se virou para Leonor e sorriu:

— Mamãe, precisamos fazer *aquilo* — baixou o tom de voz.

Leonor meneou a cabeça.

— Não. Não gosto de me meter com esses assuntos. Prefiro que padre Antônio vá pelos caminhos do exorcismo. Mais seguro.

— Não creio. São quase dez anos e Eunice não sai desse estado catatônico. Depois que passei a frequentar o centro espírita com Selma, comecei a enxergar as coisas de outra forma. O caso de Eunice é um clássico de obsessão.

— Não gosto de ver você metida com esse tipo de assunto. Em todo caso — Leonor considerou —, depois de saber que o local é dirigido pelo filho daquela famosa dama da sociedade, fico menos preocupada.

— Um dia vou levá-la comigo. Vai gostar de Orlando. Ele tem os traços bonitos do pai e o refinamento da mãe — ajuntou Solange. — E tenho certeza de que Eunice está presa a espíritos infelizes.

Leonor custava a crer.

— Coitada! Como pode dizer uma barbaridade dessas, Solange? Só mesmo uma menina desmiolada como você!

— Eunice entristeceu-se sobremaneira depois da morte do Paulo. Penetrou fundo na tristeza, alimentou

a depressão e acabou entrando numa faixa de energia de afinidade com espíritos cujo teor de pensamentos é o mesmo que o dela. Simples assim.

Leonor levou a mão ao coração.

— Isso! Perfeito! Agora vem me dizer que, além do baque que sua irmã sofreu, ela é culpada por estar nesse estado? É isso mesmo que está me dizendo? Eunice ainda é culpada por estar assim?

— Não é questão de ser culpada, mas de ser responsável por ter atraído essa massa de energia densa que está ao seu redor — Solange sentiu um arrepio desagradável percorrer-lhe o corpo. Passou as mãos pelos braços como se estivesse arrancando essas energias ruins. Balançou a cabeça e fez mentalmente uma breve prece. Fechou os olhos, mentalizou uma luz lilás e logo o quarto tornou-se um ambiente energeticamente menos pesado, por assim dizer.

Leonor começou a bater os dentes de raiva. Abraçou Eunice e beijou-lhe a fronte.

— Não escute sua irmã. Ela é muito jovem. Não conhece a vida e, por conseguinte, fala muitas bobagens. Além do mais, foi... — Leonor não terminou.

Solange sentiu o sangue subir.

— Quer me desestabilizar. Quer dizer que, só porque Luís Sérgio me dispensou, eu fiquei biruta? É isso?

Leonor continuou quieta. Solange fez um esforço hercúleo para não cair no desequilíbrio. Fechou os olhos e pediu mentalmente ajuda espiritual. Precisava pensar no bem-estar de Eunice. Era o que importava no momento.

Leonor deu de ombros e continuou:

— Você vai ficar boa. Vou pedir para o padre Antônio rezar nova missa em nome do Paulo e sua família. Tudo vai melhorar.

Em seguida, passou por Solange e a puxou pelo braço.

— Venha comigo, mocinha. Perturbou demais a sua irmã. Agora trate de deixá-la em paz.

Solange balançou a cabeça para os lados. Respirou fundo, beijou Eunice e sussurrou em seu ouvido:

— Você não pode me escutar, mas seu espírito pode. Deixe de se apegar às ilusões e aceite a verdade. A verdade dói, mas cura. Você tem muita coisa boa para viver. Eu estarei ao seu lado, sempre.

Abraçou-a com carinho e saiu. Eunice sentiu um pequeno tremor pelo corpo. Por um instante, seus olhos faiscaram e um brilho se fez. Mas logo sumiu e ela voltou ao estado de sempre. Um espírito que estava bem próximo, energeticamente ligado a ela, sorria satisfeito:

— Isso mesmo, querida. Nada de ceder. Você é minha e vai definhar até morrer e voltar para o lado de cá. Não vai demorar muito...

Na sala, Leonor tinha ímpetos de dar uns sopapos na filha.

— Hoje você foi longe demais, Solange. Longe demais!

— Por quê, mamãe? Só quero ajudar. Eunice está perdendo as energias vitais. Logo seu corpo físico não vai resistir e ela poderá desencarnar. Isso eu não vou permitir.

— Desencarnar... Palavra mais aviltante! Não permito que use essas expressões vulgares na minha santa casa.

— Não são vulgares. São espíritas.

Leonor levou a mão à boca.

— Dê graças a Deus que seu pai não está mais entre nós. Quanta decepção, Solange. Como você pôde se transformar numa jovenzinha tão petulante e doidivanas?

Ione, a empregada, entrou com uma bandeja.

— Dona Leonor, aqui está o chá. Também trouxe alguns petiscos.

— Não teremos almoço hoje? — indagou Solange.

Ione fez uma negativa com a cabeça enquanto Solange dizia:

— Sei. Mamãe fica preocupada com o meu interesse pelo espiritismo enquanto estamos sem dinheiro para comprar comida. É isso mesmo?

Leonor ruborizou. Ione rebateu:

— Seu irmão está tentando arrumar um empréstimo e...

Leonor a censurou:

— Não diga mais nada, Ione.

— Sim, senhora. Com licença. Voltarei para a cozinha. Se precisarem, é só chamar.

Ione saiu e encostou a porta da saleta. Solange acomodou-se no sofá.

— Então nossa situação está pior do que eu imaginava.

— Não... não é bem assim.

— Como não, mamãe? Estamos sem nada.

Leonor levou as mãos ao rosto e sentou-se no sofá. As lágrimas corriam insopitáveis. Solange aproximou-se e abraçou-a:

— Não se desespere, mamãe.

— Como não?

— Não fique assim. Tudo se resolve.

— Como? Perdemos tudo. Absolutamente tudo. Seu pai morreu e nos deixou atolados em dívidas e mais dívidas.

— Temos nossa casa, alguns imóveis. Poderemos vendê-los e...

Leonor a cortou:

— Não, filhinha. Preciso lhe contar a verdade. Os imóveis foram tomados pela Justiça. Este aqui deverá ser entregue logo. Seu irmão saiu hoje cedo para negociar o

prazo de entrega e de nossa saída do imóvel. Não temos para onde ir. O menos pior é que Daniel terminou a faculdade, vai fazer uma prova no Banco do Brasil, e você concluiu o normal.

— Viu? Posso ser professora. Daniel poderá ser funcionário público. Vamos nos manter.

— E o padrão que tínhamos?

— De que vale, mamãe? O que importa é estarmos unidos, juntos. Nunca liguei para a sociedade e seus valores superficiais. Onde estão suas amigas? Só sobraram as beatas lá da igreja, mais por pena que por amizade.

Leonor limpou as lágrimas com um lencinho de renda. Fungou delicadamente e respondeu:

— Percebi, tarde demais, que não tenho amigas de verdade. Quando descobriram que perdemos tudo, todas desapareceram. Outro dia estava com Ione na rua, e duas fingiram não nos ver. Antes, corriam para me abraçar.

— Não ligue para essas pessoas. Elas não trazem nada de bom para sua vida.

— É verdade. Contudo, estou preocupada com sua irmã. Essa nossa mudança... Como vamos tirar Eunice daqui? Como vai reagir a tanto movimento? Ela vai ter de sair daquele quarto.

— Esse é um assunto que a senhora precisa deixar sob minha responsabilidade.

— Você falou em espiritismo. Nossa vida anda tão complicada, Solange. Não me venha com mais problemas, filha.

— Não, mãe. Eu não venho com problemas. Eu vou trazer a solução! — respondeu, com um sorriso enigmático.

— Tenho medo.

— Sei disso. Tudo o que desconhecemos nos causa certo receio. É natural. Digamos, por hipótese, que a vida continue após a morte. O que a senhora acha disso?

— Bom, fui criada para acreditar que morremos e acabou. Vem algo na minha cabeça de catecismo... se fui boa vou para o céu, se fui má vou para o inferno.

Solange deu uma risadinha e segurou nas mãos de Leonor.

— Qual é o seu conceito de bom e ruim?

— Acho que, quando você é uma boa pessoa, faz o bem para os outros, ajuda na igreja, então vai para o céu.

— E se não agiu de acordo com o que a sociedade exige, vai para o inferno. Seria isso? — complementou Solange.

— Mais ou menos isso. Penso dessa forma.

— A vida não funciona assim, mamãe.

— Não?

— Não dessa forma.

— O padre disse.

— Lamento informar, mas não é assim. A vida é perfeita, é Deus em ação. Tudo acontece para o nosso melhor.

— Mesmo uma situação ruim? Olhe o que está acontecendo conosco.

— Sim. Às vezes, passamos por uma situação desagradável para despertar os potenciais do nosso espírito que estão sem uso. Quando não usamos a nossa força, a vida cria situações para que sejamos forçados a usá-la.

— Não entendi.

Solange franziu o cenho. Seu semblante tornou-se mais firme. Ela estava séria, mas falava com amabilidade.

— A senhora é um espírito que reencarnou repleto de aptidões, habilidades diversas. É uma mulher cheia de potenciais, gostos e virtudes. É determinada, tem poder de escolha. Passou a maior parte da vida sob as asas do papai, deixando que ele decidisse tudo, tomasse todas as decisões. Nunca deu palpite, nunca pôde decidir, escolher, fazer nada que lhe agradasse. Ele sempre vinha em primeiro lugar.

— Fui criada dessa forma. O homem sempre deve vir em primeiro lugar. Aliás, os outros devem vir em primeiro lugar. Depois, posso pensar em mim.

— A vida quer que você se coloque em primeiro lugar. Se agir assim, vai se valorizar e tudo o que estiver ligado a você será valorizado: suas coisas, seu trabalho, sua vida em geral. Quando nos colocamos em primeiro lugar, estamos dando sinal claro à vida de que merecemos ser valorizados e, naturalmente, tudo começa a crescer ao nosso redor: as nossas conquistas, o nosso dinheiro, o nosso prestígio, a nossa inteligência, a nossa perspicácia, o nosso grau de conhecimento, de inteligência, de bondade, a nossa tolerância... Tudo o que for bom cresce de maneira exponencial em nossa vida. E obviamente nos tornamos pessoas melhores e nos relacionamos de maneira melhor com os outros.

— E?

— E isso é contagiante, mamãe! — revidou Solange, empolgada. — Porque os outros se beneficiam, absorvem essa energia e também passam a se comportar dessa forma. É um elo de prosperidade cósmica que se forma no mundo. Por isso determinados lugares do planeta são mais bem desenvolvidos do que outros, porque há um padrão de pensamento de que o bom e o melhor devem ser valorizados em detrimento do ruim e do pobre.

Leonor sentiu agradável sensação de bem-estar.

— De onde tirou essas palavras?

— Tenho aprendido por meio de livros de cunho espiritualista. Sabe, um tempo depois de papai ter morrido, senti uma tristeza muito grande, e uma amiga minha, a Selma, me levou até o centro espírita que ela frequenta.

— E você se sentiu bem lá?...

Leonor não terminou de falar.

— Sim. Me senti. Fui bem acolhida. Conversei com um rapaz que me deu orientação, me disse umas palavras carinhosas e me levou até uma sala de passes. Depois ouvi uma palestra, ganhei um livro, e tudo começou a mudar na minha vida.

— Percebi que você tem aceitado essa mudança brusca de nossa vida de maneira assustadoramente natural. Pensei que fosse rebelar-se. Estava esperando o momento da revolta.

— Não. Eu entendi que nada é por acaso. Se quer saber, o dinheiro não era meu. Era do papai. Foi ele quem construiu a fortuna e foi ele quem a deixou escorrer pelo ralo. Cabe a mim, ao Daniel e a Eunice encontrarmos o nosso ideal, a nossa vocação, e seguirmos a vida com nossas próprias pernas.

— Eunice será eternamente dependente de nós. Sua irmã teve uma vida errada. Deu um mau passo no passado, envolveu-se com dois homens errados. Olhe no que deu. Está perdida para sempre.

— Para sempre é muito tempo, mamãe. Eunice ainda vai sair dessa.

— Não acredito. Daqui a pouco completam dez anos que seu pai morreu, e ela continua assim.

— Calma. Dê tempo ao tempo.

Solange beijou a mão de Leonor. Serviu-lhe uma xícara de chá. Depois saiu da sala, foi até o quarto e apanhou o livro. Trouxe-o e o entregou à mãe.

— Creio que está na hora de começar a ler, mamãe. Tome o tempo que quiser. Tenho certeza de que a senhora vai gostar muito mais desse do que o outro, de Amy Vanderbilt.

Leonor riu. Apanhou o exemplar e exalou profundo suspiro de contrariedade ao ler o título: *O Livro dos Espíritos*, de Allan Kardec.

7

Alguns dias depois, deitados na cama, antes de apagar o abajur, Aderbal considerou:

— Vamos trazer Lina para o quarto de Estela. Até quando essa mocinha vai dormir na sala?

— Não sei, mas no quarto de Estela ela não fica.

— Por que tanta birra?

— Não é birra — Eugênia levou a mão ao peito. — É o quarto da *minha* filha. Não posso colocar uma estranha para dormir lá.

— Sei, querida. Era o quarto de *nossa* filha — corrigiu. — Não é mais.

— Sempre será.

— Precisamos olhar para a frente. Sei que é triste não ter mais nossa Estela aqui conosco, contudo, de que adianta manter o quarto intocável?

— Para eu me lembrar.

— A gente lembra com isso — apontou para a cabeça. — E também com o coração.

Eugênia respirou fundo:

— Está certo. Melissa virá passar o feriado de Páscoa. Vai dormir no quarto de Estela.

— Ela poderá dividir o quarto com Lina.

— Nem pensar! Minha afilhada precisa de privacidade. O lugar dessa menina — fez um gesto vago com a mão — é lá fora. Ela não é nossa filha, não é parente.

— Mas...

— Por favor, Aderbal — ela o cortou, secamente. — Não quero me exasperar com você. E, de mais a mais, quem me diz que essa menina vai ficar aqui por muito tempo?

— Já disse que pretendo adotá-la.

— Nem passando por cima do meu cadáver. Nunca!

— Por quê?

— Não quero. Tenho esse direito, não?

— Ela precisa de certidão, precisa de documentos.

— Fale com o Hermes, do cartório. Ele pode entrar em contato com o cartório da cidade dela. E, qualquer problema, é só dar a ela um registro de nascimento. Coisa simples. Não precisamos chegar à adoção para essa menina ter uma certidão.

— Eu queria tanto — ele suspirou.

— Vai continuar querendo. Eu não tenho que engolir uma filha postiça nesta altura da vida. Estamos ficando velhos.

— É remorso.

Eugênia coçou a cabeça, pensativa.

— Tudo o que você me contou... é verdade mesmo? Não tem fantasia aí na cabeça?

— De forma alguma. Eu acompanhei praticamente tudo. Você não pediu para eu averiguar, seguir, ir atrás...

Eugênia deu de ombros e mudou de assunto:

— Chega, Aderbal. Hora de dormir.

— Está bem, você é quem sabe. Mas pense no quarto de Estela.

— Não. Já disse. O quarto só será usado por Melissa, quando ela vier. Se preferir, já que o remorso o está corroendo, construa um quartinho para Lina ao lado do barracão. No quarto de Estela, não.

A voz de Eugênia saíra praticamente esganiçada. No fundo, ela até queria que o quarto fosse habitado. O medo de sofrer era maior. Lutou para não dizer *sim* e dar razão ao marido.

Aderbal sabia ser impossível convencer Eugênia, por ora. Talvez construir um quartinho com um banheiro para Lina não fosse má ideia. O quintal era grande, depois havia o cercado que dava para as plantações da horta e do pomar. Se diminuísse um pouco o galinheiro...

"Bom, amanhã pensarei no que fazer." Pensando nisso, Aderbal beijou Eugênia no rosto, virou-se de lado, disse um boa-noite e adormeceu, sentindo um peso menor no coração.

Eugênia demorou para conciliar o sono. Seu instinto maternal queria correr e abraçar Lina, enchê-la de carinhos, beijos e outros mimos. Desejava ensinar Lina a escovar os cabelos cem vezes de cada lado, como aprendera e ensinara a Estela. Entretanto, a razão também queria se fazer valer. Era uma voz soturna, autoritária. Dizia que ela iria sofrer de novo, que Lina logo chegaria à idade adulta e iria embora:

— Você vai ficar velha, e ela vai partir. Para que dar amor?

Outra voz, mais doce, afirmava com convicção:

— Lina não é Estela e jamais vai substituir sua filha. Aproveite este presente da vida, deixe o amor represado de mãe fluir novamente. Esqueça a sua mente. Ouça seu coração. Ele tem voz. Eu sou a voz do seu coração.

Eugênia deu mais atenção a esta segunda voz. Fechou os olhos e fez uma sentida prece. Logo adormeceu e, mesmo sentindo uma pontinha de remorso, deixou-se embalar por doces sonhos.

Lina deitou-se na caminha improvisada. Fez uma oração que aprendera com dona Bibiana. Do seu jeitinho, pediu pela alma dos pais, dos irmãos e mandou um beijo para dona Bibiana. Cansada de tanto lavar e quarar roupa, dormiu rápido.

Sonhou que estava em um jardim bem florido, bonito e perfumado. Ela olhava para seu corpo e via logo atrás um cordão acinzentado que saía de sua nuca e perdia-se de vista. Ela achou graça e caminhou pelas alamedas repletas de flores perfumadas. Fechou os olhos, aspirou o ar perfumado. Ouviu uma voz atrás de si:

— Oi, Lina. Como está?

Ela se virou e sorriu.

— Eu conheço você? Seu rosto me é tão familiar!

— Sim, conhece. De outras experiências no mundo terreno.

A mulher, bonita e de traços delicados, abraçou-a e beijou-lhe a testa.

— Como você se chama?

— Maruska.

— Maruska — ela repetiu e ficou pensativa. — Seu rosto e seu nome... eu me lembro vagamente.

— Fomos muito ligadas em outras vidas.

— Não me lembro.

— A reencarnação apaga as memórias passadas.

— Sinto algo bom quando estou perto de você.

Maruska passou delicadamente os dedos sobre a franja de Lina.

— É amor. As lembranças podem ser apagadas a cada nova encarnação, mas o sentimento de amor permanece, para sempre.

Lina, instintivamente, abraçou-a. Maruska sentiu uma grande emoção. Ficaram abraçadas por um bom tempo, e Lina, depois do abraço carinhoso, perguntou:

— O que fomos?

— Isso não vem ao caso, por ora — desconversou Maruska. — O importante é que você está viva, cheia de novas experiências, livre para decidir o seu destino.

Lina se entristeceu.

— Viva? Passar por tudo isso tão jovem? Nasci na miséria, até o momento tive uma vida cheia de privações e tive de matar para continuar viva.

— Não era necessário. Contudo, seu espírito, guerreiro, ainda acredita que precisa fazer justiça. É um mecanismo que está ligado no automático. Aos poucos, por meio de algumas encarnações seguidas, vai se libertando dos valores rígidos e extremistas, ajudando o espírito a quebrar a ilusão.

— De que adianta? Isso só machuca.

— Este é o objetivo! A ilusão provoca dor porque mostra que você está agredindo a sua própria natureza, entende? Quando compreender que não precisa mais fazer justiça, sairá desse patamar denso de energia para um mais sutil, rumo a uma evolução mais sadia. Fique sossegada porque tudo é vivência, nada está errado.

— Não penso que estou errada. Só não estou mais gostando de ser assim.

— Isso é bom. Mostra que seu espírito está pronto para dar novo salto de consciência. Para que sofrer se tem a inteligência, não é mesmo?

— Quando eu gosto, faço tudo pela pessoa, você bem sabe. Já quando não gosto...

— Chega de extremos. Só levam o indivíduo a sentir dor e remorso. O melhor é ligar-se com o coração. Se não gosta, não tenha amizade, não conviva, solte, liberte-se da pessoa.

— Falar é tão fácil.

— Porque é fácil. Você é quem complica, porque deixa a cabeça interferir com um monte de pensamentos negativos — Maruska passou delicadamente a mão sobre os cabelos de Lina. — Importa que agora está vivendo uma nova fase.

— Dona Eugênia não gosta de mim — Lina retrucou.

— Não se trata de gostar ou não. Eugênia precisou passar por difíceis provas. Seu espírito anda amargurado, mas logo vai passar, e ela vai olhar para você de outra maneira.

— Outra maneira?

— É. Mais amorosa. A vida sabe o que fazer para nos arrancar das amarras da tristeza. Eugênia precisa reagir. Você pode ser o remédio de que ela tanto precisa para voltar a ser feliz.

— Será?

— Continue agindo com naturalidade. Não perca a cabeça, não se irrite, não entre na sintonia negativa dos outros. Aprenda a perdoar.

— Eu vivo de bem com a vida. Se notar, verá que eu lido muito bem com o jeito seco da dona Eugênia.

— Não me refiro a Eugênia.

— Não?

Maruska fez uma negativa com a cabeça.

— Ivan e Anna decidiram regressar ao mundo, prontos para nova encarnação.

— Como?

Maruska sorriu.

— Feche os olhos.

Lina os fechou. Maruska colocou suavemente a palma da mão sobre a testa da menina.

— Lembra-se agora?

As cenas vieram de maneira rápida. Lina via-se em outros trajes, com outras características físicas. Estava na frente do que deveria ser um palacete. Ao lado dela havia um homem com uma tocha nas mãos. O fogo era incontrolável. As labaredas lambiam e engoliam as paredes e ele parecia estático, enquanto uma moça, lá dentro, gritava por socorro.

Lina abriu os olhos e sua respiração oscilou.

— Meu Deus! Foi terrível o que aconteceu!

— Eu sei. Nós sabemos.

— Eu a vi queimar viva. Eu deixei. Não fiz nada — Lina levou as mãos ao rosto, num gesto de desespero.

— Não fique assim — tornou Maruska. — Não se torture mais pelo passado. O que passou, passou.

— Não consigo. Eu só vou melhorar no dia em que passar por isso.

— Não deseje isso, Lina. Não precisa. Você tem inteligência suficiente para superar esse triste acontecimento de outra forma. Há maneiras bem menos doloridas de enfrentar o problema.

— Prefiro à moda antiga.

— Sabe que não precisa.

— Anna não me perdoou.

— Quem sabe, agora, em nova etapa, vocês encontrem uma maneira de passar uma borracha sobre os desatinos e seguirem com o coração em paz?

— Fui fraca. Deixei-me enganar. Caí na conversa dos outros. Quis atrapalhar a vida dela.

— O seu espírito aprendeu a se escutar, meu amor. É bom dar ouvido aos comentários dos outros, desde que sejam positivos e nos elevem a alma. No entanto, escutar palpites negativos e dar trela a comentários mesquinhos e maledicentes atrapalha o nosso raciocínio, distorce o nosso senso de justiça, e enveredamos por um caminho tortuoso e dolorido.

— E como foi dolorido!

— Importa que aprendeu, mesmo que pela mão pesada da dor. Anna também está diferente.

— Ela era minha irmã. Não nos dávamos bem, mas era minha irmã.

— O tempo agora é outro. Você gostaria de se aproximar dela, para aliviar a consciência?

— Adoraria.

— Ótimo — tornou Maruska, animada. — Nem que seja por pouco tempo?

— Sim. Mas não sei se vou conseguir.

— Você pediu para nascer longe da Europa. Queria viver do outro lado do mundo, longe de todos que conhecera. Entretanto, seu pedido só foi atendido desde que outras duas pessoas estivessem por perto. Anna seria uma delas.

— E a outra?

— Não gostaria de revelar-lhe agora.

— Não minta para mim, Maruska.

— Não se atormente. Tudo ocorre no tempo certo.

— Meu espírito não me engana. Sinto que Ivan deverá voltar, não?

Maruska fez sinal afirmativo com a cabeça. Lina sentiu o estômago contrair-se. Levou a mão ao peito.

— Meu Deus! Eu fiz toda aquela crueldade porque quis ter Ivan para mim, na marra.

— Será? Foi isso mesmo?

— Foi. Claro que foi — afirmou convicta. — A paixão cega fez eu cometer aquela loucura.

— Por isso, os três precisam se reencontrar. Nem que seja por pouco tempo.

— Para quê? Para sofrer? Rasgar a cicatriz e abrir nova ferida?

— Enquanto você não superar esse sentimento de animosidade, terá de reencontrá-los.

Lina suspirou, resignada.

— Tem razão. Eu voltei para vencer meus medos e superar minha inflexibilidade.

— Isso mesmo! Chega de ser a justiceira! O que interessa é que você passou por situações bem desagradáveis e as superou. O caminho a percorrer ainda é árduo, mas haverá compensações bem positivas. Não se esqueça de que estou ao seu lado.

— Obrigada — agradeceu Lina, abraçando-a. — Aos poucos, recordo-me de você. Eu a conheci no astral, em um posto de socorro, certo?

— Sim — Maruska mentiu, pois não precisava, naquele momento, confundir a cabecinha de Lina. — Depois do seu desencarne, a nossa amizade aqui no astral se fortaleceu e eu a ajudei a preparar-se para retornar.

— Você é meu anjo da guarda?

Maruska abriu um lindo sorriso.

— Não. Sou um espírito que tem muito o que aprender. Ocorre que, do lado de cá da vida, tudo é mais fácil de ser analisado e compreendido. O pensamento é uma arma poderosa, tanto para construir quanto para destruir. Nesta dimensão onde estou, a força do pensamento move tudo, para o bem ou para o mal. Estou tentando me firmar no bem. Sou aprendiz de anjo da guarda.

Lina riu.

— Você me faz muito bem.

— Por isso a trouxe até aqui.

— Os meus pais desta vida estão bem?

— Um pouco perturbados, mas seguem em tratamento. Seus irmãos também estão bem. Logo, todos eles vão retornar ao planeta.

— Tão rápido?

— É. Vocês não vão se reencontrar. Eles têm outros objetivos de vida. Vão reencarnar em outro país.

— Eu me sinto insegura.

— Não tenha medo. Acabou de ganhar um lar. Ainda vai viver um tempo com esta família que a acolheu. Mais à frente, seguirá seu caminho, respeitando os anseios de sua alma. Precisa aprender a dar valor ao que sente e não ao que escuta.

— Não entendi.

— Você nunca escutou a voz do coração aliada à inteligência. Sempre agiu de maneira impulsiva, extremista, e os resultados não foram os melhores. Haverá um tempo em que precisará passar por experiências que ajudem você a não dar ouvido aos outros e entregar a justiça nas mãos de Deus.

— Aqui eu me sinto mais inteligente, mais forte.

— E mais lúcida — emendou Maruska. — O ambiente do mundo astral não tem o peso do mundo terreno. Logo, as percepções aqui são mais sutis e aguçadas. Agora você precisa voltar ao corpo. Já vai amanhecer.

— Eu queria ficar aqui ao seu lado para sempre.

Maruska a abraçou com carinho.

— Eu também adoraria. É por pouco tempo. A vida na Terra corre rápida e, num piscar de olhos, você estará de volta, mais forte, mais segura e mais lúcida.

— Só tenho uma pergunta.

— Pois faça.

— Anna e Ivan vão voltar quando?

— Eles já voltaram.

Lina susteve a respiração.

— Já?! — indagou, incrédula.

— Não ligue para isso. Alimente seu espírito com vibrações positivas e saiba que tudo acontece para o melhor. Confie na sabedoria da vida.

Lina fez sim com a cabeça e acalmou-se. Abraçaram--se de novo e Maruska disse:

— *Ya tebya lyublyu.*

Sem perceber que havia compreendido a frase em russo, Lina respondeu:

— Eu também a amo.

8

Lina despertou com um sorriso maroto no canto dos lábios. Abriu os olhos e, embora não lembrasse patavina do encontro com Maruska, sentiu um bem-estar indescritível. Levantou-se, dobrou os lençóis e o colchonete. Arrumou a sala e foi até a cozinha.

Eugênia e Aderbal ainda dormiam. Ela consultou o relógio cuco na parede do corredor. Não eram seis da manhã, mas o sol mostrava timidamente a cara. Fez o café, esquentou o leite e arrumou a mesa.

Eugênia entrou na cozinha.

— O que é isso?

Lina aproximou-se.

— Bom dia, dona Eugênia. Fiz o café e esquentei o leite. Não sei onde a senhora guarda as broas de milho e os pães. A manteiga, eu achei.

Antes de Eugênia dizer alguma coisa, Lina beijou-a no rosto.

— Estou muito feliz aqui. A senhora é como uma mãe para mim.

A frase, dita de maneira espontânea, pegou Eugênia de surpresa. Ela tentou conter a emoção, embora uma lágrima insistisse em descer pelo canto do olho.

— Ora, menina, quem mandou fazer o café? Poderia se queimar no fogão.

Lina deu de ombros.

— Ontem passei o dia lavando e fervendo roupas. Estou acostumada. Sente-se, por favor.

— As broas e os pãezinhos estão ali — apontou para um armário. — Aderbal gosta que esquente os pães no forno.

— Sim, senhora.

Lina pegou a travessa com as broas e colocou-a sobre a mesa. Em seguida, apanhou um pote com pãezinhos, deitou-os sobre uma bandeja e colocou-a no forno.

Aderbal entrou na cozinha.

— Bom dia.

— Bom dia — respondeu Eugênia.

— Olá, seu Aderbal. Dormiu bem?

— Muito bem, mocinha. Muito bem.

— Eu também. Tive um sonho lindo.

— Conte-me — ele pediu, enquanto se sentava à mesa.

— Não me recordo.

— Como pode dizer que foi lindo se não se recorda? — questionou Eugênia.

— Só me lembro do rosto bonito de uma mulher. Não me recordo do que conversamos. Foi lindo porque acordei bem, feliz, como há muito tempo não acordava.

Aderbal considerou:

— Hoje vou visitar meu amigo Hermes. Vou ao cartório para ver seus documentos, Lina.

— Preciso ter documento?

Aderbal riu.

— Claro! Saiba que, pelo fato de não ter certidão de nascimento, você não existe.

— Eu existo! — ela exclamou, convicta. Apalpou-se. — Veja, estou aqui.

Até Eugênia esboçou um sorriso. Aderbal tentou explicar:

— Você existe, obviamente. Legalmente, não existe.

Ela não entendeu. Eugênia interveio:

— O negócio é que você precisa desse papel para frequentar uma escola, viajar, trabalhar, casar, entende?

— Acho que sim.

— Tenho uma entrega grande para fazer e um conserto de pia — tornou Aderbal. — Depois do almoço, dou uma passadinha no cartório. Aos poucos tudo vai se acertando.

— Quer dizer que eu posso continuar aqui com vocês?

— Pode.

Lina virou o rosto para Eugênia.

— Tudo bem, dona Eugênia? Eu posso ficar na sua casa?

Ela fez sim com a cabeça. Aderbal levantou-se.

— Pois bem. Vou falar com o Marcondes da loja de materiais e saber quanto vamos gastar. Quero levantar o quartinho de Lina o quanto antes.

— Um quarto só para mim? De verdade?

— Sim. Um quarto e um banheiro. Só para você. Vai ficar uma graça! — Aderbal encostou os dedos na orelha.

Lina gostou do gesto e o repetiu.

— Vai ficar uma graça!

Ele se despediu e saiu. Eugênia começou a tirar a mesa, e Lina foi para o barracão lavar roupas.

Eugênia a observou até sumir no barracão. Lembrou-se de Estela.

— Filha, se você estivesse aqui, eu até poderia criar essa mocinha.

Uma voz agradável se fez ouvir. Eugênia acreditava estar escutando os próprios pensamentos.

— Justamente pelo fato de Estela não estar aqui é que você precisa criá-la. Lina veio para alegrar seu coração. Não dê força ao orgulho. Estela está em outra dimensão, vivendo outras experiências. Um dia vão se reencontrar e poderão traçar outros planos para viverem próximas. Por agora, concentre-se em Lina. Você prometeu que a ajudaria. Não se recorda?

Obviamente que Eugênia não se recordava. Mas naquele momento sentiu um calor brotar do peito. Fez intimamente uma prece dirigida à filha. Depois, viu Lina estender roupas no varal e sorriu.

Eram mais de seis horas quando Aderbal encostou a caminhonete na porta de casa. Desceu e foi direto ao barracão.

— Oi, Lina.

— Já voltou, seu Aderbal?

— Passa das seis.

Ela deslizou as costas da mão sobre a testa.

— Nossa! Eu nem vi o tempo passar.

— Almoçou?

— Hum, hum. Dona Eugênia me serviu. Depois eu a ajudei a lavar a louça e voltei pro barracão. Veja — ela apontou —, as roupas estão praticamente prontas para passar.

— Amanhã você faz isso.

— O senhor é quem sabe.

— Agora vamos entrar. Precisamos conversar.

— Algum problema?

— Não. Nada grave.

Lina apanhou as roupas no varal. Dobrou-as e ajeitou-as sobre uma mesa. Seguiu Aderbal. Entraram pela cozinha. Eugênia preparava o jantar.

— Voltou tarde.

— Demorei com as entregas, depois o conserto da pia não era tão fácil como imaginava. Daí passei no Marcondes — justificou-se. — Semana que vem ele vai mandar areia, cimento e tijolos. Contratei o Sílvio, filho do Moacir, para me ajudar a levantar o cômodo. Ele também entende de encanamentos. Disse que faremos o quarto mais o banheiro rapidinho — e, voltando-se para Lina: — Você já pensou na cor das paredes do seu quarto?

— Cor?

— É. Que cor você quer nas paredes?

Ela fez um gesto gracioso, pousando o indicador no queixo.

— Hum, eu gosto de azul. Bem clarinho.

— Azul? — contestou Eugênia. — É cor de menino! Tem que pintar o quarto dela de amarelinho, verde ou cor-de-rosa.

— Gosto de azul.

— O quarto vai ser azul — garantiu Aderbal.

Lina sorriu e o abraçou. Em seguida, correu até Eugênia e lhe deu um beijo no rosto, pegando-a de surpresa.

— Obrigada. Não sei como vou retribuir tanto carinho.

— Continue sendo essa garota adorável. Não deixe que o tempo e as circunstâncias abalem a sua essência. Você tem o coração puro — Aderbal falou e foi se trocar.

Eugênia passou os dedos sobre a bochecha. O beijo de Lina a fez se lembrar de Estela.

"Meu bebê, quanta saudade", pensou, enquanto acompanhava Lina com os olhos marejados.

Ao chegar ao centro espírita, Solange encontrou Selma no jardim que ladeava a entrada. Cumprimentaram-se, e Selma considerou:

— Orlando deseja falar-lhe no fim da reunião.

— Algo importante?

— Sim. É sobre Eunice.

— Que bom! Fico aliviada. Daniel conseguiu estender o prazo de entrega da casa, mas temos só um mês.

— E já conseguiram alugar outra casa?

Solange abriu largo sorriso:

— Nem te conto! Parece coisa de radionovela!

— Mesmo? O que foi?

— Daniel estava arrumando uns papéis lá em casa, vendo o que mais havia de dívidas para pagar e tudo. De repente, não é que encontrou a escritura de uma casa que não foi pega pela Justiça?

— Como assim?

— Uma casa que meu pai recebeu como forma de pagamento. Não sei ao certo. Mas ele registrou essa casa no nome de Daniel, em meu nome e no nome de Eunice. Embora possamos, eventualmente, ter problemas legais, levaria muitos anos para que algo ruim pudesse nos acontecer, entende? Temos condições de lutar e manter essa casa. E, de mais a mais, é o único bem que temos. A Justiça não pode nos colocar no olho da rua.

— Isso é muito bom, menina. E em que bairro fica?

— Fica em outra cidade. Na verdade, em outro Estado!

— Onde fica essa casa?

— Em Teófilo Otoni, Minas Gerais — respondeu Solange, com um sorriso encantador, mostrando os dentes alvos e perfeitamente enfileirados.

No fim da reunião, Orlando chamou Solange para uma conversa reservada. Selma fez sinal para ir embora, e ele a chamou:

— Por favor, Selma, não vá. Pode ficar.

— Eu?

— Sim. Precisaremos de sua ajuda.

Orlando as conduziu até uma saleta ali mesmo no centro. Era fim de tarde, o sol estava se pondo, e algumas pessoas começavam a chegar para os trabalhos da noite. A saleta era confortável, porém simples. Havia uma poltrona, uma escrivaninha, duas cadeiras e uma estante com muitos livros.

Ele fez sinal, e as moças sentaram-se nas cadeiras. Orlando sentou-se na poltrona. Ele era um homem alto, elegante, bonito, voz grave. Tinha uns trinta e poucos anos de idade e nunca se casara. Era um homem reservado, que se dedicava com afinco aos estudos de Kardec e da mediunidade.

Selma o olhava com admiração e com uma pontinha de desejo. Ela estava com dezenove anos, havia terminado o curso normal e começaria a dar aulas numa escola ali perto. Vinha de uma família classe média. Ela tinha olhos verdes, grandes e expressivos. A sua sensibilidade tinha despertado havia dois anos, e sua família frequentava o centro amiúde.

Ela sorriu para Orlando:

— O que tem a nos dizer?

— É sobre minha irmã, não é?

Solange estava um pouco ansiosa. Era uma moça bonita. Os olhos eram amendoados, os cabelos desciam até os ombros, cortados à moda. Vestia-se com apuro e era naturalmente elegante. Sentia por Selma profundo carinho.

Orlando olhou-a firme e declarou:

— Sim. Contudo, você precisa nos ajudar. Não pode ficar ansiosa, tampouco sentir medo.

— Confesso que, às vezes, sinto uma opressão, um peso quando estou no quarto de Eunice. Mas é só no quarto dela.

— São as energias que a circundam — tornou Selma, voz levemente alterada. — Eunice entrou em estado profundo de tristeza e tem atraído uma horda de espíritos tão tristes quanto ela.

— Por acaso — essa era uma pergunta que Solange há muito desejava fazer — o espírito de Paulo está preso a ela?

— De certa forma — respondeu Orlando. — Paulo não está com Eunice. Depois que morreu, o espírito dele entrou em profundo estado de desequilíbrio, mas num estado tão profundo de perturbação que até o momento não nos foi possível chegar perto para auxiliá-lo.

— E, cabe ressaltar — acrescentou Selma —, as irmãs dele estão em profundo estado de ira. Elas não o perdoam. E isso dificulta o trabalho de amigos espirituais que tentam ajudá-los no astral inferior.

— E a mãe dele?

— Dona Benedita recebeu auxílio e atualmente vive com parentes em Nosso Lar. Está em tratamento ainda. Embora tenham se passado dez anos aqui no nosso tempo, ela ainda sente um pouco das perturbações. Logo estará melhor e poderá ajudar seus filhos a encontrarem a paz e se prepararem para um novo ciclo reencarnatório.

— Terão de reencarnar juntos? — quis saber Solange.

— Provavelmente.

— É muito sofrimento. Imagino o que viverão!

— Não pense dessa forma. Cada dor e cada sofrimento tem sua razão de ser na justiça mais que perfeita

de Deus. Não se esqueça de que cada erro é um aprendizado e, a cada desafio enfrentado, ganhamos experiência.

Instintivamente, Solange fez o sinal da cruz.

— Isso, meu bem — Selma fez sim com a cabeça —, ore por eles. Não os condene. Principalmente Paulo. Não nos cabe julgar, afinal, não sabemos o porquê de ter tomado atitude tão desesperadora. Quando isso acontece no mundo terreno, em vez de ficarmos ligados ao drama e à tragédia, precisamos nos ligar em orações e pedir paz para os envolvidos. Afinal de contas, cada um é responsável por si e terá, mais dia, menos dia, de arcar com o resultado de suas escolhas. Paulo vai sair do estado de perturbação e precisará encarar os fatos. No entanto, não há ninguém destinado ao sofrimento eterno, porque um dia sentirá o apelo do bem no coração e emergirá das trevas para a luz.

— Será que ele vai ser perdoado?

— Melhor perguntar — tornou Orlando: — Será que ele próprio será capaz de se perdoar? Esta é a tarefa mais difícil para o espírito. Entendemos até a atitude do outro. Somos capazes de perdoar o próximo. Entretanto, temos sério problema em perdoar a nós mesmos.

— Mas eu pensei... bom, que ele estivesse ligado a Eunice.

— Mentalmente, sim — esclareceu Selma. — Como ela também está perturbada, acaba por pegar um pouco da perturbação dele. É natural. Porém, o espírito que a está atormentando, no momento, é outro. Se o espírito de Paulo estivesse ao lado de Eunice, garanto que sua irmã não estaria mais entre nós.

Solange sentiu um frio percorrer-lhe a espinha.

— Meu Deus!

— Sim. É nossa responsabilidade zelar pelo nosso bem-estar. Os espíritos amigos, os espíritos superiores

podem nos ajudar, mas eles fazem *por meio* de nós. Por isso, precisamos estar bem para que eles façam, para que eles realizem alguma coisa de útil para conseguirmos ficar na paz. Eunice está presa ao vitimismo. Ficou presa no drama, acredita que a vida não tem sentido, julga-se usada, traída e abandonada. Culpa o primeiro namorado e seu pai pelo fracasso do segundo relacionamento amoroso.

— Meu pai? Não pode ser!

— Sim, Solange. Eunice culpa Emílio pelo término do relacionamento com Paulo. Se quiser ir mais longe, Eunice culpa seu pai pela tragédia toda que acometeu a vida dela.

— Quer dizer que o plano mental de Eunice está atrapalhando um bocado de espíritos, além de atrapalhar o próprio crescimento dela.

— Os espíritos me dizem que seu pai também colaborou para que isso tudo se desenrolasse dessa maneira.

— Desconheço — tornou Solange séria. — Papai sempre foi reservado.

— É — concordou Orlando. — Você tem razão.

Orlando não iria prosseguir. Os espíritos foram categóricos: Emílio havia participado da trama que infelicitara Eunice. De que adiantaria mexer neste vespeiro agora? O importante era ajudar Eunice a sair daquele estado obsessivo. Ele piscou para Selma e afirmou:

— Precisamos ir até sua casa com um grupo de voluntários para fazer uma limpeza energética no quarto, pois o ambiente está carregado de formas-pensamento negativas que fazem com que tais espíritos ali permaneçam. Assim, poderemos criar condições para Eunice repensar suas crenças e permitir mudar-se para a nova residência.

— Vamos para uma cidade pequena em Minas Gerais. Fico assustada.

— Minas Gerais é um dos lugares mais bem preparados para lidar com essas energias — ajuntou Selma.

— Mesmo?

— Sim. Não é à toa que Chico Xavier faz seus trabalhos mediúnicos em Minas.

— Não conheço nada nem ninguém em Teófilo Otoni — rebateu Solange, desalentada.

— Confie na vida. Sabe que ela faz tudo pelo melhor — acrescentou Orlando.

— Tem razão. Mamãe está lendo *O Livro dos Espíritos*. Tem feito perguntas, e eu tenho respondido à medida que posso.

Selma riu bem-humorada:

— Você sabe muito, querida. Seu espírito é muito livre, livre até demais.

— Não entendi — replicou Solange, balançando o rosto.

— Um dia vai entender — prosseguiu Orlando.

— O seu espírito — elucidou Selma — veio preparado para abraçar a espiritualidade de maneira natural, sem dogmas ou doutrinas. Leonor é um espírito lúcido, mas ainda preso às convenções do mundo. Ela está despertando a consciência para a realidade espiritual e juntas vão ter condições de ajudar Eunice a se libertar dessas energias perniciosas que sufocam o espírito e o impedem de crescer e ser feliz.

— O que mais quero — Solange estava emocionada — é ver minha irmã bem. Ela era uma moça cheia de vida. Eu sempre me espelhei nela porque é a irmã mais velha. Sempre achei Eunice um primor, o meu referencial. Quando eu ainda era uma garotinha, ela se trancou naquele quarto e, a cada dia que passa, eu vou me esquecendo daquela mulher bonita, falante, alegre, cheia de entusiasmo.

— Ela pode voltar a ser assim — enfatizou Selma. — Precisamos de tempo, de paciência e oração.

— Vamos nos dar as mãos — sugeriu Orlando esticando os braços — e fazer uma oração em prol de Eunice, pedindo aos espíritos amigos que derramem sobre ela gotas de paz e de serenidade. Que Eunice possa descansar um pouco, por enquanto.

Fizeram uma linda prece e, imediatamente, luzes coloridas saíram de seus corações e foram, como um raio, até o quarto de Eunice.

Ela estava na poltrona, cabeça levemente apoiada sobre o ombro, cochilando. Sentiu uma brisa leve tocar-lhe o rosto e, sem abrir os olhos, esboçou um sorriso. O espírito ao seu lado sentiu uma tremenda dor de cabeça e imediatamente saiu do recinto, nervoso.

— Eu saio, mas eu volto. Ah, se volto. Não é assim que vão me tirar daqui — declarou e saiu, furioso, pela janela, desaparecendo no ar.

9

O domingo amanheceu nublado. Lina despertou e correu até a janela.

— Sem sol! — exclamou. — Será que vai chover?

Ela adorava a chuva. Cada gota que caía do céu era um motivo de comemoração e a ajudava a esquecer e enterrar o passado de seca e miséria.

Havia se habituado à rotina da casa. Acordava todos os dias antes de Eugênia e Aderbal, inclusive aos domingos. Fazia o café, esquentava o leite, colocava a mesa, esquentava as broas e os pãezinhos.

Eugênia tinha adorado essa iniciativa. Podia ficar um pouco mais no aconchego dos braços do marido. Nesse dia, porém, ela e Aderbal acordaram mais cedo do que o habitual. Assim que entraram na cozinha, Lina os cumprimentou, surpresa:

— Por que acordaram tão cedo? E hoje não é feriado?

— O Hermes, do cartório, vai dar uma passadinha aqui — respondeu Aderbal.

— Tenho tanta pena desse homem.

— A gente nem sabe direito a história dele, Eugênia.

— Na cidade todo mundo comenta.

— Futriqueiras de plantão, isso sim.

— Imagine. O homem era médico, formado. Largou a profissão assim, do nada? E o pai deu um cartório de presente? Também do nada? Como um homem sai de São Paulo e vem viver aqui?

— Sei lá.

— Viu como Hermes é triste?

— É verdade. Tem cara de cachorro abandonado, sem dono.

— Tem cara de cachorro sem dona, devo corrigi-lo.

— Vamos tratar da nossa vida — desconver sou Aderbal.

Eugênia torceu as mãos no avental. Abriu um sorriso.

— Melissa deve chegar logo.

— Sua afilhada não ia chegar na hora do almoço?

— Quero deixar tudo em ordem. Faz tempo que Melissa não fica aqui conosco. Quero que ela tenha uma boa impressão. Você pode me dar uma ajuda?

— Claro, dona Eugênia.

— Quero deixar o quarto de Estela em ordem.

Aderbal queria dizer que o quarto de Estela sempre estivera em ordem, mas não quis ferir os brios da esposa. Estava contente porquanto Eugênia começava, timidamente, a conviver melhor com Lina.

Tomaram o café e, enquanto elas foram preparar o quarto para Melissa, Aderbal recebeu Hermes.

Era um homem de estatura média, nem feio nem bonito. Poderia ser atraente, não fosse o semblante abatido, os olhos tristes, os lábios contraídos. Aderbal se lembrou da conversa com a esposa e notou: Hermes era um homem triste. Exalava tristeza. Mas por quê? A pergunta ficou ali em sua cabeça, rodando, quando comentou:

— O café ainda está quente, aceita?

— Aceito — concordou Hermes.

— Por que esta cara?

— Foi a que Deus me deu. E a vida é assim, um dia após o outro, sem graça, sem novidades.

— Você é dono de um cartório. Tem dinheiro, tem posição. Poderia ter a mulher que quisesse.

Hermes fez um esgar de incredulidade. Praticamente uma cara de repulsa.

— Deus me livre e guarde!

Aderbal estranhou e conteve-se. Será que Hermes não gostava de mulher? Ele não tinha nada a ver com isso. Tentou fazer troça com a situação:

— Passou dos trinta, é sozinho. Nunca pensou na possibilidade...

Hermes o cortou com secura, como se estivessem conversando sobre outro assunto:

— Aderbal, não é tão fácil assim fazer o registro de nascimento. Preciso de duas pessoas adultas, conhecidas da menina, para começar.

Aderbal levou um tempo para firmar o pensamento e lembrar que Hermes tinha ido ao sítio para falarem de Lina. Balançou a cabeça para concatenar melhor as ideias e, depois de um gole de café, considerou:

— Eu e Eugênia. Não serve?

— Preciso também dos documentos dos pais.

— Não sei se eles tinham.

— Se não tinham, deveremos entrar em contato com o cartório da cidade da mocinha.

— Não queria que Lina voltasse às origens. Ela iria se lembrar de acontecimentos tristes.

— Precisamos ir até a cidade dela.

Ir até aquela cidade? Não. Aderbal não iria para lá. De jeito nenhum. Precisava fazer qualquer coisa, demover Hermes dessa ideia. Pensou rápido e perguntou, à queima-roupa:

— E se os pais também não tiverem certidão? Eram pessoas miseráveis, muito pobres.

— Eu já disse que o caminho mais fácil seria você e Eugênia reconhecê-la como filha.

— Eugênia diz que não quer adotá-la.

— Se você e Eugênia aceitassem ser pais de Lina, o caminho seria bem mais fácil.

— É?

— Sim. Eu faria uma certidão retroativa, colocando vocês como pais.

— Melhor do que adotar.

— Não é melhor nem pior. Adotar seria o mais adequado, porque faríamos tudo de acordo com a lei. Mas, como a menina não tem parentes vivos que poderiam vir a reclamá-la, creio que Lina passar a ser *sua* filha — ressaltou — não seria problema.

— Não deixa de ser uma saída bem interessante.

— Ademais, vocês não têm filhos, tampouco parentes próximos.

— Eugênia prometeu que tudo o que é nosso vai para Melissa.

— Podem fazer um acordo. Conversem com sua afilhada.

— Não sei — Aderbal não conseguia concatenar os pensamentos. — Melissa é uma boa menina. A mãe é meio doidivanas. É uma boa mulher, porém se casou com um desclassificado e é cega de paixão.

— Bom — Hermes terminou seu café —, precisa pensar se vale a pena ir até a cidade da mocinha. Como sugeri, se aceitassem Lina como filha, eu teria condições de ajeitar tudo. Não estamos prejudicando ninguém. Muito pelo contrário. Estamos dando uma família para essa garota órfã.

— Vou pensar em tudo o que me disse — observou Aderbal.

— Agora preciso ir. Um bom domingo para vocês — despediu-se Hermes, ar cansado e passos arrastados.

— Desejo o mesmo para você — retribuiu Aderbal. — Até breve.

Despediram-se e Aderbal voltou para a cozinha.

— Depois que Eugênia falou... esse homem é muito triste mesmo. Parece que o coração fora-lhe arrancado.

Aderbal serviu-se de mais um pouco de café e, com a caneca nas mãos, passou pelo corredor que dava acesso aos quartos. Qual não foi sua surpresa ao ver Eugênia e Lina juntas, sentadas sobre a cama de Estela, conversando e rindo baixinho, como se fossem amigas de longa data.

— Hermes tem razão. Lina bem que podia ser nossa filha — murmurou.

Perto da hora do almoço, Aderbal foi até o centro da cidade apanhar Melissa.

— Deixa eu ir junto com você?

— Você vai pôr a mesa — ordenou Eugênia.

— Ah! — Lina fez um muxoxo.

— Fique aqui — pediu Aderbal. — Logo voltarei.

— Está bem.

— Melissa vai passar uma semana aqui. Terá tempo de sobra para conhecê-la.

— Estou ansiosa.

— Ansiosa? De onde tirou essa palavra?

— Ouvi seu Aderbal falar outro dia. Achei bonita.

Eugênia moveu a cabeça para os lados.

— Você me surpreende!

Lina sorriu e ajeitou a mesa. Foi ao jardim, apanhou umas flores. Eugênia as colocou no vaso.

— A sua sobrinha vai adorar! — exultou Lina.

— Assim espero — disse Eugênia, com gosto.

Meia hora depois, Melissa chegou. Era uma jovem bonita, embora seus olhos demonstrassem tristeza. Os cabelos anelados estavam cortados à moda. Vestia-se com apuro. Tinha traços elegantes e refinados. O rosto era bem clarinho, e algumas sardas coloriam seu nariz. Ela entrou e foi direto até Eugênia, abrindo os braços.

— Tia, quanto tempo!

Abraçaram-se efusivamente. Melissa escondeu o rosto no ombro de Eugênia e caiu no pranto.

— Ora, ora — Eugênia passou delicadamente as mãos sobre os cabelos da afilhada. — Por que tanta emoção?

— Desculpe-me pelos excessos. Eu deveria me conter.

— Conter-se por quê? — perguntou Aderbal, que se aproximava com a mala.

Melissa sentiu leve repulsa. Aderbal percebeu e não entendeu. Ela já o havia cumprimentado com certa frieza quando descera do ônibus.

Aderbal olhou de esguelha para Eugênia, e ela fez ar interrogativo. Melissa estava sensível demais, muito diferente da última Páscoa.

— É quase uma mulher — considerou Aderbal. — É natural que esteja mais sensível. Afinal de contas, nós nos vemos somente uma vez por ano.

— Deveria vir mais vezes — pediu Eugênia.

— Eu queria mesmo era ficar aqui para sempre.

— Você tem sua mãe...

Melissa o cortou:

— Ela está grávida, tia! — Melissa costumava chamar carinhosamente Eugênia de tia.

— E nem nos avisou? — comentou Eugênia, indignada.

— Nesta altura da vida, eu com quase dezoito anos, e ela resolve ter filho. E ainda por cima do Jurandir!

— Não me conformo. Penha esperando um filho do Jurandir. Quanta desfaçatez!

Aderbal interveio:

— Nada de confusão, Eugênia. Você prometeu.

Ela girou os olhos e ensaiou um sim. Melissa prosseguiu:

— Está lá, toda contente da vida. Eu não me sinto mais parte daquela *nova* família — enfatizou.

Lina voltou do barracão. Entrou na cozinha e, ao ver Melissa, sentiu uma emoção sem igual. Melissa sentiu o mesmo e abriu um largo sorriso. Aderbal fez a apresentação:

— Lina, esta é nossa afilhada, Melissa.

Lina fitou-a e sentiu um frêmito de emoção. Era como se estivesse reencontrando uma pessoa muito querida, de quem gostasse muito, de verdade. Seus olhos chegaram a marejar. Melissa sentiu o mesmo e, num impulso, abraçaram-se.

Eugênia e Aderbal trocaram um olhar significativo. Sorriram. As meninas deram um caloroso abraço, e Melissa perguntou, sem malícia:

— Quem é essa mocinha tão simpática?

— Eu sou a Lina. Vim lá do sertão e...

Eugênia interrompeu-a com doçura:

— Depois contamos a você a história dela. Vamos para o quarto levar sua mala. Vai ficar até o fim da outra semana, como de costume?

— Sim. Na verdade, eu queria ficar aqui para sempre — repetiu.

Eugênia abraçou-a.

— Meu amor, você tem casa, tem família.

— Família eu não tenho.

— Como não?

— Agora que mamãe está grávida, acabou.

— Sua mãe está querendo dar um herdeiro para Jurandir.

Eugênia falava sem convicção. Achava o cúmulo Penha ter se envolvido justamente com seu ex-noivo. Nunca engolira o casamento deles.

"Ainda bem que Aderbal não sabe de nada", pensou, aliviada.

Eugênia percebeu uma lágrima escorrer pelo canto do olho da garota.

— O que foi, querida?

— Agora que mamãe está grávida, tem me tratado mal.

— Está sensível.

— Não sei. Sinto-a muito diferente.

— É um motivo para festejar. Agora você vai ganhar um irmãozinho ou, quem sabe, uma irmãzinha. Deveria estar feliz — tentou contemporizar Eugênia.

Ela também não tinha gostado de saber da novidade, no entanto, não queria que Melissa se voltasse contra a mãe. Contudo, Melissa estava possessa. E procurou mudar o assunto:

— Gostei muito da Lina.

— Quando ela chegou, confesso que não fui muito simpática. Imagine seu padrinho trazendo a tiracolo uma garota magra, encardida, vinda lá do sertão. Fiquei receosa. Depois, com o passar do tempo, ela foi me cativando. É uma boa moça.

— Ela tem família?

— A família dela morreu todinha.

"Podia acontecer o mesmo com a minha", Melissa pensou, mas não disse.

— Ela vai viver aqui?

— Sim. Aderbal está providenciando o registro dela. Acredita que Lina não tem certidão de nascimento?

— Por que vocês não a adotam? — sugeriu Melissa.

Eugênia remexeu-se nervosamente na cama.

— Não sei.

— Tia, a Estela morreu, e essa menina apareceu na porta da sua casa.

— Eu a acolhi. Não preciso ser mãe dela.

— Por que não? Eu adoraria ser sua filha.

Eugênia emocionou-se.

— Verdade?

— A senhora é adorável. Já a minha mãe...

— Penha sempre foi voluntariosa. Deu muito trabalho desde sempre.

— Não tem um pingo de juízo. Casou-se com um pé-rapado e agora, depois de anos, resolveu engravidar...

Eugênia queria concordar, porém não queria criar confusão na cabeça da moça. Argumentou simplesmente:

— Você não gosta do Jurandir.

— Não! — exclamou com uma convicção desconcertante.

— Ele é seu padrasto. É como se fosse seu pai.

— De maneira alguma! — protestou Melissa. — Nunca conheci meu pai e não é por isso que tenho de aceitar Jurandir. Ele não é e nunca vai ser meu pai! Nunca!

Eugênia arregalou os olhos. Jamais vira Melissa falar daquela forma. Procurou contemporizar. Levantou-se da cama, pegou a mala e colocou-a sobre uma cômoda. Abriu-a e, em silêncio, foi apanhando peça por peça e colocando-as nos cabides.

10

A simpatia entre Lina e Melissa foi imediata. A amizade sincera brotou espontânea e natural. Depois do almoço, Eugênia e Aderbal foram descansar na varanda. Melissa convidou Lina para ir ao quarto.

— Posso ir, dona Eugênia?

— Claro!

— Tenho roupa para passar.

— Querida — Eugênia falava de maneira carinhosa —, você não é nossa empregada. Ajuda nos afazeres domésticos, mas não é empregada. Aproveite a companhia de Melissa.

Lina abriu um sorriso, e Melissa puxou-a pela mão.

— Venha. Trouxe algumas revistas. Tenho uma só com as fotos das misses.

— O que é isso?

— É um concurso de beleza que elege, obviamente, uma representante da beleza da mulher brasileira. A eleita vira miss.

— Tem tanta mulher bonita neste país. Só uma é eleita?

— Só uma. Eu tenho alguns pôsteres da Miss Brasil do ano passado, Terezinha Morango.

Lina riu.

— Uma mulher com fruta no nome!

— É — concordou Melissa, também rindo. — Ela é linda. Venha ver.

As duas entraram no quarto e encostaram a porta.

— Viu como elas estão se dando bem?

— Aderbal, eu nem acredito — respondeu Eugênia.

— Eu sempre acreditei. Lina é um encanto de pessoa, e Melissa tem um bom coração.

— Teremos dias de felicidade nesta casa.

— Notei tristeza nos olhos de Melissa. Ela está muito sensível.

— É natural. Penha está grávida. É uma mudança e tanto para Melissa.

— Não sei, não. Viu como Melissa quase não me abraçou?

— Já disse, meu bem. É uma grande mudança. A chegada de um bebê muda a rotina de uma casa. Melissa é quase uma mulher. Acho que tem medo de tornar-se uma babá ou coisa do tipo. Porque, você sabe, Penha é bem folgada, pode deixar a criança aos cuidados de Melissa e sair com Jurandir pelo mundo.

— Pode ser — considerou Aderbal. — Fico contente que ela vá ficar aqui ao menos durante esta semana. Vai fazer bem a ela e também a Lina.

— Parece que se conhecem há tempos.

— É verdade — Aderbal aproveitou o momento. — Será que não podemos começar a reavaliar a situação de Lina?

— Como assim?

— Adotá-la seria a primeira opção. É uma menina adorável, sem família.

— Mas...

Aderbal a cortou com amabilidade:

— Querida — ele se aproximou e a abraçou —, até hoje eu também não superei a morte de Estela. E creio que nunca irei superar. Contudo, o tempo passa, a vida segue, e não temos opção a não ser rezar para que ela esteja bem, onde quer que esteja, e Deus continue nos dando forças para viver com um pouco de paz e serenidade. Eu e você conseguimos driblar a dor e, do nosso jeito, temos levado nossa vida. Embora eu seja cético em relação à espiritualidade, você é católica.

— Briguei com o padre e deixei de ir à missa depois que Estela morreu.

— Você é cristã. Acredita que não existem coincidências na vida. Por que Lina apareceria em nossa vida agora? Não vê que é um presente de Deus?

— Não é presente coisa nenhuma — exasperou-se. — Ela acabou caindo aqui porque você teve pena.

— Não é bem assim.

— É sim — Eugênia tremia nervosa. — Você tem a consciência pesada. Viu o que não quis, agora sente-se na obrigação de fazer algo por ela.

— É só uma mocinha. Como nossa filha.

— Ela não é a Estela.

Aderbal aproveitou para desviar o assunto. Pensou rápido e emendou:

— Não. E nem quero que ela substitua nossa filha ou apague Estela do nosso coração. Nunca iremos esquecer Estela. Ela sempre será o anjo bom que Deus nos emprestou por um período. Devemos agradecer porque fomos felizes em tê-la como filha, mesmo por pouco tempo. Agora temos a felicidade de poder ensinar a Lina tudo o que queríamos ensinar à nossa filha e não pudemos.

— Tenho medo, meu bem.

— Medo de quê?

— De que algo ruim possa acontecer a essa menina.

— Um raio não cai duas vezes na mesma casa. Se Deus a mandou para cá, não vai querer que ela nos deixe.

— E se aparecer um parente e levá-la embora?

— Pelo que soube, ela não tem ninguém.

— Nordestino tem sangue quente. Você sabe bem do que estou falando. Tenho medo de que apareça aqui...

— Um matador? — completou Aderbal, dando risada.

— Não ria de mim!

— Não estou rindo de você — Aderbal a beijou e apertou-a de encontro ao peito. — Você é minha esposa, a mulher que amo. Foi uma mãe fantástica.

Os olhos de Eugênia brilharam emocionados.

— Fiz o possível para ser uma boa mãe.

— E pode voltar a ser. O amor de mãe não acaba nunca.

— Tem razão.

— Que tal darmos um pouco de amor para Lina? Tenho certeza de que nos fará um bem imenso, além de fazer um grande bem a ela também.

— Está certo — Eugênia falou enquanto enxugava as lágrimas. — Você disse que havia duas opções. Uma era adotar Lina.

— Sim.

— E a outra?

Aderbal mordiscou os lábios, apreensivo. Não sabia qual seria a reação da esposa. Permaneceu pensativo por instantes e, antes de dizer alguma coisa, Eugênia segurou a mão dele e sugeriu:

— Conversar com Hermes. Talvez fique mais fácil registrá-la como filha.

— Como assim?! O que foi que disse?

— Registrar Lina como nossa filha.

— Será que escutei direito?

Eugênia falava com modulação de voz suave:

— Não temos filhos. Essa menina não tem certidão de nascimento, os pais morreram. Em vez de adotá-la, podemos registrá-la como filha legítima.

— Tem certeza? Você faria isso? — indagou, estupefato.

— Sim. Em todo caso, vou esperar passar a semana. Quero ver bem de perto o relacionamento entre Lina e Melissa. No domingo de Páscoa, eu lhe direi o que faremos.

Aderbal beijou-a inúmeras vezes.

— Não sabe quanta felicidade está me dando.

— Claro que sei. E vou cobrar juros. Muitos juros!

Os dois riram, e Eugênia prosseguiu:

— Vamos nos atrasar para a missa.

— Você deixou de ir e...

Eugênia pousou delicadamente os dedos nos lábios do marido.

— Disse bem: deixei. Agora vou voltar. E hoje é Domingo de Ramos. Quero trazer uns ramos abençoados pelo padre. Quero que o amor, a paz e a proteção reinem nesta casa. Que nós dois possamos ser, de novo, pais maravilhosos!

No decorrer da semana, Lina e Melissa viviam grudadas. Faziam tudo juntas e, no meio da semana, já trocavam confidências, mas Lina ainda não se sentia confortável em falar sobre as mortes de Olério e Tenório. Preferia esperar.

Eugênia apareceu no barracão e informou-as de que iria fazer compras na vendinha ali perto. Voltaria logo. Melissa esperou a tia fechar o portão e disse a Lina:

— Estamos sozinhas. Podemos conversar.

— Você me disse que tem um assunto sério para me contar — tornou Lina.

— Sim. Mas você é muito novinha. Não sei se entenderia.

— Catorze anos? Não conta a vida que tive e o que passei até agora?

— É verdade. Você é bem madura para a idade que tem.

— Pode se abrir comigo. Sempre quis ter uma irmã para conversar e dividir os assuntos.

Os olhos de Melissa marejaram. Ela começou a tremer.

— O que foi? — indagou Lina, assustada.

— É terrível falar sobre isso, mas não tenho com quem desabafar.

— Desabafe comigo. Estou ouvindo.

— Meu padrasto.

— O que tem ele?

Melissa atirou-se nos braços de Lina. Enquanto as lágrimas desciam insopitáveis, seu corpo sacolejava.

Depois de acalmar-se um pouco, ela confessou com amargura:

— Jurandir abusou de mim — fez um sinal com as mãos e apontou para o ventre.

Lina entendeu. Levou a mão à boca.

— Meu Deus! Ele faz essas *coisas* de marido e mulher com você?

— Fez. Pensei até em me matar.

— Não diga isso! Por favor.

— O que fazer? Estou perdida, Lina.

— Você conversou com sua mãe?

Melissa deu uma risada irônica, melancólica, triste.

— Tentei. Quando comecei a contar, mamãe me deu um tapa na cara e disse que eu estava louca para acabar com o casamento dela. Não acreditou em mim. Falou que eu inventei tudo para afastá-la de Jurandir. O tempo foi passando, ele parou de me amolar. Mas o que mais me dói são os olhares que ele me lança. Sinto náuseas só de pensar.

— Precisamos conversar com dona Eugênia e seu Aderbal.

— Não, Lina. Não faça isso!

— Por que não?

— Tenho medo e vergonha. Muita vergonha.

— Não pode ter vergonha. Não fez nada de mau. Você foi violentada. Esse cão dos infernos não pode ficar impune.

— Não quero contar nada para os padrinhos. Agora não.

— Será?

— Você vai me prometer que não vai falar nada para os padrinhos. Jura?

— Juro. Claro. Mas não seria melhor...

Melissa a cortou:

— Não! Minha mãe é tão ardilosa que pode fazer a cabeça deles, e como me ameaçou da última vez...

— O que sua mãe disse?

— Se eu continuasse inventando essas barbaridades, ela me internaria num sanatório.

— Não!

— É, Lina. Estou sem saída. Se eu contar, ela é capaz de me internar para sempre num sanatório.

— Quando esse verme se aproximar, não pode gritar?

— Ele fazia isso comigo quando mamãe saía. Depois só ficou nos olhares maliciosos.

— Como assim?

— Ah, quando me vê, ele passa a língua pelos lábios, me manda beijinhos, pisca... Já pedi para ele parar.

— Converse novamente com sua mãe.

— Se mamãe me ameaçou com a internação em sanatório, Jurandir jurou que, se eu abrir o bico, ele mata mamãe e o bebê que está para nascer.

— Ele ama sua mãe. Não seria capaz de matá-la. Nem o bebê. Isso é sacrilégio.

— Como não? Ele é um parasita. Uma sanguessuga. Não trabalha, é sustentado por ela. Finge que tem problema nas costas e passa o dia no bar, jogando conversa fora.

— Se ele é sustentado por sua mãe, não pensaria em matá-la. Está querendo assustá-la.

— É. Pode ser. Mas de que adianta? Se a minha mãe não acredita em mim, quem iria acreditar?

— Eu acredito. E tenho certeza de que muita gente iria acreditar em você e ficar com raiva desse infeliz.

As duas se abraçaram, e Melissa ficou um pouquinho mais calma.

— Não quero voltar para casa.

— Precisamos fazer alguma coisa, Melissa. Ele não pode ficar solto cometendo esses desatinos.

— Fico imaginando uma maneira de sumir.

— Sumir?

— É. Perto do Natal vou completar dezoito anos. Serei maior e vou cuidar da minha vida.

— Não tem medo de seu padrasto ir atrás de você?

— Não. Ele nunca mais vai tocar o dedo em mim.

— Isso. Defenda-se. Faça como eu.

Lina contou sobre a morte dos pais, do irmão. Depois tomou coragem e relatou a terrível viagem ao lado de Olério e Tenório.

— Eu tive de me virar. Nunca pensei que pudesse chegar a matar. Mas era eu ou eles.

— O seu sofrimento é bem maior que o meu.

— Sofrimento não se mede — respondeu Lina, com voz firme. — Cada um precisa passar por determinadas situações de vida a fim de que o espírito se fortaleça para viver a plenitude.

Melissa arregalou os olhos. Era nítido que havia *alguém* falando por meio da amiga.

— Juntas, vamos vencer nossos medos.

— Isso, Melissa! Vamos vencer. E eu vou defendê-la. Pode acreditar.

Melissa abraçou-se a ela.

— Obrigada. Mil vezes obrigada.

— Eu juro que se encontrasse esse... qual é o nome do infeliz?

— Jurandir — balbuciou com desprezo.

— Se eu encontrasse esse Jurandir na minha frente, juro que capava e depois matava. Ou só capava. Mais nada. Só para ele aprender a nunca mais abusar de gente inocente. Patife. Ordinário.

Melissa não percebeu, mas naquele momento Lina já abria e anotava em seu caderninho mental o nome de Jurandir. Poderia levar um mês, um ano ou uma década, mas um dia ela iria cruzar o caminho dele e dar-lhe uma lição.

"Ah, se esse patife voltar a mexer com Melissa, juro que vou atrás dele" pensou Lina.

Melissa estava envolvida na emoção. Não percebeu o estado de Lina e considerou:

— Desculpe-me por me abrir. Eu não queria falar sobre isso, mas estava a ponto de explodir.

— A sua confissão deu oportunidade para que eu também pudesse me abrir. Só contei esse episódio da morte dos assassinos para seu Aderbal, quando ele me deu carona na estrada.

— Fique sossegada. Será um segredo nosso. Só nosso.

— Isso mesmo — ajuntou Lina. Pensativa, ela considerou: — E se for conversar com um padre?

— De que vai adiantar? Um padre não pode revelar o que se diz em uma confissão.

Lina abraçou-a novamente.

— Eu estou aqui para ajudar você.

— Obrigada.

Melissa afastou-se e enxugou as lágrimas. Lina sugeriu:

— E se fôssemos viver juntas?

— Você quer viver comigo?

— Sim. Mas como iríamos nos virar?

— Estou guardando o dinheiro da mesada mais uns trocos que junto quando ajudo a dona do bar perto de casa. É pouco, mas é alguma coisa.

— E fazer o quê, Melissa?

— Ir embora. Pegar o trem daqui até a Bahia.

— Nem pensar!

— Por quê?

— Não quero mais ir para cima — Lina fez um gesto com os dedos.

— Podemos ir para Salvador. É uma cidade grande, acolhedora.

— Não quero mais ir para cima. Daqui, só para os lados. Ou para baixo.

— Para o Rio de Janeiro ou para São Paulo. Pode ser?

— São cidades muito grandes, pelo que sei. São cheias de oportunidades! Gosto de barulho.

— Eu arrumo um emprego, a gente vai morar numa pensão para moças.

— Boa ideia.

— Quem sabe eu não ganhe um concurso de beleza?

— Gostaria de ser miss?

— Talvez — Melissa suspirou. — Miss Brasil ou, quem sabe, Miss Universo. Ou até ser manequim.

— Você tem tudo para ser miss. Eu poderei ser sua dama de companhia. O que acha?

— Seria fantástico. Nós percorreríamos o mundo, frequentaríamos festas, bailes, conheceríamos o universo do glamour, da riqueza, da sofisticação.

— E dona Eugênia e seu Aderbal?

— A gente continua vindo na Páscoa. Eles são como pais para mim. Em todo caso, pense nisso. É a única maneira de eu me livrar de Jurandir. Para sempre.

Lina abraçou-a com força.

— Conte comigo. E, se Jurandir voltar a encostar um dedinho que seja em você, por favor, me avise.

— Sim.

Lina enfatizou, olhos duros:

— Você me avisa mesmo?

— Sim. Só tenho você para me ajudar, Lina. Se Jurandir voltar a me amolar, eu a avisarei.

— Obrigada.

11

Depois de três reuniões espirituais na casa de Leonor, Eunice aceitou a possibilidade de mudar de residência.

— Mas tem de montar o quarto do mesmo jeito na outra casa. Igualzinho.

— Pode deixar, mana — garantiu Daniel, com suavidade na voz.

Daniel era o filho do meio e, agora, o homem da casa. Nascera três anos depois de Eunice e formara-se em contabilidade. Enquanto aguardava para fazer a prova para o Banco do Brasil, cuidava de quitar, dentro do possível, as dívidas que o pai contraíra antes de morrer.

Emílio, vindo de tradicional família de cafeicultores do Estado, havia trocado o plantio de café pelo de algodão com a quebra da Bolsa de 1929. De lá em diante, meteu-se numa sucessão de maus negócios. Até que um amigo lhe propôs mudar radicalmente o escopo dos negócios e partir para o ramo do entretenimento:

— O negócio é cassino, Emílio! Cassino é que dá dinheiro.

Com uma filha de três anos e com outro filho prestes a nascer, Emílio estava desesperado.

— Calma, meu bem — tentou tranquilizá-lo a esposa. — Vai dar tudo certo.

Emílio ganhou convite e foi à inauguração do Cassino da Urca, no Rio de Janeiro. Ficou maravilhado. Depois conheceu o Atlântico, em Santos, que já era famoso e existia havia mais de uma década. Daí quis montar o "maior e mais luxuoso" cassino da América Latina, em São Paulo, igual ao da Urca.

Só que faltava dinheiro. Emílio conseguiu, com um amigo diretor, passar numa prova para o Banco do Brasil. Dava para manter as despesas em dia, mas era muito pouco. Ele foi se arrastando nessa vida até o comecinho da Segunda Guerra. Logo depois, Leonor engravidou de novo.

— Agora eu tenho de arriscar — decidiu.

Procurou um amigo, propôs o negócio. O investidor gostou da ideia. Emílio colocou o casarão da família como garantia, deu outros bens, tudo para que seu sonho de grandeza se realizasse. O cassino foi construído num terreno enorme, comprado a prestações, numa região nobre da cidade. Emílio não economizou nos acabamentos, tampouco na decoração. Tudo veio de fora do país. O luxo reinava desde o ralo da pia dos sanitários até os lustres de cristal dependurados nos salões. Levou mais de cinco anos para ficar pronto.

No meio da obra, um dos sócios quis desistir, houve uma confusão e, como não tinha dinheiro, ele passou para Emílio a escritura de uma casa no interior de Minas. Sem saber bem o porquê, Emílio tratou de registrar o imóvel em nome dos três filhos. E esqueceu o documento em uma das gavetas do escritório de casa.

Faltando um mês para a inauguração, Emílio não contava com um detalhe que arruinaria não só a sua vida financeira, mas a sua vida como um todo: o presidente da República simplesmente decretou o fim dos jogos de azar e acabou com os cassinos da noite para o dia. Assim, num estalar de dedos, num simples decreto.

Emílio afundou-se em dívidas, perdeu tudo. E escondeu da família, pois considerava uma vergonha que sua mulher e seus filhos soubessem a verdade. Fez um monte de empréstimos em bancos, pegou dinheiro com agiotas. Ocultou o quanto pôde, omitiu o fato por três longos anos, até ter o ataque cardíaco e cair duro no chão do banheiro de casa.

O coração de Emílio não aguentou tanta carga de emoção e pifou. Além da crise financeira, existia ainda o drama de Eunice, a filha mais velha, que o atormentava havia um ano, aumentando ainda mais as suas aflições. Outro quiproquó que será desenrolado aos poucos, ao longo desta história.

De tudo o que aconteceu, Emílio só se esqueceu de um pequeno detalhe: a vida não termina depois da morte do corpo. E continuava atormentado... e atormentando...

Olhos verdes e sorriso sempre cativante, Daniel entrou na sala e anunciou:

— Mamãe, vamos nos mudar neste fim de semana!

— Tem certeza de que aquela casa em Teófilo Otoni é nossa? Está tudo dentro da lei?

— Sim. Não há problema algum. A casa é nossa. Ninguém vai nos tirar de lá. Fique sossegada.

Leonor abraçou-se ao filho e deixou uma lágrima escapulir pelo canto do olho.

— Eu quero ir embora de São Paulo. Não quero mais ficar aqui. Não me sinto mais fazendo parte desta cidade. Tenho a impressão de que não conheço ninguém.

— Depois que perdemos tudo, parece que não somos nada, não é?

— Não é verdade — ela protestou.

— Eu sei disso, mamãe. Mas é a verdade. Pode até incomodar, porém é maravilhosa.

Leonor não entendeu. Secou a lágrima com as costas das mãos e encarou o filho.

— O que está querendo me dizer, Daniel?

— A verdade machuca, mas cicatriza. A mentira pode não machucar na hora, mas depois dói e nunca cicatriza. A ferida fica lá, purulenta, aberta, doendo sempre. A mentira nos aprisiona, nos paralisa, enquanto a verdade pode até nos assustar, mas nos move para a frente, porque nos dá dignidade, nos empurra em direção a Deus!

— Que palavras lindas, meu filho!

— Aprendi com a Solange.

— Sua irmã é a caçula e tem sido o pilar desta casa. A princípio, briguei muito com ela, porquanto suas ideias espiritualistas eram muito modernas para a minha mente. Depois passei a compreender melhor muita coisa e, se não fosse ela ao meu lado, não sei se aguentaria tantos dissabores.

— Aguenta, dona Leonor. É uma mulher forte. Sempre a admirei, não só pela beleza e elegância, mas também pela força que tem.

Leonor enrubesceu.

— Verdade?

— Sim. Quando papai era vivo, eu notava que a senhora tentava até se impor, tentava de certo modo transmitir suas ideias, tentava ajudá-lo, mas papai era turrão e não lhe dava ouvidos, talvez subestimasse a sua inteligência. Deu no que deu — Daniel levantou os ombros — e agora estamos tentando sair desse lamaçal.

— Teremos uma vida com privações. Você e suas irmãs foram criados no luxo, no conforto. Não é justo que agora tenham de passar por necessidades.

— Qual é o problema? Eu não vejo a situação dessa forma. Estou feliz, porque me sinto útil. Ao menos estou fazendo algo, descobrindo, a cada dia, o quanto tenho de potencial aqui latente, pronto para ser bem usado — ele levou a mão ao peito e sorriu.

— Está mais amadurecido. Solange também. Eu tenho muito orgulho de vocês — Leonor emocionou-se.

Daniel abraçou-a e beijou-a várias vezes no rosto. Ione entrou na sala com uma bandeja e xícaras.

— Trouxe um chá para a senhora.

— Obrigada, Ione. Levou chá para Eunice?

— Deixei a bandeja sobre a mesinha ao lado da poltrona. Mas ela está lá, sentada, fitando o nada. Pelo menos hoje me perguntou quando vamos nos mudar.

— Ela perguntou? — um brilho de emoção perpassou os olhos de Leonor.

— Sim, senhora. Notei uma pequenina mudança no semblante. Depois do último encontro com seu Orlando e a menina Selma, Eunice está um pouco diferente.

— Eu também notei, mamãe — ajuntou Daniel. — Eunice está mudando e vai mudar ainda mais.

— Tomara. Fico tão nervosa, eu me sinto tão insegura.

— Por quê?

— Eunice é a filha mais velha, deveria estar casada, com filhos, cuidando da família. Está com trinta anos e nada. Uma vida perdida.

— Não fale assim.

Ione fez sinal e saiu. Daniel fez a mãe sentar-se e sentou-se a seu lado. Pegou na mão de Leonor e disse com ternura:

— Cada um cresce do seu jeito, mamãe. Eunice passou por experiências muito desagradáveis, e nós vamos ajudá-la a superar a dor e a perda. Veja pelo lado positivo: vamos nos mudar, sair daqui e ir para o interior, outra cidade, outro Estado. Quem sabe essa mudança não será benéfica para ela?

— Não será! — uma voz grave fez-se ouvir na porta da saleta.

Daniel e Leonor voltaram os rostos para a porta e arregalaram os olhos. Eunice estava ali, parada, fitando o nada, com a modulação de voz alterada, meio pastosa. Os olhos eram frios e endurecidos. Os braços estavam caídos ao longo do corpo.

— Nada vai fazer com que eu mude de ideia. Eunice não pode sair daqui. Se sair, eu perderei o controle sobre ela. Isso não pode acontecer, está fora de meus planos.

Leonor balançava a cabeça, confusa. Não entendia nada.

— Eunice, o que está falando? Por que diz essas coisas?

— Irmã — Daniel levantou-se do sofá eufórico —, você finalmente saiu do quarto. Há quanto tempo não descia?

— Estou dando um aviso — Eunice continuava fitando o nada, como se não houvesse ninguém na sala. — Estou sendo amiga. Vocês podem ir embora, mas ela fica. Não quero mais que venham com grupinhos de oração. Se voltarem a trazer gente rezando aqui dentro, eu acabo com esta casa. Não estou para brincadeira.

— Eunice — Leonor estava pálida —, isso são modos de falar com seu irmão?

— Mãe, acho que Eunice não é... a Eunice!

Leonor meneou a cabeça de maneira negativa.

— Não entendi.

Solange entrou na saleta, esbaforida. Procurou recompor-se. Logo atrás vinham Orlando e Selma.

— O que está acontecendo? — indagou Leonor.

— Eunice incorporou o espírito de seu obsessor.

Um ponto de interrogação desenhou-se no rosto de Leonor. Daniel franziu o cenho.

— Então Eunice não está aí, é isso?

— Eunice está. Mas a presença do espírito é tão forte que ela não teve como segurá-lo. Foi praticamente obrigada a lhe dar passagem. É ele quem está falando, por meio dela, entende? — adiantou-se Selma.

— Não — Leonor foi taxativa.

— Depois explico melhor, mamãe — tornou Solange. — Aproveitemos que o grupo de médiuns está em oração lá no centro, ligado com os espíritos superiores, enviando-nos vibrações positivas. Nós aqui vamos tentar fazer o possível para que tudo volte ao normal. Agora preciso que todos se deem as mãos e fechem os olhos.

— Nós? — questionou Daniel.

— É — tornou Orlando. — Eu, Selma, Solange, você e dona Leonor. Ah, a Ione também.

Solange deu uma saidinha e foi à procura da empregada. Eunice deu uma risada soturna.

— Não vai adiantar. Eu até sinto uma energia branca tentando entrar na casa, mas não vão conseguir me tirar daqui. Eu não vou me afastar. Demorei tanto para encontrar Eunice, agora que meu plano de vingança começa a dar certo, eu tenho de deixá-la ir? Não.

Daniel e Leonor não disseram nada. Fecharam os olhos e deram-se as mãos. Imediatamente Leonor começou a fazer uma prece conhecida. Daniel fez o mesmo e em seguida Ione chegou e juntou-se ao grupo.

Orlando fez uma sentida prece, abriu os olhos e interrogou, voz firme:

— Por que você está aqui?

— Tenho contas a ajustar com Eunice. Coisas entre mim e ela. É particular. Não tenho nada contra você ou esta família.

— Por que está se sentindo tão fraca?

— Não sou fraca.

— Mas sente-se fraca. Sente-se impotente, esquecida, mal-amada. Por que carrega esse sentimento de não valor? Por que essa baixa autoestima está corroendo seu corpo emocional?

— Não é nada disso. O que está dizendo?

O espírito, em forma de mulher, não esperava uma abordagem desse tipo. Estava acostumado com orações, com pedidos de perdão em nome de Jesus, com frases decoradas do Evangelho e outras receitas triviais que muitos médiuns acreditam ser indispensáveis para uma, digamos, boa doutrinação. Entretanto, o espírito à frente de Orlando tinha vivido muitas experiências terrenas, reencarnado muitas vidas, amado e sofrido, como todos nós. A única diferença era que, no momento, ele estava perdido, sentindo-se vítima, injustiçado, tentando encontrar um responsável por seus insucessos.

Eunice havia cruzado o caminho de Doroteia nesta vida atual, não havia nada de acertos de vidas passadas. Doroteia era recém-casada, vivia um casamento infeliz, mas não tinha coragem de se separar. Naqueles tempos, uma mulher desquitada, ou seja, separada, não era vista com bons olhos pela sociedade. Era uma época em que as pessoas valorizavam sobremaneira o que a sociedade pensava, em detrimento de seus desejos e vontades.

Infelizmente daí resultaram muitas tragédias, suicídios, doenças, casamentos infelizes e desencarnes pavorosos. Aos poucos, a sociedade começou a perder força porque os espíritos começaram a reencarnar mais fortes,

mais lúcidos, menos presos às convenções do mundo, sem as amarras da hipocrisia, seguindo os desígnios da alma.

Doroteia poderia, como algumas mulheres já mais avançadas e lúcidas faziam, assumir o controle da própria vida, dar-se força e seguir seu caminho; talvez até pudesse encontrar outro homem que a amasse de verdade. Contudo, ela preferiu manter as aparências, e seu espírito foi se apagando, diminuindo a própria luz.

Antes uma mulher bela e atraente, Doroteia tornou-se uma mulher fria e triste. A doença veio rápido. Logo ela estava presa a uma cama. Não demorou muito para que o marido se enrabichasse por outra. E quem era a moça? Eunice.

A paixão veio forte, e eles não resistiram ao calor do momento. Entregaram-se de corpo e alma àquela paixão que desnorteia e amortece os sentidos.

E atire a primeira pedra quem nunca viveu — ou sonhou viver — uma paixão arrebatadora. Eunice amou aquele homem com todas as suas forças, com todo o sentimento. No entanto, Doroteia foi ficando cada vez mais fraca e morreu. O marido, tomado por remorso, decidiu romper o relacionamento, pois acreditava que não era digno de viver uma história de amor.

— Se minha mulher morreu por falta de amor, eu tive culpa — costumava dizer. — E não posso me permitir ser feliz. Nunca mais.

Depois do enterro e passado o tempo de arrumar a papelada, ele vendeu a casa, saiu do emprego, da cidade e da vida de Eunice. Sumiu.

Doroteia despertou no astral inferior muito doente e nervosa, perturbada. Não podia imaginar, sequer supor, que continuasse viva depois de ter tido enterro e ganhado um túmulo.

— Isso é desumano! Por que não me avisaram quando estava vivendo no mundo?

— Porque nunca quis saber — respondeu uma antiga moradora da região umbralina.

— Não é justo. Eu fiquei doente, morri. E agora meu marido está livre para amar aquela mulher?

— Negativo. Seu marido rompeu com ela. Está triste e abatido.

— Bem feito! Que morra de remorso! Enquanto eu era consumida pela doença e pela dor, ele fornicava com aquela bandida, destruidora de lares.

— Ele não vai voltar para ela.

— Quem garante? Ela quase o tirou da minha vida. Por que não iria atrás dele de novo?

— Será? Quer que eu vá investigar?

— Como assim?

— Ver o que ela anda fazendo, pensando. Eu consigo me deslocar daqui até o mundo.

— Se eu estivesse bem, iria com você. Olhe meu estado.

— Não está nada bem. Vou chamar um amigo meu, curandeiro de primeira. Ele vai dar um jeito nesses machucados e aliviar sua dor.

Resumindo a história, alguns anos depois, por conta de outro fato que iria abalar profundamente a vida de Eunice, Doroteia a encontrou e começou a obsedá-la, com medo de que Eunice reencontrasse seu marido. No entanto, Doroteia esqueceu que o tempo passou e já haviam decorrido mais de dez anos.

Selma colocou a palma da mão sobre a nuca de Eunice. Orlando meneou a cabeça:

— Qual é o motivo de tanta raiva acumulada? Por que seu coração está tão carregado de mágoas?

— Eu estou assim porque ela...

Orlando não a deixou continuar e emendou:

— Diga-me: o que você sente quando pensa em sua doença? Qual é o sentimento que lhe vem quando se vê naquela cama, doente?

Doroteia soltou um suspiro longo:

— Frustração. Raiva.

— Raiva de quê?

— Raiva de não ter vivido os melhores anos da minha vida. Joguei minha juventude fora.

— Feche os olhos.

— Hã?

— Vamos, feche os olhos.

Doroteia os fechou, e Orlando prosseguiu:

— Isso. Agora pergunte para o seu espírito: por que sinto tanta frustração? Por que tenho tanta mágoa?

Imediatamente Doroteia respondeu:

— Porque não fiz o que queria.

— E por que não fez?

— Porque achava que tinha de seguir o mundo. Os outros eram mais importantes do que eu. Minha mãe já dizia e...

— Pois bem — ponderou Orlando. — Agora diga: eu não sou minha mãe e não penso como ela. Eu sou livre para pensar do meu jeito.

Doroteia repetiu palavra por palavra. Orlando prosseguiu, firme:

— Afirme: eu sou o que há de mais valioso nesta vida. Eu, o meu espírito, em primeiro lugar.

Doroteia repetiu mecanicamente.

— Assim não. Diga com convicção, com força, ligada com o seu espírito. Vamos, Doroteia, declare!

A voz encheu a sala com uma força que arrepiou a todos.

— Eu sou o que há de mais valioso nesta vida. Eu me coloco em primeiro lugar!

Doroteia falou e automaticamente seu espírito desgrudou-se de Eunice. Daniel amparou a irmã, que caiu semi-inconsciente, e a deitou no sofá. Leonor olhava tudo estupefata. Orlando, com modulação de voz levemente alterada, sugeriu:

— Isso, Doroteia, largue Eunice, largue os outros, largue o mundo. Fique só com você.

Doroteia abraçou-se, agachou o corpo e caiu num pranto de arrancar-lhe soluços de quando em vez. Um espírito iluminado, muito simpático, apareceu na sala acompanhado de outro e sorriram para Orlando.

— Obrigado. Agora vou levar Doroteia para um lugar de descanso. É hora de você trabalhar com Eunice. Até mais.

— Qual é o seu nome? — perguntou Orlando, mentalmente.

— Estêvão.

Ele sorriu e acenou enquanto os dois espíritos desvaneciam no ar. Orlando exalou profundo suspiro. Em seguida, aproximou-se de Eunice e, com Selma, ministrou-lhe um passe.

Leonor olhava tudo com espanto e admiração. Já estava lendo *O Livro dos Espíritos,* fazia perguntas para a filha, começava a entender melhor sobre mediunidade e sobre encarnados e desencarnados.

Ler era uma coisa, presenciar o fenômeno mediúnico era outro completamente diferente. Muitas dúvidas acerca da vida e da morte dissiparam-se naquela noite. Daniel e Orlando levaram Eunice para o quarto. Ione trouxe uma jarra com água e copos.

Selma serviu-se e tomou de um só gole.

— Obrigada! — agradeceu, depois de passar as costas das mãos pelos lábios. — Estava precisando.

— Você operou um milagre, querida — constatou Leonor, emocionada. — Nem conhece minha filha e veio aqui prestar auxílio.

— Imagine, dona Leonor. Sou amiga de Solange. Vim porque meu coração pediu. Tive vontade de ajudar Eunice. É muito bom fazer o bem, não importa a quem.

— Selma tem me ensinado muita coisa, mamãe. Ela entende muito de mediunidade.

— Pois venha nos visitar mais vezes, até nossa mudança.

— Virei com gosto.

Orlando e Daniel desceram. Leonor levantou-se segurando as mãos:

— E então?

— Está dormindo placidamente, mamãe. Nem parece que passou pelo que passou.

— Ela vai dormir bastante, tenho certeza — acrescentou Orlando. — Amanhã, darei uma passadinha para saber como ela está.

— É muita gentileza — tornou Leonor.

— Virei com prazer. Agora preciso ir. Logo vai começar nossa reunião no centro.

Despediram-se e, já na rua, Selma olhou para o sol, que ainda se punha, e indagou, curiosa:

— Por que disse que tínhamos reunião no centro? Ainda é tão cedo!

Orlando sorriu tímido e completou:

— A tarde está linda e gostaria de convidá-la para tomar um sorvete. Aceita?

Selma sentiu um calor gostoso aquecer-lhe o peito. Os olhos brilharam emocionados, e ela respondeu com um lindo sorriso:

— Aceito.

Orlando esticou o braço, e Selma entrelaçou o braço dela no dele. Caminharam, a conversa fluiu agradável até chegarem à sorveteria, não muito distante dali.

12

A harmonia reinava na casa e, depois que chegaram da procissão, Eugênia tomou uma decisão:

— Lina vai dormir no quarto de Estela.

— Fico feliz que tenha mudado de opinião, meu amor. Mas o quarto tem só uma cama.

— Lina dorme praticamente no chão da sala. Hoje ela dorme no quarto, com o que tem. Amanhã vou com você até a cidade e compramos outra cama. Vamos arrumar o quarto de maneira que as duas fiquem confortáveis. É um cômodo grande.

Aderbal abraçou-a com carinho.

— Lina vai ficar muito feliz.

— Eu sei e, antes que me pergunte, já vou responder. Depois que Melissa partir, Lina continuará no quarto. Nada de construções lá no quintal. Se quiser, eu deixo você reformar o barracão. Mais nada. O lugar dessa menina, de hoje em diante, será no quarto que foi de nossa Estela.

— Não vejo a hora de contar a novidade.

— Pois não vamos perder tempo. Imagino que ambas estejam no quarto, tagarelando e vendo as revistas de misses.

Eugênia entrou de mansinho. Lina estava deitada de bruços na cama, com as pernas para o alto, os cotovelos apoiados no colchão. Melissa estava ajoelhada no chão. Elas folheavam uma revista e riam.

— De que tanto riem?

Melissa levantou-se e correu até Eugênia.

— Veja, tia, como a nossa miss é linda.

Eugênia apanhou o exemplar da revista *Manchete* e leu.

— Receita para ser Miss Brasil? A revista ensina isso?

— Ensina, tia. Quem sabe eu não possa ser miss um dia?

— Gostaria?

— Ah, deve ser uma grande emoção ser escolhida a mulher mais linda, mesmo que o encanto dure só um ano.

Eugênia meneou a cabeça.

— A beleza passa, vai embora rápido. O que fica, o que vale para toda uma vida, é a beleza interior, a beleza de coração, a pureza de sentimentos. Isso sim!

— Mas não podemos ter as duas belezas? — quis saber Lina.

Eugênia riu.

— Podem. Na idade em que estão, podem tudo.

Eugênia aproximou-se de Lina e sentou-se na beirada da cama.

— Querida, conversei com Aderbal e resolvemos que você vai passar a dormir neste quarto a partir de hoje.

— Não!

— Por que não? — ela se surpreendeu com a negativa.

— Porque, se eu dormir aqui, a Melissa não vai ter onde dormir.

— Não tem problema, querida — respondeu comovida. — Melissa vai dormir na cama, e você vai dormir aqui ao lado — apontou. — Amanhã eu e Aderbal vamos providenciar outra cama.

— Vou ficar no quarto de... de... — ela gaguejou.

— De Estela? — completou Eugênia.

— Sim.

— Claro. Tenho certeza de que, onde quer que Estela esteja, se sentirá muito feliz em saber que seu quarto vai ser ocupado por uma mocinha tão especial como você.

Lina abraçou-a e beijou-a no rosto.

— Obrigada.

Depois sentou-se na cama e começou a chorar.

Melissa aproximou-se de Lina e passou as mãos sobre os ombros dela.

— Por que chora?

— Estou feliz. Dona Eugênia e seu Aderbal têm feito muito por mim. E agora tenho a sua amizade. Eu choro de felicidade.

As três abraçaram-se, emocionadas e felizes. Num canto do quarto, o espírito de uma jovem, cujo halo de luz ultrapassava os limites físicos do cômodo, sorria feliz e emocionada.

— Obrigada, mamãe. Sabia que a sua rabugice duraria pouco tempo.

Na noite anterior à partida, Melissa fechou o cenho. Eugênia quis saber, Aderbal assuntou, mas nada. Ela se limitou a dizer que morreria de saudades.

— Estou triste, Lina.

— Não fique.

— Não quero voltar para aquela casa. O ambiente me oprime. Tenho nojo daquele homem.

— Quer que eu vá com você?

— Deus me livre e guarde!

— Por quê?

— Jurandir é um pervertido, um doente. Gosta de meninas da sua idade. Fico com receio de Jurandir se engraçar com você.

Lina levantou-se e estufou o peito. Meteu as mãos na cintura, em posição desafiadora:

— Pois esse abestado que se meta comigo. Eu bato no cão e ainda dou um chute certeiro *ali,* bem no meio das pernas. Ah, se dou! E depois ainda o capo e dou as partes para os cachorros comerem.

Melissa achou graça.

— Só você para me fazer sorrir numa hora dessas.

— Pois, se eu fosse você, faria o mesmo.

— Como?

— Quando ele olhar para você com cara de bobo, todo melado, dê um chute no meio das pernas.

— Ele pode reclamar com minha mãe.

— Duvido. Ele está fazendo coisas erradas. Pode ameaçar você, mas não tem coragem de ir até sua mãe. Inverta o jogo.

— É. Posso bater, arranhar...

— Não. Nada de machucados que apareçam. Daí, sim, ele poderá dizer à sua mãe que você é louca e agressiva. O jogo pode virar contra você. Se der um chute bem dado, certeiro, ele não vai ter do que reclamar. Só vai sentir dor, muita dor.

— Ah... dor é o que eu queria que Jurandir sentisse. Muita dor.

— Pois faça isso.

Melissa pensou um pouco.

— Você vai estudar só ano que vem?

— Seus padrinhos vão me arrumar uma professora particular. Eu mal aprendi a ler e escrever. Querem

me preparar para eu passar no curso de admissão. Dona Eugênia diz que sou inteligente e tenho condições de cursar o ginásio. Já estou passando da idade. Daqui a pouco já estou com idade para o científico.

— É mesmo. Se quiser, eu posso lhe emprestar os livros que utilizei na escola. Eu guardei todos.

— Eu adoraria.

— Vou providenciar e mandar pelo correio.

— E quando eu vou vê-la de novo? Só na Páscoa do ano que vem?

— Não. Vou arrumar maneiras de vir mais vezes para cá. Agora, mesmo com Jurandir por perto, seria bom ter você comigo por alguns dias.

— É?

— Vai ter concurso de miss. A TV Itacolomi não vai transmitir ao vivo; contudo, já sei que o concurso vai ser transmitido pelo rádio e passar na televisão na semana seguinte. É uma boa desculpa para você passar uns dias comigo.

— Ver televisão? — os olhos de Lina brilharam animados.

— É. Igual àquela que vimos na loja outro dia, quando fomos à cidade comprar sua cama. Mamãe comprou uma à prestação. O Jurandir pediu...

As duas riram, e Lina advertiu:

— Seu Aderbal disse que custa muito caro. Comentou também que não se acostumou com a modernidade. Prefere o rádio. E, de mais a mais, parece que aqui não tem... não tem...

— Sinal.

— É. Foi isso que ouvi.

— Vamos conversar com o padrinho.

— Vamos!

13

Era bem cedinho, ainda havia cerração. Melissa, triste, chegou à estação ferroviária. Não desejava, de forma alguma, ir embora. A semana na companhia de seus padrinhos e de Lina ajudou-a a esquecer o tormento que estava sendo sua vida naquele momento.

Aderbal foi entregar a mala ao carregador, e Eugênia abraçou-a.

— Poderia voltar de ônibus. A viagem seria mais rápida.

Melissa escolheu o trem porque queria que a viagem fosse demorada. Bem demorada. Aderbal emendou:

— Um ano passa rápido.

— Tia, eu não queria voltar — queixou-se chorosa.

— Precisa. Sua mãe está grávida. Logo vai precisar de sua ajuda.

— Ajuda para quê?

— Ora, você é moça, pode ajudá-la nos afazeres domésticos, enfim, pode e será de grande valia. Não quer acompanhar o crescimento de seu irmãozinho? Ou irmãzinha?

— Tem razão — concordou, esboçando um sorriso tímido.

— Se quiser — interveio Lina, sussurrando —, comento com dona Eugênia sobre a nossa conversa.

— Que conversa? — indagou Eugênia.

— Melissa gostaria que eu estivesse com ela torcendo no concurso de miss.

— E quando é isso?

— Daqui a dois meses — respondeu Melissa. — Será que até lá Lina já terá documentos e poderá viajar?

— Não sei ao certo. Em todo caso, conversarei com Aderbal.

— Tia, eu adoraria que Lina passasse uns dias ao meu lado. Vou morrer de saudades.

— Daremos um jeito — Eugênia falou e abraçou-a mais uma vez.

Aderbal aproximou-se, e Melissa despediu-se de todos. Lina abraçou-a forte e sussurrou mais uma vez:

— Não se esqueça: se Jurandir se engraçar com você, dê *aquele* chute que ensaiamos.

Melissa apertou o corpo contra o de Lina:

— Sim. Pode deixar que vou fazer direitinho. Assim que chegar em casa, vou escrever uma carta só para você.

— Se ele encostar um dedo que seja em você, escreva-me contando. Eu prometo que darei um jeito.

— Obrigada, querida.

Ouviram o apito, e Melissa subiu no vagão.

— Vai sentir saudade, não? — perguntou Aderbal a Lina.

— Muita. Melissa já é como uma irmã para mim.

— Não precisa exagerar. Acabaram de se conhecer — tornou Eugênia, enquanto caminhavam até a caminhonete.

— É o que sinto. Da mesma forma que sinto um bem enorme ao lado da senhora e do seu Aderbal.

— Está preparada para assumir o quarto de Estela? — interrogou Aderbal, percebendo a emoção nos olhos embaciados da esposa.

— Estou. Vou cuidar dele com o maior carinho do mundo.

Eugênia esperou Lina ajeitar-se no banco e confessou ao marido, baixinho:

— Estou começando a gostar dela, de verdade.

— Sabia que isso iria acontecer, mais dia, menos dia.

— E me dói no coração saber...

Aderbal pousou o indicador nos lábios da esposa.

— Não precisa dizer nada. Não fizemos por mal.

— Fizemos sim.

— Não. Quisemos ir atrás de algo que estava supostamente perdido, sem dono. Foi só uma coincidência ter esbarrado naquelas pessoas.

— Mas não ajudamos. Quer dizer, você não moveu um dedo para ajudar. Isso me mata, Aderbal.

Os olhos de Eugênia marejaram. Ela não conteve o pranto, levou as mãos ao rosto, e Lina, inocentemente, meteu a mão na buzina.

— Por que tanta demora? Vamos logo para casa!

Aderbal abraçou a esposa.

— Agora não é hora para ficar assim, Eugênia. Não se torture. Estamos fazendo um bem danado a essa menina. Ela praticamente se tornou nossa filha. Foi um presente de Deus. Nem imaginávamos que as coisas sairiam dessa forma. Está tudo indo tão bem...

— Tem razão — assentiu ela, secando as lágrimas com as costas das mãos. — Fiquei emocionada. A partida de Melissa mexeu comigo.

— Entre na caminhonete. Vamos para casa.

Entraram no veículo. Eugênia acomodou-se ao lado de Lina e sorriu. Aderbal deu a volta, sentou-se e deu partida. Seguiram o caminho de casa em silêncio.

Antes de ir para o trabalho, Orlando passou na casa de Leonor. Ione o recebeu com alegria.

— Dormimos todos muito bem, seu Orlando.

— Que bom! Terminamos a reunião ontem à noite com uma prece especial direcionada a esta casa.

— Funcionou. Logo no café, dona Leonor comentou que fazia meses não dormia tão bem.

— Para você ver como orar faz bem para a mente e para o ambiente.

— Tem razão, seu Orlando. A partir de hoje, vou rezar com fé.

— Faça isso, Ione.

Leonor apareceu no hall e cumprimentaram-se. Orlando entregou seu chapéu a Ione e Leonor o conduziu diretamente ao quarto de Eunice.

— Ela ainda dorme?

— Sim, Orlando. É normal?

— É. Eunice estava presa a energias muito negativas e seu corpo estava bastante debilitado. Ainda vai ficar alguns dias assim, cansada, como se tivesse saído de uma cirurgia.

— Sei.

Entraram no quarto. Solange o cumprimentou com um aceno. Orlando sentou-se numa cadeira perto da cama. Fechou os olhos, fez uma prece. Alguns minutos depois, Eunice despertou e, aos poucos, tateou em volta, tentando perceber o ambiente onde estava. Conforme

a luz do abajur ia ficando um pouco mais intensa, ela pôde reconhecer Solange, sentada à sua frente. Sorriu e perguntou:

— Estou no meu quarto?

— Está — Solange respondeu e lhe entregou um copo com água.

— Beba.

— Estou um pouco zonza.

— É normal.

Solange ajudou Eunice a soerguer o corpo. Colocou os travesseiros na beirada da cama, e a moça recostou-se neles, bebericando a água. Em seguida, Eunice fitou Orlando e assustou-se. Ele sorriu.

— Quem é você? Um médico?

— Não. Sou amigo da família. Vim para uma visita.

Leonor ajoelhou na cama e tomou a mão da filha.

— Orlando é um bom amigo, querida.

— Nunca o vi antes.

— Na verdade, sou amigo da sua irmã, Solange.

— Ah! — Eunice mexeu a cabeça e não estava concatenando os pensamentos direito. Leonor apressou-se em perguntar:

— Como se sente?

— Melhor. Bem melhor. Mais leve. Parece que um peso muito grande foi arrancado de mim. As cenas vêm em fragmentos, não em sequência.

— Você estava sendo influenciada por um espírito — avisou Solange, com delicadeza na voz. — Como se diz na linguagem espírita, estava obsedada ou obsediada.

— Pobrezinha — tornou Leonor. — Minha filha estava sendo obsedada! Uma vítima das trevas.

— Eunice não foi vítima de nada nem ninguém — rebateu Solange.

— Como não? Ontem vimos Orlando mandar um espírito para bem longe daqui. Ele, ou ela, não estava importunando sua irmã, influenciando-a negativamente, mantendo-a presa neste quarto? Pois bem, Eunice não tem culpa.

— Tem toda a responsabilidade.

— Está querendo me dizer que a culpa pela obsessão é de Eunice? Não posso admitir que atribua a culpa de uma obsessão à sua irmã. Ela sempre foi uma boa pessoa. Nunca fez mal a uma mosca. Esse espírito foi quem entrou em nossa casa e grudou nela.

— Por que são espíritos afins. O espírito e Eunice pensam e sentem da mesma forma. Ninguém atrai ninguém, encarnado ou desencarnado, por acaso. Está tudo certo, dentro da lei da afinidade. Cada um atrai aquilo que tem a ver com seu teor de crenças, pensamentos, ideias. Uma pessoa violenta nunca vai atrair uma pessoa pacífica e vice-versa. Uma pessoa generosa nunca vai ter afinidade com um sovina. Uma pessoa bondosa nunca vai atrair uma que seja gananciosa. Por quê? Porque os opostos não se atraem, mamãe. Só o que é afim se atrai. O bem atrai o bem, o bom atrai o bom, o belo atrai o belo.

— Sua irmã ficou muito abalada por conta daquele... bem... daquela...

— Sei, não precisa dizer. Sei que não gosta de tocar no assunto. Mas foi Eunice quem atraiu esses fatos para a vida dela. Algum aprendizado ela tem que tirar disso.

— O que aprender com uma tragédia? Não vejo o menor sentido.

— Eu vejo muitos — interveio Orlando.

Leonor voltou o rosto para ele e arregalou os olhos:

— Perdão. O que disse?

— Eu vejo muitos pontos positivos, dona Leonor. Uma grande tragédia pode ajudar nosso espírito a dar

um grande salto em seu trajeto de evolução. Simples assim, sem grandes lucubrações.

Eunice tentava acompanhar a conversa. Cravou os olhos em Solange e questionou, temerosa:

— Tem certeza de que tinha mesmo um espírito? Ligado a mim?

— Sim.

— Por acaso, era... — Eunice estava com medo de perguntar.

— Paulo? — completou Solange.

— É. Era ele?

— Não. Não era ele — respondeu Orlando.

Eunice fechou os olhos e sentiu grande alívio:

— Quem era?

Orlando a fitou e esclareceu:

— Era uma mulher. Muito nervosa, descontrolada, perturbada mesmo. Estava muito irritada com você.

— Eu nunca fiz mal a ninguém.

— Pode ter feito em outra vida.

— Difícil acreditar. Se fiz mal a alguém em outra vida, deveria me lembrar. É injusto não me recordar e sofrer — respondeu Eunice, ajeitando o corpo entre os travesseiros.

— Eunice tem razão — emendou Leonor. — De que adianta ser influenciada, atacada, por um espírito a quem até possa ter feito "mal", se não sabe o que fez?

— Porque não importa o que fez, se foi mal ou não. Aliás, o conceito de bem, mal, ruim etc. é muito pessoal — observou Orlando. — A moral cósmica, que rege a vida espiritual, é bem diferente da moral humana. As leis dos homens são falíveis, têm prazos de validade, evoluem, crescem e caducam de acordo com a maturidade da sociedade. Há alguns anos, uma pessoa de pele negra era considerada inferior, era escravizada. Vivemos isso

até quase o fim do século passado. No início deste século 20, a mulher começou a lutar por igualdade de direitos, algo antes impensável. E assim os valores, as crenças, os conceitos do que é bom, certo, errado e justo vão se modificando ao longo do tempo.

— Mas as leis espirituais são imutáveis — tornou Solange.

— Exatamente. É só ler *O Livro dos Espíritos*, de Kardec. As perguntas e respostas são perfeitas, inquestionáveis. O que muda, sim, é a interpretação, porque nós estamos crescendo e arrancando a cada dia um pouquinho mais do véu da ignorância e do preconceito. Afinal, nascemos no planeta para a felicidade. E só poderemos ser felizes se não houver julgamento ou preconceito de nenhuma espécie. O respeito é a base de uma convivência sadia, que fortalece as bases efetivas de uma sociedade harmoniosa e feliz.

— E o que isso tem a ver com a minha obsessão? Nada — protestou Eunice.

— Tudo — rebateu Orlando. — Começa pelo respeito a si mesma. Se você tivesse respeito por si, por sua vontade, se colocasse você em primeiro lugar, já teria criado condições de evitar a aproximação desse espírito. Segundo, a atração com esse tipo de energia se dá quando não estamos fazendo o nosso melhor, ou seja, quando já sabemos fazer o melhor e não o fazemos.

— Não entendi.

— Vou procurar ser mais didático. Imagine que você sabe que roubar não é bom. O seu espírito sabe disso. A sua consciência aprendeu, ao longo de vidas, que roubar, tomar dos outros deliberadamente, sem permissão, não é bom, não vale a pena.

— Mas há muitos que roubam e se dão bem. Vejo muitos que não são presos — protestou Leonor.

— Sim. E isso sempre vai acontecer. Porque aqui é um mundo de experiências. A Terra é um planeta fantástico, para que possamos estar sempre aprendendo. E há espíritos que não têm consciência de que roubar é um ato doloso, que lesa o próximo. Acreditam que estejam fazendo um bem para si mesmos, porquanto acreditam que é natural roubar, tirar do próximo. A vida não faz nada porque eles ainda não têm um grau de maturidade para perceber de forma diferente. Um dia, lá na frente, vão aprender.

Orlando bebericou um pouco de água e prosseguiu:

— Imagine um ladrão que, de repente, tomou consciência de que roubar não é um ato digno. Ele aprendeu que tirar do outro é prejudicial, que, se tirar do outro, alguém também poderá tirar dele, enfim, ele começa a tomar consciência de que existe a lei do retorno, de que a vida funciona como um bumerangue, que amanhã ele poderá também ser roubado. Daí, depois que ele já sabe que isso não é bom, vai lá e comete o delito. O que acontece? Ele vai preso porque a vida não o protege mais.

— A vida só protege os burros, é isso?

— Não, Eunice. Não é questão de ser burro. A vida protege aqueles que desconhecem o que estão fazendo. É diferente.

— Eu sempre fiz o meu melhor. Só porque fui ludibriada por um homem, tive de pagar esse alto preço? — Eunice soltou um fio de voz.

— Você faz muito drama, isso sim — emendou Solange.

— Solange! — Leonor exclamou.

— É verdade, dona Leonor. Eunice sempre fica nessa posição cômoda de vítima. Não faz nada para melhorar.

— Porque não estão na minha pele. Você mal me conhece.

— E por que deveríamos estar? — indagou Solange. — Vai passar o resto da vida presa num quarto? Chorando pelo que não viveu? Chorando pelo homem que a abandonou? Lamentando pelo homem que se matou por não poder desposá-la?

— Chega! — gritou Leonor. — Você foi longe demais. Sua irmã acabou de passar por um momento tão delicado, estava sendo atacada por um espírito, e você agora a agride com palavras tão rudes? Que atrevimento é esse?

— Estou só falando a verdade.

Eunice levou as mãos ao rosto e começou a chorar.

Orlando pegou o copo com água e lhe entregou:

— Beba, Eunice. Vai lhe fazer bem.

— Quero morrer.

— Isso, deseje mesmo morrer. Porque você não tem mais nada para fazer nesta vida. Estou cansada de pisar em ovos com você. Vamos mudar nesta semana e cansei de tratá-la como uma débil mental.

Leonor iria falar, mas Solange rodou nos calcanhares e saiu, batendo a porta. Leonor sentou-se na cama e abraçou Eunice.

— Não fique assim, querida. Não dê ouvido a eles.

— Sou um estorvo, mamãe. Deveria ir para um convento.

— Não diga uma coisa dessas.

— O que a vida me reserva? Nada.

Orlando, pacientemente, levantou-se e pediu que Leonor saísse da cama. Aproximou-se de Eunice e, olhos penetrantes, declarou:

— Você está melhor. Não se deixe abater.

Eunice sentiu uma onda de calor tomar-lhe o corpo. Em seguida, Orlando fechou os olhos, esfregou as mãos e ministrou um passe revigorante nela. Eunice acalmou-se e, aos poucos, adormeceu.

Orlando fez nova prece, agradeceu aos mentores espirituais e, quando saía do quarto, Leonor indagou, aflita:

— Vai ser sempre assim?

— Tudo depende dela, dona Leonor.

— O que fazer?

— Mudar o jeito de ser.

— Como?

— Quando Eunice sair da posição de vítima e descobrir que pode dirigir a própria vida, comandar o destino, vai ser outra pessoa.

— Será?

— Tudo é possível. Vamos pedir o melhor, mentalizar o melhor, sempre.

Em seguida, ele passou o braço pelo ombro de Leonor, transmitindo-lhe confiança, e desceram as escadas.

14

Era comecinho de noite quando Melissa chegou a Belo Horizonte. Esperou os passageiros mais afoitos descerem.

— Tomara que ninguém tenha vindo me buscar — murmurou, enquanto esfregava as mãos, nervosa.

Passou um tempo, ela desceu. Olhou ao redor e não viu rosto conhecido. Sentiu alívio.

— Como sou boba! Não avisei quando chegaria. Como mamãe ou aquele infeliz poderiam saber que estou aqui? — ela riu, nervosa.

Apanhou a mala e caminhou até o ponto de ônibus. Tomou a condução e saltou três pontos antes do usual. Queria fazer hora e demorar a chegar.

Caminhou vagarosamente e chegou a sua rua. Olhou para a casa e notou só uma luzinha acesa.

— Mamãe não gosta de pouca luz — estranhou.

Ela deu de ombros. Destrancou o portãozinho de ferro, contornou um jardinzinho que precisava urgentemente de trato e encostou a mão na maçaneta. A porta estava destrancada. Entrou. O silêncio reinava.

Acendeu a luz do corredor e caminhou até a sala. Colocou a mala ao lado do sofá. Ao virar-se, deu de cara com Jurandir. Arregalou os olhos, aturdida:

— De onde surgiu?

— Estava na cozinha, enteada querida — respondeu, com voz melosa.

Os olhos dele estavam cheios de cobiça. A voz, um tanto pastosa por conta do álcool. A proximidade fazia Melissa sentir aquele cheiro forte que ele exalava. Ela sentiu asco. Afastou-se e foi para o canto.

— Onde está minha mãe?

— Oi. Calma. Boa noite para você também. Cadê os modos? Perdeu-os em Teófilo Otoni?

— Só quero saber onde está minha mãe.

— No hospital.

— Aconteceu algo grave?

— Nada de mais. Coisas da gravidez — ele falou e continuou se aproximando, passando a língua pelos lábios.

— O que quer? Afaste-se.

— De fato, você está velha para mim. Sabe como é, passou de quinze anos, eu perco o interesse. Se tivesse doze, catorze, seria diferente.

— Então, saia de perto de mim.

— Não. Eu não posso fazer besteira aqui na redondeza. Se pegar uma garotinha, corro risco. Sua mãe está grávida, não quer intimidades comigo. Estou morrendo de desejo — Jurandir disse e passou a mão no baixo-ventre.

— Arrume uma mulher da vida. Vire-se.

— Não tem menina na rua. E também tenho de pagar. Estou sem dinheiro.

— Isso não é problema. Eu sei onde mamãe guarda uns trocados para emergências e...

Não deu tempo de defesa, de dar o chute que Lina ensinou, nada. Jurandir sacou do bolso um pano embebido

em éter e o enfiou no rosto de Melissa. Ela não teve tempo de concluir a frase nem de se debater. Desfaleceu. Ele a segurou e a colocou sobre o sofá. Trancou a porta da sala, depois a da cozinha. Apagou as luzes e deixou um abajurzinho aceso sobre o móvel do corredor. Sorriu malicioso.

— Sua mãe só volta amanhã. Claro que eu preferia uma menininha, mas não estou com tempo para escolher. Enquanto isso — ele falava e Melissa continuava desmaiada, sem nada escutar — vamos matar saudades. Eu e você vamos ter bons momentos juntos. Mais uma vez.

Desceu o vestido dela e despiu-se com rapidez. Logo Jurandir estava deitado sobre Melissa e ficaria assim, violentando-a, sem dó nem piedade, até o dia chegar.

Chegando em casa, Eugênia foi para a cozinha preparar o jantar. Lina saltou da caminhonete e a acompanhou. Aderbal foi até o galinheiro.

— O que vai fazer? — Lina perguntou a Eugênia.

— Juntar as sobras do almoço e fazer uma janta caprichada.

— Posso ajudar? — Lina perguntou a Eugenia.

— Claro! Pegue as travessas lá no armário — apontou.

Enquanto Lina apanhava as travessas, Eugênia comentou:

— Senti Melissa muito triste.

Na noite anterior à partida de Melissa, Lina dormira mal. Tivera pesadelos, vira Melissa chorando, um homem de aspecto repugnante gargalhando e rindo. Lina teve ímpetos de matá-lo, mas uma força a puxava para trás, e ela nada podia fazer. Acordou com a cabeça pesada. O dia caminhava arrastado. Depois que se despediu

de Melissa na estação, lembrou-se do pesadelo, e agora sua cabeça latejava. Sentia o peito oprimido.

— Prometi a Melissa que não falaria, mas algo me diz que devo dizer. Meu peito está tão dolorido — suspirou.

Eugênia chamou sua atenção:

— Ei, estou falando com você.

— O que disse, dona Eugênia?

— Melissa estava muito triste. Por quê?

Lina hesitou um pouco.

— Bom, ela não queria ir embora.

— Nunca a vi desse jeito. Sabe se é por causa da gravidez de Penha?

— Não. Melissa até está contentinha com a chegada de um bebê.

— Não entendo. Por que será que, mesmo feliz em sua companhia, eu a pegava triste pelos cantos, prestes a chorar?

Lina mordiscou os lábios.

— Não sei...

Eugênia parou seus afazeres, encarou Lina e quis saber:

— Vamos. Se vai fazer parte da minha família e viver no quarto que era de Estela, não vou admitir mentiras.

— Não estou entendendo.

— Alguma coisa está acontecendo com Melissa. Meu coração de mãe não me engana.

— Ela não é sua filha.

— É como se fosse. Ela, você... Gosto muito de Melissa e a conheço bem. Tem coisa aí.

Lina abaixou a cabeça, envergonhada.

— Não é nada.

— Vamos aproveitar que Aderbal foi cuidar das galinhas. Vamos, me diga — tornou, impaciente.

Os olhos de Eugênia estavam cravados em Lina. A menina pigarreou, disfarçou. Em sua mente, escutou uma voz amiga:

— Conte, Lina. Pode contar. Eugênia é de confiança e vai ajudar.

Lina respirou fundo e puxou Eugênia pelo braço. Seu coração parecia querer saltar pela garganta. Estava aflita.

— Vamos até o quarto de Estela.

— Pode chamar o quarto de seu — ela brincou.

— Está certo. Vamos até o *meu* quarto.

Lina não riu, seu semblante estava pálido. Eugênia entrou no quarto e fechou a porta atrás de si. Sentaram--se na cama. Lina, delicadamente, apanhou as mãos de Eugênia.

— Promete, jura por tudo quanto é mais sagrado, que não vai dizer nada para seu Aderbal?

— Não posso prometer. Não sei o que vai me contar. E, de mais a mais, se for algo grave, terei de contar.

— Não! Por favor.

— Mas terei.

— Oh, dona Eugênia. Nem sei como começar.

— Pelo começo. Vamos.

— Difícil.

— Desembuche. Eu não vou ficar brava. Quero o melhor para Melissa.

— Está certo.

— Conte.

— Bom, a Melissa está sofrendo de verdade.

— Percebi. Sabia. Por quê?

— Porque o padrasto abusa dela.

Eugênia, num primeiro momento, não entendeu.

— Ele é folgado? Quer que ela faça tudo para ele?

— Não — Lina meneou negativamente a cabeça. — Ele abusou, machucou.

— Bateu nela?

— Pior.

— Como assim?

— Ele faz com Melissa coisa de marido e mulher — sussurrou, envergonhada.

Se Eugênia estivesse em pé, fatalmente teria caído. Suas pernas falsearam. Ela levou a mão à boca, horrorizada. Sentiu um gosto amargo descendo pela garganta, tamanho o enjoo.

— Minha Nossa Senhora! Não é possível.

— É, sim.

— Lina, tem certeza do que está me contando?

— Tenho.

— Jura?

— Juro. Ela chorou muito. Disse que o Jurandir faz isso há anos. Ela morre de vergonha e nojo, sente-se humilhada. Diz que agora ele parou de molestá-la, mas a olha com cobiça. Ela está a ponto de cometer uma besteira.

— Melissa deveria contar isso para Penha!

— O pior é que já contou.

— Contou? Como?! — Eugênia estava nervosa, o suor escorrendo pela testa.

— Contou, e dona Penha bateu nela. Disse que era invenção, que Melissa estava procurando um jeito de destruir o casamento dela.

— Não posso crer. Sei que Penha sempre foi meio doidivanas, mas não acreditar na própria filha? É inadmissível.

— Ela não queria voltar para casa porque não suporta mais a presença de Jurandir. Ela teme que ele volte a fazer barbaridades com ela de novo porque ele bebe, perde a noção das coisas e...

— Maldito! — Eugênia vociferou e levantou-se.

— O que a senhora vai fazer?

Eugênia não respondeu de pronto. Andava de um lado para o outro do quarto, esfregando as mãos. Estava muito nervosa.

— Não conte para seu Aderbal. Melissa ficaria muito envergonhada.

— Não tem do que se envergonhar. Ela é vítima.

— E agora, o que pretende fazer?

Eugênia continuou a andar de um lado para o outro do quarto, esfregando as mãos e mordiscando os lábios.

— Tem razão — disse, voz carregada de desapontamento. — Por ora, não posso conversar com Aderbal. Ele tem o coração fraco. Se eu lhe contar um dedinho disso, é capaz de ter um treco.

— Vamos até lá buscá-la. Eu dou uma lição naquele cão.

— Não, minha filha. Você não pode se meter com aquele traste. Não quero você envolvida nessa história.

— Temos de fazer alguma coisa. Melissa não pode mais viver lá.

— Tem razão, Lina. É isso mesmo o que vou fazer.

— Se eu tivesse documentos, iria com a senhora.

— Já disse. Quero você longe disso.

Eugênia estava visivelmente abalada. Lembrou-se novamente da época do seu namoro com Jurandir, dos olhares de cobiça que ele lançava à meninada. Sempre desconfiara de que ele tinha uma queda por crianças. Tentara apagar as lembranças desagradáveis da mente, entretanto, tudo em vão. Elas voltavam agora com mais força, mais vivas, nítidas, como se tivessem acontecido há algumas horas.

Ali começou o tormento de Eugênia. Se tivesse tomado atitude anos atrás, além de terminar o noivado, Jurandir estaria preso ou longe dali.

"Eu sou a culpada de Melissa ter sido violentada", pensou.

— O que a senhora disse? — indagou Lina.

— Nada. Estou pensando, pensando.

— A senhora está pálida. Vou até a cozinha buscar um pouco de água com açúcar.

Enquanto Lina corria até o outro cômodo, Eugênia continuava naquele martírio.

— Se eu tivesse feito alguma coisa, ao menos esse crápula não teria molestado minha afilhada. Sem contar outras meninas que devem ter cruzado o caminho dele ao longo desses anos.

As lágrimas desceram rápidas. Eugênia tremia. As cenas vinham fortes. Novamente se lembrou da cena em que Jurandir tocava uma menininha, o que lhe causara repulsa e o imediato término do noivado.

— Meu Deus! Eu terminei o noivado e fiquei quieta. Deveria ter feito alguma coisa, impedido esse infeliz de continuar a praticar essa barbaridade. Preciso proteger a minha Melissa. Preciso, preciso...

Ela não falou mais. Sentiu uma tontura e caiu sobre si. Lina chegou ao quarto com o copo de água e saiu gritando por Aderbal.

Encontrou-o fechando a portinha do galinheiro.

— O que foi, querida? — perguntou ele, sem perceber o rosto pálido e os olhos arregalados de Lina, praticamente querendo saltar das órbitas, tamanho espanto.

— A dona Eugênia... Acho que morreu!

15

A noite de sono foi um tanto agitada. Eunice sonhou primeiro com o espírito de Paulo.

— Você não o amava — disse uma voz.

— É verdade — respondeu Eunice. — Eu não o amava. Deixei-me levar porque ele me aceitou. Eu não era mais pura.

— Iria se casar só porque ele a aceitava? Só por isso?

— É — Eunice olhava para os lados e não via ninguém. Estava sozinha, num quarto vazio, branco, todo branco. A luz chegava a ofuscar-lhe a visão.

— Como iria descer tanto? E a autoestima? Onde está o amor por si mesma? Mesmo não amando o moço, iria se casar? Iria viver ao lado dele por toda uma vida, infeliz, sem sentimento, sem prazer?

— Ao menos eu não seria motivo de escárnio da sociedade.

— Você e a sociedade. Ainda presa aos conceitos do mundo? Quer dizer que o mundo vale muito mais do que seus sentimentos? Ainda pensa assim? Ainda?

— Não. Não quero mais pensar assim. Eu me livro desse tipo de sentimento. Por isso não quero mais saber do Paulo.

— E o outro?

— Que outro?

— O outro, oras. O que a deixou impura. O que você amou. Aquele a quem você se entregou. Ainda sente alguma coisa por ele?

Eunice começou a tremer.

— Não sinto.

— Não sente? Nada?

— Não... na... nada.

— Que bom! Então ele pode passar aqui na sua frente sem problemas. Posso trazê-lo até aqui?

— Também não é assim. Não quero mais vê-lo. Nunca mais.

— Você não o perdoou.

— Claro que eu o perdoei. Só não quero mais vê-lo na minha frente. É um direito que eu tenho.

— Mas eu vou trazê-lo até você.

— Não vai.

— Vou.

— Não.

— Então... — a voz riu. — Eu vou levar você até ele!

Eunice acordou com um grito, a testa empapada de suor.

Nos dias que se seguiram, o sonho foi se desvanecendo da mente, e ela foi se acalmando, ajudando Ione e Leonor a arrumar as malas e empacotar o pouco de louças e objetos que levariam. O dia da mudança estava se aproximando.

Solange chegou em casa com Selma. Cumprimentaram Leonor. Ione adiantou-se em perguntar:

— Vou preparar um refresco. Está bem quente. Aceitam?

— Obrigada, Ione. Aceito — disse Selma, voz gentil.

Solange passou o braço pelas costas da irmã. Eunice sorriu.

— Está preparada para mudar-se?

— Sim. Quero sair daqui.

Solange e Leonor trocaram olhar significativo. Selma tirou um livro da bolsa e o entregou a Eunice.

— Trouxe este livro para você.

Eunice o apanhou e leu o título: *Os mensageiros*, de Chico Xavier. Antes de dizer alguma coisa, Selma prosseguiu:

— Solange me disse que você gostou de *Nosso lar*.

— Sim. Gostei da leitura. Um pouco rebuscada, precisei ler com a ajuda de um dicionário, mas aprendi bastante. Ao menos comecei a entender melhor o mundo espiritual.

— Este livro é a continuação de *Nosso lar*.

— Não sabia que havia uma continuação.

— Pois há. Depois deste há outros, em sequência, até chegar a *Ação e reação*. Saiu faz poucos meses.

— Há muitos livros para ler. Não pode reclamar — observou Solange.

— A leitura espiritualista me agrada.

— Agrada, faz bem e aumenta o grau de lucidez. Tudo o que for para nos fazer bem é bem-vindo — ajuntou Selma.

— Tem razão.

Selma tirou outro livro da bolsa, embrulhado em papel de seda, com um laço bem-feito.

— Este é um presente de despedida.

— Para mim? — indagou Leonor.

— Sim, senhora. Solange me disse que também tem se interessado pelos estudos espiritualistas e que gosta muito de romances.

— Adoro.

Leonor deixou uma travessa de prata sobre a mesa e apanhou o pacote. Abriu e havia dois livros. Um era de Agatha Christie.

— Como sabe que gosto dela?

— Um passarinho me contou! — Selma levantou o queixo em direção a Solange.

O outro exemplar era *A vingança do judeu*, do Conde de Rochester.

— A senhora vai adorar este romance. É um clássico da literatura espírita.

Leonor folheou o livro e sorriu. Beijou Selma no rosto.

— Obrigada pela gentileza, querida. Prometo que vou devorá-los.

Ione voltou com uma bandeja, uma jarra com refresco, copos e uns docinhos.

— Fiz uma limonada.

Serviram-se e acomodaram-se no sofá.

— Vamos descansar um pouco — pediu Leonor. — Estamos desde cedo empacotando nossas coisas. Estamos cansadas.

Em determinado momento da conversa, Eunice indagou a Selma:

— Por que perdoar é tão difícil?

— Não é difícil, porque, antes de mais nada, precisa perdoar a si mesma.

— Hã? Não entendi.

— Eunice, o perdão só tem valor quando começa por nós. Somos muito rudes conosco. Temos a mania de nos colocar para baixo, de nos culpar. Sempre encontramos um motivo para nos inferiorizar. Pode ver. Há um bichinho, uma voz na cabeça, que adora nos colocar para baixo. Desde sempre. Nós somos nosso verdadeiro carrasco.

— Tem razão. Eu me condeno, me chamo de burra. Sempre me culpo por ter me entregado àquele galanteador de quinta. Se eu não fosse otária, talvez minha vida tivesse sido outra.

— Está vendo? De que adianta se culpar? De nada. Quer dizer, culpar-se traz mais dor e sofrimento para você. O seu espírito está cansado de apanhar. Chega de se fazer sofrer. Está na hora de aprender a ser sua amiga. Você deve se dar apoio, atenção, carinho, entendimento, força, amor. Isso significa colocar-se em primeiro lugar.

— Não é egoísmo?

— Não. É dignidade espiritual. Deus lhe deu a consciência. O seu espírito está reencarnando, vida após vida, para alargar essa consciência, tornar-se cada vez mais uma pessoa de bem, ligada na essência divina, arrancando o véu das ilusões do mundo e percebendo os verdadeiros valores do espírito. Só notamos os verdadeiros valores quando estamos no bem e só podemos estar no bem quando nos tratamos bem. E, quando nos tratamos bem, tratamos o outro bem. Se nos respeitamos, também respeitamos o outro. Se nos amamos, também podemos amar o outro. Como podemos exigir que alguém nos ame se não nos damos amor? Como exigir que alguém nos respeite se nós somos os primeiros a nos xingar e nos humilhar?

— Nunca pensei assim.

— Pois precisa. Está na hora de rever a maneira como você se vê. Queremos que o mundo nos trate melhor. Mas estamos nos tratando melhor? Estamos nos dando condições de ser pessoas melhores? Somos amigos de nós mesmos?

— Eu me sinto traída — uma lágrima escapou pelo canto do olho de Eunice.

— Por quê? Porque ele não pôde ficar com você?

— Ele não quis.

— Ele não quis ou não pôde? Quem sabe? Há uma enorme diferença entre querer e poder. Depende das circunstâncias.

— Não sei. Tudo ficou muito confuso na época.

— Você sabia que ele era casado.

Eunice mordiscou os lábios e enrubesceu.

Selma disse firme, fitando-a:

— Não vou passar a mão em sua cabeça, Eunice. Também não serei um carrasco. Só quero que veja os fatos como são, sem fantasias ou dramas. Você se apaixonou por um homem casado. Sabia dos riscos.

Eunice deixou as lágrimas escorrerem livremente.

— Meu coração não foi lógico.

— O coração não é mesmo. Sentimento é assim, vai e escolhe. Não pensa. Dá um "negócio" na gente. Você sente e, quando vê, já escolheu.

— É, isso é verdade.

— Acreditou que ele fosse largar a esposa e vocês fugiriam sobre o lombo de um camelo pelo deserto, como Marlene Dietrich e Gary Cooper numa linda cena do filme *Marrocos*.

Eunice riu enquanto secava as lágrimas.

— Acho que sim. Eu amei tanto aquele homem. Você não faz ideia, Selma.

— Amou? Será que ainda não o ama?

Eunice não respondeu. Abaixou a cabeça e apanhou o copo. Bebericou o refresco e ficou a pensar. Leonor levantou-se e olhou de soslaio para o relógio no hall:

— Precisamos continuar com o nosso trabalho.

— Está no meu horário. Tenho de almoçar e trabalhar — devolveu Selma. — Vai ao centro hoje, Solange?

— Vou, sim. Quero aproveitar enquanto não me mudo. Depois, vai saber quando voltarei a frequentar um local como este.

— Mais rápido do que imagina — Selma ajuntou enquanto apanhava a bolsa e o casaquinho.

Solange indagou:

— O que foi que disse?

— Eu a espero às oito, em ponto.

Selma a beijou no rosto e despediu-se de Eunice e Leonor.

— Essa menina é muito inteligente — observou Leonor.

— Transmite uma paz! — acrescentou Eunice. — Gostei dela.

— É uma boa amiga — finalizou Solange.

Depois de muita oração, paciência e boa vontade, não necessariamente nessa ordem, Leonor e seus filhos, com Ione, partiram de São Paulo numa manhã bem cedinho. Na noite anterior, fizeram um jantar de despedida. Convidaram Orlando e Selma.

O jantar correu agradável. Perceberam um brilho diferente nos dois. Ao fim do jantar, Orlando anunciou:

— Pedi a mão de Selma em casamento.

Solange abraçou a amiga, emocionada. Leonor os cumprimentou com efusividade, e Daniel fez o mesmo.

Leonor chamou Ione.

— Pegue aquele vinho que sobrou — ela riu. — A última garrafa. Vamos celebrar a união de vocês e a nossa partida.

Eunice esboçou um sorriso, mas por dentro sentiu uma ponta de inveja.

“Por que eu não me dou bem no amor? Por quê? Será que tem a ver com vidas passadas? Será que estou pagando por ter cometido desatinos?”

Como se estivesse lendo seus pensamentos, Orlando respondeu:

— Ninguém paga por nada. Você não está sofrendo por conta de vidas passadas.

Eunice levou um susto e até levou a mão ao peito.

— O que disse?

— Ninguém paga nada. Não existe débito de vidas passadas.

— Sempre ouvi, quer dizer, algumas leituras que fiz...

— Esqueça essas leituras. Não esqueça que quem escreve os textos é um encarnado. Mesmo que esteja inspirado por um espírito, por mais iluminado que seja, todo texto passa pela mente de um médium. Não há como não ter a mistura do que o espírito quer transmitir com o que o médium pensa.

— O que vivo hoje não é o resultado do que vivi no passado? Não estou colhendo o que plantei?

— Sim. Estamos falando de escolhas. Entretanto, você pode mudar o rumo dos acontecimentos a cada segundo. A sua vida é um livro em branco em que você vai escrevendo conforme faz suas escolhas.

— Certas ou erradas — completou Daniel.

— Não — corrigiu Orlando. — Simplesmente escolhas. Não importam se são certas ou erradas. O que é bom para você pode não ser bom para mim e vice-versa. Cada um deve saber o que é bom para si. Se fizer bem, ótimo, continue adiante. Se não fizer, então pare, reflita, mude. A vida é solta, ela é como uma massa de modelar. Você pode moldar o que quiser, como quiser, do jeito que quiser. Mas *você* — Orlando enfatizou — precisa dar um rumo, fazer uma escolha, seja ela qual for. E, claro, ser o único responsável pela consequência dessa escolha. Por isso digo, lá no centro, que somos cem por cento responsáveis por tudo aquilo que atraímos em nossa vida.

— É uma forma bem peculiar de encarar a vida — observou Leonor.

— Ao menos tira-se o drama e consegue-se enxergar os fatos com maior clareza, permitindo que você faça suas escolhas com mais responsabilidade. Afinal, se você aceitar que não há vítimas no mundo, que tudo na vida acontece para fortalecer o espírito, o senso de realidade, de bondade e de justiça mudam completamente.

— Isso é — respondeu Eunice. — Eu não estava vendo por essa ótica.

— Precisa ver. Só assim será capaz de defender-se das energias desagradáveis que tentam perturbar o seu sono, tirar a sua paz.

— Eu rezo.

— Não adianta. Precisa sentir aí no coração — apontou. — Você tem de se dar a chance de parar de se criticar. Está na hora de pedir perdão a si mesma, Eunice. O passado passou. Os desacertos afetivos já se foram, estão lá atrás. Eles foram necessários para que você acordasse e aprendesse a amar a si mesma, aprendesse a se colocar em primeiro lugar.

Eunice sentiu uma profunda emoção. Os olhos embaciaram. Solange sentiu o mesmo. Aquilo mexeu com ela, mas não queria pensar. Não naquele momento.

— Eu quero ser feliz — declarou Eunice, com convicção.

— Tem todo o direito. Pode e deve. Mas precisa cultivar bons pensamentos, ter bom humor, alegria pela vida. Se começar a introjetar essa alegria dentro de você, tenho certeza de que logo teremos boas notícias.

Um brilho de emoção perpassou os olhos dela. Eunice pousou a mão sobre a de Orlando.

— Obrigada. Você e Selma foram muito importantes para eu voltar à vida.

Ione chegou com o vinho. Daniel abriu a garrafa, serviu as taças e brindaram. Despediram-se e tiveram uma agradável noite de sono.

Era finzinho de tarde quando chegaram a Teófilo Otoni. Não era uma mansão, mas também não era uma casa mediana. Tratava-se de um casarão, muito bem construído, imponente até. Chamava a atenção de quem passava. Ficava no centro da cidade, fora construído no início do século e agradara a todos.

— Melhor do que eu esperava — admitiu Leonor, sorrindo, assim que desceu do carro.

— Melhor do que na foto — emendou Solange, animada. — Fica perto de tudo.

— Muito movimento — observou Eunice. — Não sei se vou me acostumar ao barulho. Embora morássemos em uma cidade grande e agitada, nossa rua era bem tranquila.

— Vocês vão se acostumar. A cidade é acolhedora, as pessoas são gentis — tornou Daniel, enquanto retirava as malas do bagageiro.

— Quisera trazer nossos móveis... — a voz de Leonor denotava tristeza.

— Mamãe — observou Solange, enquanto passava o braço pelo ombro de Leonor —, a mobília lá de casa era antiga e pesada.

— Eram móveis de família.

— Era hora de desapegar. O passado ficou para trás, no seu devido lugar. Agora é hora de olhar para a frente, uma nova etapa se descortina — ela cutucou Leonor de leve e apontou com o queixo. Leonor acompanhou e notou Eunice abaixada na beira do jardim, apanhando algumas flores.

— As coisas vão mudar, para melhor. A senhora vai ver.

— Assim espero.

Caminharam até a entrada. Ione abriu o portão de ferro, e uma moça muito simpática as esperava.

— Olá, dona Leonor. Meu nome é Neide. Sou filha do seu Deoclécio.

Leonor meneou a cabeça. Daniel foi até elas.

— Mãe, seu Deoclécio é o caseiro que cuidou da casa enquanto não vínhamos.

— Ah, sim — estendeu a mão. — Prazer.

— Eu vim para dar uma ajeitada na casa — completou Neide. — Um toque feminino... Abri as janelas, deixei o sol entrar, retirei os lençóis que cobriam a mobília. Desde a semana passada, cada dia limpava um cômodo. Não é uma casa pequena, mas também não é um castelo — ela riu. — Em todo caso, fiz o meu melhor e procurei deixar a casa arrumada, perfumada e com boas energias.

A última palavra chamou a atenção de Solange. Ela se achegou ao grupo e apresentou-se.

— Olá.

Neide lhe estendeu a mão e sorriu:

— Você tem ótima sensibilidade.

— Como sabe? Aliás, você falou em energias. Isso me chamou a atenção.

— Sou médium — tornou Neide com naturalidade.

— Eu frequentava um grupo espiritualista em São Paulo — comentou Solange. — Senti muito quando tive de me mudar para cá. Pensei que fosse difícil encontrar um centro ou alguém e, assim que chego, logo de cara, já encontro uma médium.

— Na porta de casa — redarguiu Daniel.

— Nada é por acaso — alegou Neide. — Na verdade, eu os estava aguardando.

Leonor, Solange e Daniel trocaram um olhar significativo. Ione foi caminhando em direção à casa com algumas sacolas e, antes de entrar, voltou o rosto e acenou para Neide, sorrindo:

— Se precisarem de algo, é só me chamar.

Neide apontou para Eunice, que continuava abaixada colhendo flores, e comentou com Leonor:

— Sua filha precisa de nosso carinho e de nossa atenção.

— Eunice está curada. A obsessão passou, graças a Deus — tornou Leonor.

— É verdade — respondeu Solange. — O pessoal do centro espírita fez uma série de orações e tratamentos espirituais. Eunice livrou-se dos obsessores e agora está bem.

— Ela se livrou dos obsessores, mas ainda está presa a antigos padrões de pensamentos que fatalmente irão fazer com que ela atraia novas companhias desagradáveis. Afinal, somos sempre responsáveis pelo que atraímos, seja bom ou ruim. Por isso, precisa mudar seu jeito de pensar.

— Eunice melhorou bastante. Ela agora só pensa coisas boas.

— Até se reencontrar com o passado.

— O passado está esquecido. Ela se livrou das culpas, tem refletido bastante sobre a postura de vítima. Leu os livros de Émile Coué, está estudando os livros de Chico Xavier e está mais sorridente, inclusive! — completou Solange.

— A minha mediunidade — explicou Neide — abriu-se quando eu tinha doze anos. Minha família, católica e muito humilde, nada entendia e nada pôde fazer para me ajudar. Eu fui levada por uma tia a um centro espírita em Pedro Leopoldo e lá fui atendida. Aos poucos, os meus guias espirituais foram me indicando livros, cursos e, assim, eu me transformei em uma espiritualista independente. Sou

admiradora dos livros de Allan Kardec, como também estou aberta a toda forma de conhecimento que possa ampliar cada vez mais a minha consciência e aumentar meu grau de lucidez para as verdades do espírito.

— Então conhece o trabalho de Émile Coué? — indagou Leonor, desconfiada.

— Sim. Costumo citar uma frase famosa do professor Coué em minhas aulas de mediunidade: "Todos os dias, sob todos os pontos de vista, eu vou cada vez melhor".

Leonor levou a mão à boca. Estava impressionada. À sua frente estava uma moça com pouco mais de vinte anos de idade, bonita até, mas vestida de maneira simples, com gestos bem delicados, postura humilde. No entanto, exalava carisma, tinha uma voz doce, serena, transmitia uma paz e uma sabedoria que ela, mesmo tendo viajado o mundo e conhecido gente da mais alta sociedade, nunca havia visto antes.

— Fico contente que pense dessa forma — respondeu Daniel. — Eu preciso voltar a São Paulo, resolver uns assuntos, quem sabe...

Neide o cortou com amabilidade na voz:

— Passar na prova do banco. Você pensa muito em segurança. Se permitir-se alçar voos mais altos, poderá fazer o que realmente gosta.

— E o que seria? — provocou Daniel.

— Dar aulas.

Daniel abriu e fechou a boca. Como Neide poderia saber disso? Leonor arregalou os olhos e perguntou, admirada:

— Meu filho, é verdade? Você quer ser professor?

Ele demorou para responder. Fitou Neide de cima a baixo. Como ela poderia saber de um sonho guardado a sete chaves? Meio sem graça, respondeu:

— É, mamãe. Gostaria de lecionar. É um sonho que tenho guardado a sete chaves, mas, desde que perdemos tudo, penso no concurso público, em um salário fixo vitalício, entende?

— Você não é o seu pai — interveio Neide. — Não se compare a ele. Você é você. Outra história, outras crenças, outra vida. Faça e concentre-se naquilo que deseja, de coração. O resto, bem, deixe nas mãos de Deus. Ele vai orientá-lo.

Daniel não conseguia articular som. Demorou para responder.

— Eu ia a São Paulo para prestar a prova, ajudar um amigo para ver se vale a pena ele arrendar um negócio e...

Neide o cortou com docilidade:

— Seu amigo tem o caminho dele, do jeito dele. Ajude-o no que precisar.

— Não gosto do Luís Sérgio — interveio Solange. — Não é bom amigo.

— Eu gosto — afirmou Daniel, dando os ombros.

— É um moço que tem ambição, vontade de crescer, prosperar. Faz parte do ser humano, não? — ajuntou Neide. — Quem aqui não pensa em enriquecer, ter um bom padrão de vida, ter casa, conforto, dar boa educação para os filhos?

Ninguém respondeu. Neide prosseguiu:

— Não julguem o próximo. Cada um faz o que sabe. Ninguém dá o que não tem. Luís Sérgio precisa de uma mulher forte ao seu lado, que pense da mesma forma que ele. Haverá um momento em que terá de fazer escolhas muito difíceis. A vida desse homem não será nada fácil.

Solange sentiu uma raiva surda brotar dentro de si.

— Tomara que seja bem difícil — rilhou os dentes.

— O que disse? — perguntou Leonor.

— Nada, mamãe. Preciso entrar. Estou cansada da viagem. Prazer, Neide. Até mais — falou e entrou.

Leonor ruborizou:

— Desculpe-me. Solange não costuma ser tão mal-educada. Não sei o que deu nela.

— Também não sei — completou Daniel.

— Deixe estar — finalizou Neide. — Preciso ir. Está ficando tarde.

Eunice fizera um lindo arranjo com as flores, levantou-se e foi ao encontro deles. Assim que seus olhos fixaram os de Neide, ela abriu um largo sorriso.

— Essas flores são para você e seu mentor.

— Obrigada.

Eunice entregou as flores e entrou na casa.

— Viu? — disse Daniel. — Eunice está ótima.

Neide concordou com a cabeça, enquanto pensava: "Eles estão preocupados com Eunice, mas ela está e vai ficar cada vez melhor. Boas surpresas a esperam! Infelizmente, não percebem que Solange está se afundando na perturbação mental. Preciso vibrar por esta menina e, assim que possível, ter uma conversa com ela".

Neide concluiu as ideias e despediu-se da família:

— Estou sempre na cidade, na parte da manhã. Sou professora primária e dou aulas naquela escola — apontou para um colégio a algumas quadras dali. — Fiquem com Deus.

Ela dobrou a esquina e Daniel balançou a cabeça para os lados:

— Mamãe, gostei muito de termos mudado para cá! Estou com a sensação de que muita coisa boa vai acontecer.

16

Penha chegou em casa e foi logo procurando o sofá. Jurandir acomodou-a e ofereceu:

— Quer uma água?

— Não. Quero descansar. Não encontro posição confortável.

— Mais alguns meses e logo esse bebezinho sairá daí de dentro — falou, num tom meloso que encantou a esposa.

Jurandir tinha uma capacidade impressionante de se transformar em um homem bom e generoso na frente de Penha. Não que ele fosse ruim. Ele era um doente da alma. Vivera muitas vidas perdido nos liames da lascívia, seduzindo e deixando-se seduzir, ora reencarnando como homem, ora como mulher, tentando encontrar um ponto de equilíbrio para o seu espírito. Havia algumas vidas, seu espírito, atormentado e cansado do vício em sexo, pedira para enfrentar e vencer os impulsos sexuais.

Se ele procurasse ajuda psicológica e espiritual, talvez tivesse êxito na superação de seus desejos torpes. Quando o desejo tomava conta de seu corpo, Jurandir

ficava cego e deixava-se envolver por espíritos que vibravam na mesma sintonia. E, diga-se de passagem, o planeta está infestado de espíritos perdidos e atormentados em consequência do sexo desenfreado.

Penha, insegura e com medo de ficar sozinha, não notava os mínimos sinais que poderiam fazê-la enxergar o verdadeiro Jurandir. Preferia acreditar que ele era o homem perfeito, sem vícios ou defeitos.

Ela se recostou sobre algumas almofadas e perguntou:

— Onde está Melissa?

— No quarto.

— Nem vai descer para me cumprimentar?

— Está estudando.

— Estudando o quê? O novo manual para concurso de miss?

— Deixe-a. Vou cuidar do seu jantar.

— Filha ingrata. Nem veio me ver. Deve estar com raiva porque vamos ter nosso bebê. Eu estraguei essa menina. Filha única, sabe como é.

— Não, meu amor. Ela me disse que está indisposta, naqueles dias — baixou o tom de voz.

— Ah, Jurandir, se não fosse você... não sei o que seria de minha vida.

— Estou aqui e sempre estarei ao seu lado — ele apanhou a mão dela e acariciou.

A porta do quarto estava entreaberta. Melissa escutou a conversa e um ódio surdo brotou em seu peito. Sentiu vontade imediata de matar Jurandir. Naquele momento, em sua mente, desfilavam inúmeras maneiras sórdidas de acabar com o infeliz. Triste, desiludida, sentindo dor física e moral, encostou a porta, passou o trinco e jogou-se na cama.

"Se ele voltar a me atacar, eu vou me matar", pensou, entre lágrimas e soluços.

Depois de um tempo, cansada e abatida, Melissa adormeceu. Estêvão, um espírito amigo, espécie de mentor ou anjo da guarda de Melissa, aproximou-se e passou delicadamente a mão sobre o rosto dela.

— Pobre menina. Eu nada posso fazer, a não ser inspirá-la para não cometer desatinos. Quisera eu dar um fim nessa história e livrá-la dessa crueldade.

— Não pense dessa forma — interveio Maruska.

— Sei que não há vítimas no mundo. Sei mais do que ninguém que colhemos o que plantamos. Por mais duro que seja, essa é uma verdade irrefutável.

— Melissa deixou-se levar pelos caminhos perigosos da sedução. Sempre a usou de maneira equivocada, provocando desajustes em seu perispírito. Ela tem melhorado a cada encarnação. Agora quer usar a beleza de maneira sadia, sem segundas intenções.

— Já notei isso. No entanto, estar ao lado de Jurandir... me dá náuseas ver o que esse pobre homem faz com ela e com as outras.

— Jurandir, por mais que tenha melhorado, ainda está longe do que consideramos ser um grau de total desprendimento das paixões mais vulgares. Seu espírito está em outro nível, mas, como Deus está sempre ajudando a todos, Jurandir tem a chance de mudar. E um dia vai tomar consciência e não cometer mais esse tipo de desajuste.

— Melissa não merece.

— Não se esqueça de que ela o seduziu em última encarnação. Ela foi madrasta de Jurandir e o iniciou no sexo quando ele tinha nove anos de idade. O menino mal sabia o que estava fazendo. Era uma encarnação em que Jurandir poderia ter recebido orientação para abrandar a paixão desvairada. Lembre-se de que Melissa não só o

seduziu, mas também despertou novamente a lascívia no espírito dele. Claro que cada um é responsável por suas escolhas; todavia, Melissa contribuiu para Jurandir seguir novamente pelo tortuoso caminho do sexo desenfreado.

— Não precisa me lembrar. Eu estava entre eles. Poderia ter feito alguma coisa. Fui fraco.

— Não. Fez o melhor que pôde. Agora a vida lhe deu a chance de acompanhar Melissa e ajudá-la a não cair em tentação. Da mesma forma, deve vibrar para que Jurandir consiga ajuda e equilíbrio.

— Tem razão.

— Você disse que ela não merece. Ninguém merece sofrer. A vida não pune ninguém, apenas educa. A vida faz com que os desafetos reencarnem juntos, próximos, a fim de resolverem as pendências negativas do passado. Melissa pediu para voltar ao lado de Jurandir.

— Ela quer matá-lo ou matar-se. Isso me preocupa.

— Melissa é esclarecida e tem livre-arbítrio. Está angustiada e é natural que tenha esses pensamentos por ora, ainda mais passando por situação tão delicada. Ocorre que ela tem o amor de Eugênia e Lina. Cabe a nós fazer a nossa parte: inspirar Eugênia a levar Melissa para sua casa e colaborar para Melissa aquietar seu coraçãozinho angustiado. Vamos, ajude-me. Fechemos os olhos.

Estêvão concordou. Fechou os olhos. Maruska fez uma prece bonita e pingos de luz começaram a penetrar o quarto, como se fossem floquinhos de neve. Logo as formas-pensamento negativas foram dissipadas e a serenidade reinou ali. Os dois espíritos abriram os olhos, e Estêvão sorriu:

— Ela está melhor — abaixou-se e beijou Melissa na testa. — Durma bem e tenha bons sonhos. Lembre-se de que há muitos que a amam e estão torcendo para você superar esta fase tão difícil.

— Bibiana nos espera — avisou Maruska. — Precisamos ir.

Estêvão concordou. Os dois sumiram no ar. Mesmo com tantos dissabores, Melissa teve uma noite de sono tranquila.

Aderbal deitou Eugênia sobre a cama. Lina trouxe amoníaco, e ele aproximou o frasco das narinas da mulher. Eugênia arregalou os olhos e cravou as unhas no marido.

— O que aconteceu?

— Você desmaiou, minha querida.

Ela levou a mão à testa. Abriu e fechou os olhos. Olhou ao redor.

— Sente-se melhor?

— Sim.

— O que aconteceu? — a voz de Aderbal estava carregada de preocupação.

Eugênia olhou ao redor e, por trás do ombro do marido, viu Lina. A menina meneou a cabeça de maneira negativa e balbuciou algo como "agora não". Eugênia entendeu e, um tanto a contragosto, redarguiu:

— Eu me abaixei para pegar um botão e levantei-me muito rápido. Senti tontura e caí. Daí me lembrei de que mal comi hoje.

Aderbal sorriu.

— Meu coração não anda lá tão bom. Veja se não me dá mais sustos assim. Você é o meu porto seguro — ele falou e beijou-a no rosto.

Eugênia deixou uma lágrima escorrer pelo canto do olho.

— Eu o amo, Aderbal.

— Eu também a amo, minha querida.

Lina sentiu forte emoção. Aproximou-se e indagou:

— O que acha de eu fazer um chá de cidreira?

— Ótima ideia! — ajuntou Aderbal.

— Não precisa.

— Imagine, dona Eugênia. Eu apanho umas folhas lá perto do barracão. Faço num instante.

Lina saiu. Aderbal apaziguou a esposa:

— Vai dar tudo certo.

— O que vai dar certo?

— Hã?

Eugênia olhou para o marido com desconfiança. Ela não podia ver, mas atrás de Aderbal estava o espírito de Estêvão a inspirá-lo.

— O que você falou, meu querido?

— Que um chá de cidreira vai lhe fazer tremendo bem...

Eugênia, naquela noite, rezou muito. Pediu aos seus santos que protegessem sua afilhada.

— Nossa Senhora da Conceição, proteja a minha afilhada!

Pegou o terço e rezou com fé.

— Amanhã vou à igreja acender uma vela e comungar.

O chá, a amorosidade do marido e o carinho de Lina trouxeram-lhe bem-estar e acalmaram seu coração. Eugênia não percebeu, mas a sinceridade com que orou criou uma energia de paz e harmonia ao redor dela e em volta da casa, atingindo beneficamente Aderbal e Lina.

Naquela noite, todos dormiram bem. Durante a madrugada, Lina sonhou. Estava no mesmo banco, no mesmo jardim, sentindo o ar puro misturado ao perfume que agradavelmente inundava o ambiente.

Maruska aproximou-se e ela se levantou:

— Estava com saudades.

— Eu também, minha querida — devolveu Maruska, enquanto lhe afagava os cabelos.

— Estou melhor, a vida ao lado de dona Eugênia e de seu Aderbal é melhor do que eu poderia imaginar.

— Eles a querem muito bem.

— Sinto isso, apesar de que, antes, achava que estivessem querendo me tirar algo.

— E queriam.

— Minha intuição estava certa!

— Certíssima.

— O que era, Maruska?

— Nada que valha a pena saber agora. O que importa é que Eugênia queria algo, e Aderbal foi atrás. A vida, sábia, fez com que vocês três pudessem se reencontrar e estar juntos novamente, mesmo que por pouco tempo. Toda reaproximação é válida, não importa de que maneira esse reencontro foi provocado.

— Eles me queriam mal?

— Não se trata disso. Eugênia ainda tem resquícios de vingança. Confesso que são poucos, mas ainda os tem. Ela teve um deslize e, por conta disso, acionou o mecanismo que facilitou o reencontro entre você, ela e Aderbal.

— Mas...

— No tempo certo, você saberá o real motivo.

— Está bem, Maruska. Na verdade, o que mais me incomoda é saber que Melissa corre risco ao lado daquele homem.

— Riscos, todos nós corremos, minha querida — Maruska devolveu com docilidade. — A ligação entre Melissa, Jurandir, Penha e o bebê que está por vir tem sido conflituosa há tempos.

— Ela é só uma moça. Por que tem de sofrer?

— Ela não tem de sofrer nada. Veja só: ao reencarnar, somos chamados a movimentar nosso poder interior,

o poder do amor, do carinho, do respeito, da força, da coragem. Tudo é provocado pelo nosso poder de crença. Vivemos aquilo em que escolhemos acreditar.

— Ela ainda não é maior de idade.

— Contudo, o espírito é bem antigo, já passou por inúmeras experiências. Melissa agora tem o poder de transformar o próprio destino.

— Transformar como?

— De acordo com aquilo em que deseja acreditar, você constrói o seu roteiro de encarnação. Melissa precisava retornar ao planeta ao lado de Penha e Jurandir. Ela atrapalhou muito a vida de Penha em outros tempos e cometeu desatinos com Jurandir que não cabe, por enquanto, revelar-lhe. Para superar outros desafios, melhorar seus potenciais, Melissa solicitou aos nossos superiores reencarnar ao lado deles para resolver a situação da melhor maneira e livrar-se do que se conhece como carma.

— Carma?

— É. Situações idênticas ou muito parecidas que se repetem ao longo de muitas vidas. Melissa escolheu acabar com o ciclo vicioso de paixão, sedução e posse entre ela e Jurandir.

— Ele é asqueroso!

— Melhor para ela. Imagine se, mesmo nesta triste situação, ela nutrisse algum sentimento de desejo por ele. Não seria pior?

— É. Seria.

— Pois veja: a vida criou situações desagradáveis para estimular Melissa. Se não há desafio, você não muda. É uma característica do nosso espírito acomodar-se em uma situação confortável. Às vezes, um acontecimento imprevisível muda o rumo dos acontecimentos, obrigando-nos a tomar atitudes, fazer alguma coisa, reagir. Acho que a palavra é esta — Maruska levou delicadamente o dedo no queixo e refletiu, depois tornou a dizer: — Reagir!

— O mesmo que aconteceu comigo? — indagou Lina. — Quer dizer, se nada tivesse acontecido com meus pais, se a chuva tivesse aparecido, se tivéssemos tido colheita... então eu estaria ainda morando no meio do sertão e, muito provavelmente, passaria a vida toda lá, sem conhecer outras cidades, sem conhecer Melissa, dona Eugênia...

— Mais ou menos isso — ajuntou Maruska. — Dessa forma, Melissa vai usar o arbítrio, reconhecer o poder interior para livrar-se de Jurandir e Penha de uma forma que não fique mais presa a eles de maneira negativa. Depois, terá condições de seguir seu caminho com mais firmeza, mais dona de si. Fazendo a parte que lhe cabe, logo Penha e Jurandir não serão mais um estorvo em sua vida. Não dessa forma.

— Quer dizer que, se Melissa seguir o coração, vai ter atitudes melhores?

— Sim.

— E vai se livrar dos dois de uma só vez?

— Não diria se livrar, mas, se for para se encontrar em novas etapas reencarnatórias, será só para o melhor. Poderá haver até um conflito aqui e ali, mas nunca mais será para o pior.

— Tenho medo de que, ao saber desse segredo terrível, seu Aderbal tome atitudes drásticas.

— Ele não vai tomar.

— Seu Aderbal é calmo, no entanto, parece um rio. Calmo na superfície, mas um turbilhão nas profundezas. É esquentado. Se mexer com ele, não sei do que é capaz. Sinto até medo.

— Aderbal não vai fazer nada.

— Como tem tanta certeza?

— Porque tem muita coisa para acontecer. Eugênia não vai tomar atitudes precipitadas.

— Você prevê o futuro?

— Não — Maruska riu. — É como se eu pudesse "enxergar" as alternativas na minha frente. De acordo com a escolha de cada um de vocês, eu sei o que, provavelmente, irá lhes acontecer.

— Se for ruim, tem como evitar?

— Infelizmente, não. A experiência é única, é do espírito. Nós não podemos interferir na vida de ninguém. Podemos, obviamente, inspirar bons pensamentos, sugerir boas ideias, mais nada.

— Se Jurandir é um doente, o bebê que vai nascer não corre perigo?

— Riscos, todos correm, a partir do momento em que dão o primeiro grito e o primeiro choro. Em todo caso, esse espírito que retorna ao planeta é uma tentativa de ajudar Jurandir.

— Ajudar?! Como? — Lina deu um salto.

— Calma, querida. Trata-se de um espírito que Jurandir ama de paixão, no bom sentido. Ele tem tudo para se tornar um ótimo pai, mudar de verdade. Será um espírito bem adiantado que poderá, sim, transformar Jurandir em um homem efetivamente ligado ao bem.

— Duvido.

— Todos podem mudar, Lina.

— E se Jurandir não mudar?

Maruska levantou os ombros.

— Como disse, todos nós corremos riscos. Jurandir, Penha e o bebê que está por vir pediram esse reencontro. Estão se esforçando pelo melhor. Se Jurandir não mudar seu jeito de ser, há a possibilidade de o bebê não viver muito tempo.

— Morrer na infância, como meu irmão Donizete?

— Devemos dar tempo ao tempo, Lina. Você está querendo acionar a chave das probabilidades: e se isso?, e se aquilo?

As duas sorriram.

— Desculpe. Estou enchendo-a de perguntas.

— Vamos rogar a Deus que os ilumine e os fortaleça para que vençam. Só isso. Não podemos esquecer que a vida não desperdiça nenhuma oportunidade. Está tudo certo.

— Mas o que ele fez com Melissa é imperdoável.

— Não queira se meter. Você já arrumou tanta encrenca, já se esfolou tanto por conta de atitudes impensadas. Por que vai arrumar mais confusão?

— Porque é muita crueldade. Não admito.

— Não vai mudar nada, minha querida. Tudo no planeta ocorre de acordo com o grau de evolução do homem. Um dia vai melhorar, como já melhorou bastante, porque a humanidade vai aprendendo, sempre.

— Então quer dizer que está tudo certo?

— Sim. Está tudo certo, porque Deus não erra, Lina. Você é que vê erro e não entende. E o que não entende, você acha que é errado. Olha, se você pudesse sentir o pensamento de Deus, ia ver que está tudo certo do jeito que está, que é isso mesmo que Deus quer. Porque, se Ele não quisesse assim, já teria mudado.

— É confuso para assimilar num primeiro momento... mas não é que você tem razão?

— Entenda que está tudo certo. Feche os olhos e sinta isso, meu bem.

Lina obedeceu Maruska. Fechou os olhos. Respirou fundo. Depois de refletir, abriu os olhos e sorriu.

— Sabe, Maruska, estou gostando de viver com seu Aderbal e dona Eugênia.

— Que bom!

— E meus pais? Como estão?

— Continuam em tratamento num posto de socorro aqui perto do planeta.

— Por que tanta demora?

— Cada um tem um tempo para despertar e ter condições de seguir seu caminho no mundo espiritual sem raiva, ódio ou sentimentos negativos similares. Seus pais ainda não tomaram real consciência do desencarne. Assim que estiverem em melhores condições de perceber e aceitar essa realidade, mais lúcidos e conscientes, eu a avisarei.

— Obrigada.

— Agora precisa voltar. Está na minha hora. Tenha bons sonhos.

Maruska beijou-lhe a testa e a conduziu até a cama. Assim que Lina retornou ao corpo, o espírito sumiu, deixando um rastro de luz calmante no ambiente.

17

Nos dias que seguiram, Eugênia rezou muito, depois foi ao confessionário, abriu-se com o padre e tomou uma resolução. Aliviada, saiu da igreja decidida. Enquanto descia a escadaria, disse entre dentes:

— Não vou contar a Aderbal sobre os problemas de Melissa. Ele tem o coração um tanto fraco e pode passar mal. Tem aquele jeitão calmo, mas é esquentado. Pode ter um acesso de fúria e sabe Deus o que é capaz de fazer! — ela fez o sinal da cruz e continuou: — Vou convencê-lo, com jeitinho, a trazer Melissa para cá. Ela vai morar conosco. Simples assim.

Abriu um largo sorriso e foi encontrar Aderbal no mercado.

— Já fiz as entregas, Eugênia.

— Tem mais alguma coisa para fazer, querido?

— Não. Podemos ir.

— Então vamos para casa.

— Não precisa passar no armarinho? Não ia comprar renda para bordar o vestido da Lina?

— A Neide vai levar.

Aderbal fez um muxoxo. Eugênia o encarou:

— O que foi?

— Tem certeza de que essa moça é boa influência para Lina?

— Por que pergunta, Aderbal?

— Dizem que Neide não bate bem das ideias — ele abaixou o tom de voz. — Ela conversa com espíritos.

Eugênia deu de ombros.

— E daí?

— Você é católica! Como pode acreditar nessas coisas?

— Porque, depois que nossa filha morreu, eu passei a enxergar a vida de outra forma. Comecei a questionar a vida e a morte. Procurei abrir minha cabeça para serenar meu coração.

— E voltou à igreja. Frequenta missa. Não acha uma contradição?

— Não, meu marido. Não acho. Eu adoro os rituais da Igreja, sinto-me bem com as palavras do padre Dória. Sei que posso encontrar Deus em qualquer lugar, deitada na minha cama, por exemplo, porque Deus se encontra aqui — apontou para o coração. — Contudo, vir até aqui, sentir a energia benéfica do templo sagrado, me faz enorme bem. Sou devota de Nossa Senhora da Conceição, acredito em milagres e também em espíritos. Que mal há nisso?

Aderbal abraçou-a e beijou-a.

— Cada dia que passa, eu a amo mais.

— Que bom! — Eugênia falou e soltou uma risada bem gostosa.

Saíram de braços dados. Entraram na caminhonete e logo estavam na chácara. Lina colocava os pratos na mesa.

— Trouxe a renda?

— A Neide vai trazer — tornou Eugênia. — Quero saber se está pronta para a aula de hoje.

— Claro que estou! Aprendo com rapidez. Neide é uma ótima professora.

— Ela não tem colocado caraminholas na sua cabeça, tem?

Lina não entendeu a pergunta de Aderbal. Eugênia saiu na frente:

— Deixe as duas em paz. Neide é uma ótima moça e tem feito enorme bem à nossa menina.

— Nossa menina! Olha como está falando!...

— E não é verdade? Antes, andávamos tristes, cabisbaixos, remoendo a nossa dor, chorando a perda de nossa filha, sufocando-nos em lágrimas de tristeza. De repente, a vida trouxe Lina até nós.

— Mas você relutou — Aderbal disparou enquanto xeretava as panelas no fogão.

— Relutei e pensei melhor. Agora temos Lina, a companhia de Neide e logo...

— Logo o quê?

Eugênia piscou para Lina e completou:

— Depois do almoço vamos ter uma conversa séria.

— O que está tramando? — quis saber, curioso.

— Tramando coisa boa. Enquanto Lina estiver tendo aula, iremos até o quarto conversar. Vou lhe fazer uma proposta que será difícil você recusar.

— Eu não recuso nada vindo de você — respondeu Aderbal. — Assim não vale!

Os três riram a valer. O almoço foi servido. A alegria reinava no ambiente.

Às duas da tarde, conforme o combinado, Neide chegou para a aula. Morena e bem magrinha, semblante sereno, não aparentava ter o conhecimento e o carisma

que tinha. No entanto, era só abrir o sorriso, começar a falar, e as pessoas ficavam paralisadas, tamanho o fascínio que suas palavras lhes despertavam.

Neide era filha de um casal de lavradores que morava na redondeza. O pai dela, Deoclécio, trabalhava também como caseiro. Seu último trabalho tinha sido no casarão de dona Leonor. Com o dinheiro juntado nos últimos anos e com a ajuda dos outros filhos, já casados, tinha arrendado uma chácara e viviam da plantação e venda de hortaliças. Neide se formara professora e dava aulas para crianças na cidade. Quando conheceu Lina e soube de sua história, prontificou-se em alfabetizar a menina, para que logo pudesse prestar a admissão e frequentar o ginásio.

A família de Neide era católica, contudo, certa vez, ela, mocinha, passou a ver e receber mensagens dos espíritos. Uma tia percebeu que a mediunidade de Neide se abrira e a levou até o centro espírita presidido por Chico Xavier, na cidade de Pedro Leopoldo. A moça encantou-se com o médium e com os ensinamentos dele e de seus guias espirituais. Sua sensibilidade aflorou e, dali em diante, interessou-se em estudar mais sobre a mediunidade e o mundo dos espíritos.

Neide comprou os livros de Allan Kardec, estudou várias correntes espiritualistas e tinha facilidade em ver os espíritos e comunicar-se com eles. Conversava sobre o assunto com tanta naturalidade que seus pais, católicos praticantes, escutavam-na com atenção, e toda pergunta que a Igreja não lhes respondia a contento, Neide procurava elucidar sob a ótica espírita.

A fama da menina cresceu, e seu pai construiu um barracão na chácara para Neide fazer o Evangelho e dar passe nos interessados. Devido à sua mediunidade fantástica e guias das mais variadas falanges espirituais, recebia

cada vez um número maior de pessoas para atendimento, principalmente para realizar trabalhos de cura.

Lina adorava as aulas de alfabetização. Sentia-se bem ao lado de Neide e aprendia com rapidez, porquanto a didática desenvolvida pela jovem lhe despertava o interesse sobre todas as matérias apresentadas.

— Fez a lição, Lina?

— Sim. Está tudo aqui. Consigo ler melhor também.

— Mesmo?

— E estudei os continentes africano e asiático.

— Muito bem! Está adiantada.

— Gosto de geografia.

Neide abriu o mapa-múndi:

— Quero ver se estudou mesmo.

— Aposto um refresco — sugeriu Lina.

— Combinado. Vamos lá. Que país é este? — Neide apontou no mapa.

— É... Ceilão.

— E este?

— Rodésia do Norte.

— Parabéns!

— Estou com uma dúvida nos coletivos.

— Vamos terminar geografia, depois estudaremos os coletivos.

De um canto da cozinha, Eugênia as observava com gosto. Sorriu e foi até o quarto.

— Aderbal, Lina está aprendendo rápido.

— Ela é esperta. Fico feliz. Sente-se aqui ao meu lado.

Eugênia deu a volta na cama e acomodou-se, cruzando as pernas.

— O que quer conversar comigo? — perguntou Aderbal.

— É sobre Melissa.

— O que tem ela?

— Gostaria que ela viesse viver conosco.

Ele soergueu o corpo e ajeitou os travesseiros atrás das costas.

— Por quê? — indagou com ar preocupado. — O que aconteceu?

Eugênia forçou uma expressão tranquila.

— Recebi uma carta de Penha — mentiu. — Disse que está preocupada porque não pode dar tanta atenção a Melissa, pois o bebê está prestes a nascer, e pediu encarecidamente que a nossa afilhada fique aqui uns tempos, até o bebê nascer e ficar maiorzinho.

Aderbal deu de ombros.

— Não vejo problema algum. Melissa gostaria de ficar aqui?

— Claro! Ela está ansiosa por nossa aprovação.

— Não sei. Aqui é meio de mato, não tem diversão.

— Melissa é diferente das outras moças. É caseira.

— Vive com a cabeça no mundo das misses e das manequins.

Eugênia riu e concordou.

— Sonho de mocinha. Ela é estudiosa e pode terminar os estudos na cidade. Estamos bem pertinho de tudo.

— Isso é. Bom, eu passo o dia todo com a caminhonete para cima e para baixo. Fico contente que você tenha mais companhia.

— Vai ser bom para Lina.

— Quando vamos a Belo Horizonte?

— Eu vou.

— Como assim? Sozinha? Por quê, Eugênia?

Ela mordiscou os lábios e pensou rápido:

— Porque você tem muito trabalho aqui.

— Não e...

Ela o cortou com amabilidade:

— Sim, sim. Teremos mais uma boca para alimentar. Você cuida dos negócios, do dinheiro, dos pequenos

serviços. Graças a Deus, os clientes o procuram a todo momento. Deixe que eu cuido das meninas. Vou em um dia e volto no outro. Bem rápido. Preparo as refeições para você e Lina. Ela só terá o trabalho de esquentá-las.

— Está bem.

— Então você concorda?

— E eu discordaria de você, meu amor? Nunca.

Eugênia o beijou várias vezes.

— Eu o amo tanto. Não sei o que seria da minha vida sem você.

Abraçaram-se. Eugênia, forçando a animação estampada nos lábios, fazia planos para a chegada de Melissa. Em seu íntimo, não via a hora de acabar com aquela sensação ruim que insistia em permanecer em seu peito e oprimir seu coração. Melissa precisava de sua ajuda. Eugênia não voltaria para casa sem a afilhada a tiracolo. Nem que tivesse de chamar a polícia.

"Minha Nossa Senhora da Conceição vai me ajudar", pensou. "Vou trazer Melissa para cá, bem longe de Jurandir."

Depois de tomarem uma limonada, Neide considerou:

— Concentre-se mais nesses países.

— A África é muito grande.

— A Europa também é.

— Foi mais fácil. Parece até que eu já estive lá.

— Você gosta — observou Neide. — E só vamos ter aula de geografia na semana que vem. Você terá tempo de sobra para decorar os países e as capitais.

— Eu teria aula todo dia.

— Também gostaria de lhe dar aula todos os dias — Neide disse e passou os dedos delicadamente pela

bochecha rosada de Lina. — Tenho de dar aula na escola e atender as pessoas que vão ao barracão.

— Eu posso ajudar você.

— Ainda não. Com o passar do tempo, quem sabe? — Neide a fitou e interpelou: — Por que tanta sede de justiça?

— O que disse?

— Você é jovem, mas seu espírito me entendeu. Por que tanta sede de justiça? Não veio nesta encarnação para guerrear. Ao contrário, veio para começar a se alimentar de paz. Por que ainda tem os rompantes de justiça e vingança?

— Eu os matei porque era questão de sobrevivência — respondeu com os olhos marejados.

— Não falo dos matadores, Lina. Você os atraiu porque seu espírito já estava com essa sede de justiça. Estou falando dessa vontade que tem agora. Quem é este homem que deseja punir?

Lina engoliu em seco.

— Não... é que... bom, ele fez mal à minha amiga.

— E merece morrer por isso? Agora você virou Deus?

— Ele não pode ficar impune. Merece sofrer.

— Você decide e cuida da *sua* vida — enfatizou Neide. — A vida dele é responsabilidade dele. Se for se meter com ele, poderá arrumar uma grande encrenca. Eu vejo dois caminhos na sua vida. Estou vendo-os agora — Neide fitou um ponto qualquer da cozinha e observou, séria: — Se realizar seu desejo de vingança, vai mexer na cadeia de outros encarnados, depois terá de arcar com o resultado dessa escolha, ou seja, terá de colher amanhã o fruto amargo dessa semente, reencarnando ao lado deles e de maneira nada agradável.

Lina sentiu um calafrio pelo corpo.

— Eu só quero reparar o mal que ele cometeu.

— Você nem sabe quem é Jurandir — a voz de Neide estava com modulação alterada. — Nem sequer sabe quais são os planos de encarnação dele. Nem supõe por que ele tem essa fixação por Melissa. Se eu abrisse aqui o passado deles, você teria outro juízo de valor.

— Então me mostre.

— Por quê? Intrometida! Você deve cuidar da sua vida, garota. Cuide do que é seu, dos seus sentimentos, do seu coração, vigie seus pensamentos. Deixe os outros com os outros. Pare de querer ser a heroína, a justiceira. Isso só poderá lhe trazer mais dor.

Lina sentiu o peito oprimido. Nunca ouvira alguém lhe dar uma reprimenda daquelas. Neide prosseguiu:

— Por outro lado, se esquecer esse homem, esse desejo de vingança, seu caminho poderá ser outro.

— Melhor ou pior?

— Depende do seu ponto de vista.

— Você me confunde.

Neide riu.

— Aproveite que você é jovem e tem toda uma vida pela frente. Cultive bons pensamentos, ligue-se cada vez mais ao coração. Faça o que tem vontade, use sua inteligência sempre a seu favor. Seja sempre sua amiga e, em vez de aniquilar os outros com desejos de vingança ou justiça, procure aniquilar os pensamentos mesquinhos que corroem a alma. Esses devem ser perseguidos e destruídos. Aproveite a chance que a vida lhe deu: uma nova família, uma nova vida!

Lina abriu um sorriso e, instintivamente, abraçou-se a Neide.

— Obrigada!

— Você tem um bom coração, Lina. É guerreira, desde Troia. Mas tem um bom coração.

Lina assentiu. Tomou um gole de refresco e indagou:

— Você vê e fala com os mortos?

Neide franziu a testa.

— Como assim?

— Outro dia escutei seu Aderbal comentando que você vê e conversa com as almas. É verdade?

— Sim.

Lina arregalou os olhos, animada:

— Quer dizer que quem morre continua falando? A boca não morre?

Neide achou graça.

— A boca não morre. Sabe, Lina, quando morremos, o nosso corpo de carne, este aqui — apalpou-se — para de funcionar; o nosso espírito se desprende desse corpo sem vida e vai viver em outro mundo.

— O que é espírito?

— É o que nos faz vivos. Sem o espírito ou alma, este corpo — voltou a tocar-se — não vive.

— Vamos para o céu?

— Mais ou menos. Vamos para um lugar bem parecido com este mundo em que vivemos. Lá continuamos os estudos, o trabalho, reencontramos alguns entes queridos que já morreram.

— Quando eu morrer, vou poder rever meus pais?

Neide procurava abusar da simplicidade para que Lina entendesse.

— Acredito que sim. Acontece que a gente morre, daí nosso espírito vai para uma cidade no "céu" e por lá fica um tempo, até decidir voltar a viver aqui.

— Por que tanto vai e volta? A gente nasce e morre um monte de vezes?

— É. Aos poucos, no devido tempo, conversaremos mais sobre o assunto.

— Você tocou no nome do Jurandir. Como sabe o nome dele se eu não o mencionei uma vez sequer?

— Que Jurandir?

— Você falou dele, Neide, quase agorinha.

— Estávamos estudando geografia.

Um grande ponto de interrogação formou-se no semblante de Lina. Neide prosseguiu:

— Precisamos estudar mais para a senhorita entrar no ginásio. Depois, mais crescida, trataremos desses assuntos espirituais.

— Está certo — Lina deu de ombros, mas, em seu íntimo, ficou com aquelas palavras martelando em sua mente.

Eugênia entrou na cozinha, e Neide sentiu um arrepio. Levantou-se da cadeira de maneira abrupta e, olhando por cima dos ombros de Lina, disse, modulação de voz levemente alterada:

— É imperioso que vá buscar Melissa. Ela precisa sair daquela casa imediatamente. Não tenha medo porque tudo vai dar certo.

Eugênia engoliu em seco. Lina, graças a Deus, não prestou atenção, pois estava arrumando os livros e cadernos, ajeitando-os dentro da pasta. Neide passou as costas das mãos pela testa.

— Fiquei com uma sede!

— O que você disse, Neide? — indagou Eugênia, perplexa.

— Estou com sede. Posso tomar mais um pouco de limonada?

18

Penha deu à luz uma menina. Telma era uma fofura, calma, sorridente e dormia a sono solto. Chorava pouco. Jurandir, por sua vez, afeiçoara-se ao bebê de imediato.

Desde que Telma nascera, Jurandir não encostou mais um dedo em Melissa, tampouco fez algum gesto libidinoso com a língua ou piscou de maneira sedutora. Era como se Melissa não existisse mais naquela casa. Ele decidiu, de verdade, ser o marido perfeito, ideal. Era como se aquele bebê, aquele pedacinho de gente, tivesse a capacidade de anestesiar os seus instintos mais primitivos.

— Eu amo você! — declarou, erguendo Telma.

— Calma, querido. Telma ainda está com a moleira aberta. Devagar.

Ele a beijou e a entregou a Penha.

— É emoção. É minha filhinha. É um pedaço de mim...

Foi impressionante a transformação dele, num primeiro momento. Saía cedo e voltava no fim do dia, sempre com um jornal embaixo do braço, à procura de trabalho. Como estudara até o terceiro ano primário, estava difícil

arrumar um emprego à altura, que pudesse manter a esposa e a filhinha recém-nascida.

— Eu vou voltar a trabalhar, meu bem — devolveu Penha, segurando a bebezinha, que já pegara no sono.

— Não! Chega. Eu sou o homem da casa. Eu é que devo trazer o dinheiro. Você cuida da nossa filha, da nossa casa. Não quero mais que você faça o que eu deveria fazer.

— Mas e as costas? O médico sempre nos alertou para você não pegar no pesado...

Jurandir havia esquecido. Nos tempos em que se encostara em Penha, forjara um atestado com um médico boca de porco lá no centro da cidade. Arrumara até chapas de pacientes já falecidos, com problemas na coluna, só para continuar encostado, largadão, em casa. Assim, poderia levar a vida sossegado e abusar de Melissa do jeito que queria e quando queria.

Agora era outro homem. O passado ficara para trás. Melissa já não lhe interessava e ele não precisava se esforçar para conter seus impulsos sexuais. O nascimento de Telma servira como uma rolha de poço que conteria, talvez por muito tempo — assim ele sonhava —, o desejo incontrolável por menininhas.

— Não sou mais um pecador — murmurou. — Agora tenho uma família de verdade — voltou para Penha e falou, num tom amável: — Vou sair e vou arrumar alguma coisa boa. Nossa vida vai mudar. Você vai ver — Jurandir concluiu, apanhou o chapéu, o paletó e o jornal. Beijou a esposa e a filhinha. — Adeus, meus amores. Papai volta mais tarde.

Penha sorriu embevecida.

— É o homem que pedi a Deus!

Melissa saiu da cozinha, cruzou o corredor, passou por Penha e ajuntou com desdém:

— Só falta me dizer que acredita em Papai Noel.

— Você é amarga. Por quê, hein? Qual é o motivo de tanta rusga com Jurandir? Ele é um homem tão bom. Mesmo doente, quer trabalhar.

— Doente? O Jurandir? Essa é boa.

— Ele tem problema na coluna. Não pode pegar qualquer emprego. Está se esforçando. Você é maldosa. Sempre foi. Tem inveja.

Melissa tinha vontade de gritar, arrancar o vestido, abrir as pernas, mostrar à mãe os hematomas, os machucados, falar da humilhação... mas do que adiantaria? Penha já dera claros sinais de que jamais acreditaria em uma palavra da filha. Jurandir estava em um pedestal, era o marido ideal e agora estava se transformando no pai do século. De nada valeria dizer a verdade. Penha não queria acreditar.

Uma lágrima escapou-lhe pelo canto do olho.

— Cada um enxerga o que quer, como quer. Eu só lamento você não ter me dado apoio.

— Eu?! — Penha estava indignada. — Você é quem deveria me apoiar. Fiquei viúva cedo, passamos muito aperto nesta vida. Até que apareceu Jurandir. Tudo bem, ele já havia namorado a Eugênia, mas qual é o problema? Se ela não soube valorizá-lo, problema dela. Casou-se com um ensebado, que não serve para nada.

— Não fale assim do tio Aderbal. Ele é um bom homem.

— Um paspalho. É um bonequinho nas mãos da Eugênia. Eu não gosto de homem assim, que não tem atitude. Já Jurandir é diferente. E ainda tentou ser um bom padrasto. Você o repeliu.

— Já contei o que ele me fez — Melissa estava com o rosto rubro e os olhos injetados de fúria.

Penha levantou o braço e o tapa veio forte. Plaft!

— Já disse para você parar de falar essas barbaridades sobre Jurandir. Ainda poderá pagar caro por isso.

Melissa levou a mão ao rosto e meneou a cabeça negativamente:

— Eu vou rezar muito para que Telma não sofra o que eu sofri — finalizou e subiu as escadas.

Penha ouviu a porta do quarto bater com força e balançou a cabeça para os lados.

— Está ficando cada vez mais difícil conviver com esta mocinha aqui em casa. Melissa está se tornando uma pessoa intratável!

A campainha tocou. Penha ajeitou Telma no bercinho ao lado do sofá. O bebê resmungou algo, virou o rostinho e continuou a dormir. Penha abriu a janelinha da porta.

— Quem é?

— Estou à procura da senhora Penha Menezes de Albuquerque.

— Sou eu.

— Por favor, poderia conversar com a senhora?

Penha observou o homem engravatado, bem-vestido, segurando uma maleta. Ela abriu a porta e fez sinal para ele abrir o portãozinho de ferro:

— Quem é o senhor?

— Sou advogado. Meu nome é Gregório Pontes. Venho do Rio de Janeiro. É para tratar de assunto de seu interesse.

— Meu interesse?

— É assunto de família.

Penha notou o ar de elegância e o convidou a entrar.

Gregório acomodou-se na poltrona e viu o bercinho. Penha adiantou-se:

— É minha filhinha.

— Parabéns! Eu também tenho uma. Dois aninhos.

— O senhor aceita um café, uma água?

— Não, obrigado. O meu assunto é rápido. Deverei ser o mais breve possível.

Penha ajeitou-se na cadeira à frente.

— Pois diga.

— A senhora é sobrinha de Eurídice Campos de Menezes, certo?

— Eurídice é minha tia por parte de pai, mas eu não a vejo há muitos anos, perdemos o contato e...

Gregório a cortou com amabilidade na voz:

— Tudo bem, dona Penha. Eu só preciso da sua certidão de casamento. É casada em comunhão universal de bens?

— Sim, sou. Por que precisa da minha certidão?

— Para verificar os dados, só isso.

— O que está havendo? Não estou entendendo.

— Sua tia Eurídice faleceu há um ano e deixou em testamento um imóvel em Niterói para a senhora.

Penha não caiu porque estava sentada. Levou a mão ao peito:

— Eu tenho uma herança para receber?

— Uma boa herança — Gregório sorriu. — Levei quase seis meses para encontrá-la, porque não tinha como localizar seu endereço. Sabe, dona Penha, é um estabelecimento comercial, um botequim bem frequentado, em um bom bairro. É um imóvel de esquina, assobradado, tem até quintal para essa menininha — apontou para o berço — poder brincar à vontade, quando crescer.

— Um botequim?

— Sim. Todo equipado. Dona Eurídice o reformou pouco antes de morrer. A casa sobre o bar está mobiliada e fechada. O bar está arrendado a um senhor da região, que paga regiamente o aluguel até que a senhora tome posse do estabelecimento. Aliás — Gregório puxou da

maleta um papel —, aqui está o extrato com os valores pagos até o momento, depositados em uma conta da Caixa. Quando o imóvel for passado para o seu nome e do seu marido, poderão retirar esse dinheiro.

Penha não podia acreditar. Era tudo muito bom para ser verdade.

Jurandir chegou em casa e, ao ver Gregório sentado na poltrona, indagou à esposa:

— Quem é ele?

— O nosso anjo da sorte! — respondeu Penha, com lágrimas nos olhos.

O sol estava a pino quando a campainha tocou. Jurandir, deitado no sofá, com um copo de cerveja na mão, ordenou:

— Atende, Melissa.

— Estou lavando louça. Daria para o senhor fazer a gentileza de tirar o traseiro do sofá e atender a porta?

— Estou com dor nas costas — provocou. — Custa abrir a porta?

Ela fechou a torneira, limpou as mãos no avental. Passou pela sala feito um foguete.

— Imprestável! Um dia ainda vou me livrar de você.

— Ah, já sei por que está nervosa. É que amanhã vai passar o concurso de miss pela televisão, né? A princesinha não pode sair de casa antes de ver essa bobeira. Já escutou ao vivo pelo rádio semana passada. Qual é a emoção de ver, se já sabe quem ganhou?

— Não me amole. Já disse que não quero mais que me dirija a palavra.

— Tem razão. Não vejo a hora de irmos embora para Niterói.

— Já disse que não vou. Eu não vou com vocês.

— E vai ficar onde?

— Não sei. Mas a vida está sendo clara: vocês é que vão para Niterói. Eu vou seguir o meu destino. Sei lá, vou ligar para minha tia, vou para um internato, uma pensão, arrumo emprego, mas não vou com vocês.

— Por que fala comigo desse jeito? — Jurandir bebericou a cerveja, estalou a língua no céu da boca e pousou o copo na mesinha. — O que passou passou. O passado está lá trás.

Melissa riu com desdém.

— É fácil falar, não? Depois de fazer de mim gato e sapato, depois de me violentar, me humilhar, você diz para eu esquecer?

— Eu errei.

— E tudo bem? Errou e está tudo certo? E eu, Jurandir? Como fico?

Ele não respondeu.

A campainha tocou de novo. Ele se remexeu nervoso no sofá. Não queria lembrar-se do passado. Disse com ironia:

— Vai, vê se atende logo essa porta, Adalgisa Morango.

— A miss que ganhou é Adalgisa Colombo. Terezinha Morango era a miss do ano passado. Burro.

Ele deu de ombros.

— Vai, vai. Atende essa porta.

Melissa abriu. Seu coração parecia saltar pela boca. Esboçou enorme sorriso e não conseguia sair do lugar, tamanha emoção. Eugênia subiu os degrauzinhos e a abraçou.

— Sou eu, minha querida. Vim buscá-la.

— Deus escutou as minhas preces! — Melissa sibilou e deixou as lágrimas escorrerem, molhando o vestido da madrinha.

19

O local era imundo, sujo mesmo. O cheiro era insuportável, azedo, fétido, como de um esgoto a céu aberto. A névoa cobria quase tudo. Os gritos e gemidos eram os sons que cortavam o silêncio. Um homem tentou se levantar, mas, fraco e agonizante, caiu novamente. Com voz fraca e rouca, tentou gritar:

— Eunice! Ajude-me! Tire-me deste lodo! Por favor, eu quero sair deste inferno.

Eunice caminhou por entre galhos retorcidos e secos. A névoa densa e acinzentada, mais o odor pútrido, deixavam-na com ânsia. Estava difícil caminhar e respirar.

— Meu Deus, onde estou?

A voz, a mesma do outro sonho, respondeu:

— Está atendendo ao pedido de Paulo por quê?

— Ele me chama, coitado. Ele precisa de mim.

— Coitado? Por que coitado?

— Pobre homem. Deu cabo da própria vida. Ele não teve culpa. Foi tomado de grande aflição. Não posso julgá-lo.

— Também não o estou julgando. Mas não posso passar a mão na cabeça dele, tratando-o como vítima de uma situação que ele mesmo criou.

— Tem razão. Eu não havia pensado nisso.

— Ele teve, ainda tem e sempre terá livre-arbítrio. Cada um tem o poder de alterar o próprio destino a cada segundo. Paulo pode fazer isso agora mesmo. Por pior que seja, nenhuma dor é maior do que podemos suportar. Isso já consta nas escrituras sagradas.

— É verdade. Não é novidade.

— Nunca foi. Entramos na paranoia, acreditamos que o mundo é o culpado pelo nosso infortúnio. Queremos culpar alguém por nossa falta de sorte, nossa infelicidade. Por quê? Porque é mais fácil atirar uma pedra do que mudar a maneira de ver, de pensar, de agir. Mudar um condicionamento pode levar vidas, muitas vidas. Às vezes, passamos encarnações tentando, tentando, e não conseguimos. A força do hábito é tão forte, está tão arraigada em nosso ser que é necessário que o espírito tenha muita paciência e boa vontade para poder se libertar e mudar.

— E o que faço, então? Paulo me chama e sou atraída para cá. Eu não gosto deste ambiente.

— Ninguém gosta. É o ambiente que ele criou, junto com outras mentes também emocionalmente doentes. Não querem mudar e ficam presas na dor, na aflição, na culpa, no arrependimento. Você é algo bom que ficou na mente perturbada dele. Por isso a chama, porque alivia o sofrimento.

— Mas não quero. Não pertenço a este lugar.

— Há algo que liga você a ele. Tem afinidade aí — a voz mantinha um tom sem alteração, natural, sereno.

— Custo a crer — rebateu Eunice, nervosa. — Eu mudei bastante. Leio muito, procuro entender novos conceitos, absorvê-los, entender o mundo de outra forma.

Não fico mais presa em um quarto, como fiquei durante quase dez anos. Agora sou outra pessoa. Estou até querendo voltar a trabalhar.

— Entretanto — a voz prosseguiu — há uma ponta de vitimismo, de "pobre de mim" de que você ainda não se desfez.

— Não.

— Reconheça, Eunice. Seja verdadeira consigo mesma. Não adianta querer fingir. Pode fingir para o mundo, mas não para si. Enquanto não estiver cem por cento livre dessa praga que é o vitimismo, estará com o canal aberto, com uma ponte para que Paulo se ligue a você.

— Não quero me ligar a ele. Eu não sinto nada por ele. Quero que ele encontre a paz, a luz, que possa se refazer. Mais nada.

— Se deseja tudo isso de coração, está fazendo um bem enorme a ele. Agora vamos voltar. Precisa sair daqui. As energias deste lugar podem afetar seu perispírito. Venha.

— Eu não consigo ver você.

— Siga minha voz.

Eunice fez sim com a cabeça e seguiu a voz. Passou sobre caveiras, crânios partidos, pedaços de ossos. Viu corpos dilacerados, outros em decomposição. O local era mesmo um pedaço do inferno. Avistou algo como um portal, um arco de luz. Antes de passar por ele, teve a nítida sensação de ver Paulo, ou o que fora Paulo. Era um maltrapilho encolhido num canto, o corpo coberto de sangue que jorrava da altura do peito, as vísceras expostas. Ele meneava a cabeça e suplicava:

— Tire-me daqui...

Eunice balbuciou:

— Deus tenha piedade de você. Fique em paz — ela falou e pulou o arco.

Ao passar, tudo se transformou. O ar era respirável, sem odor. A vegetação era verde, parecia estar num bosque. Eunice respirou fundo e exalou profundo suspiro. Olhou ao redor e viu um moço simpático a sorrir.

— Sente-se melhor?

Ela reconheceu a voz.

— Você! Agora a voz tem rosto!

— Sim.

— Por que tanto mistério?

— Não tinha mistério nenhum. Você não me via porque não tinha olhos de ver.

— Não entendi.

— Não me via porque não conseguia. Não estava em sintonia energética para me ver. Sua cabeça andava pesada, você estava muito perturbada. Eu sempre estive ao seu lado, contudo, você não se permitia me ver.

— É meu anjo da guarda?

Ele riu.

— Sou um amigo espiritual. Um colega do lado de cá, do invisível. Meu nome é Estêvão.

— Estêvão. Bonito nome. Parece que eu o conheço.

— Claro que conhece, Eunice. Somos amigos de longa data. Não reencarnei ainda porque estou me preparando.

— Vai voltar?

— Todos nós vamos. Estamos num ciclo de muitas reencarnações.

— Escuto muito que alguns já estão na última encarnação, que outros não reencarnarão mais na Terra.

Estêvão riu de novo.

— O homem precisa e precisará reencarnar muitas vezes. Temos muito o que aprender ainda. Muita coisa para desvendar, muitas experiências para aprimorar nosso espírito, muitas ilusões para arrancar do nosso campo

mental, muitos pedaços de nossa alma a ser resgatados. Isso levará mais alguns milhares de anos. Ocorre que alguns acreditam que estamos num grau de superioridade e chegamos ao estágio máximo de evolução. Não nego que estamos em ritmo acelerado de crescimento tecnológico, mas, no tocante ao crescimento moral e emocional, ainda somos muito infantis.

— Estamos no jardim da infância.

— Mais ou menos. Você está entendendo o sentido da vida, Eunice. Como afirmou Kardec, ficaremos por muito tempo num estágio contínuo entre nascer, morrer, renascer, porque esta é, de fato, a lei. Não temos como escapar dela.

Eunice estremeceu e exalou novo suspiro.

— Senti agora como se um peso fosse arrancado de mim.

— O espírito de Paulo foi recolhido. Levado para um local de tratamento.

— Ele vai melhorar?

— Não sei. As irmãs estão cheias de ódio. Não o perdoam. A mãe já o perdoou e tenta convencer Cordélia e Maria Antonieta a perdoá-lo.

— Que tragédia!

— Se você olhar a linha do tempo deles, verá que houve muitas outras tragédias envolvendo os quatro. Um dia vão se cansar e compreenderão que a violência não é o melhor caminho para resolver os desentendimentos.

— Onde está aquela mulher?

— Aquela mulher tem nome — corrigiu Estêvão.

— Desculpe-me. É que ela me atormentou tantos anos.

— Outro caso de afinidade. Já conversamos a respeito. Não há vítimas. E obsessão só existe porque há afinidade entre encarnado e desencarnado. Só por isso.

— Como está Doroteia?

— Segue bem. Recuperou-se com facilidade. Está se refazendo e logo vai participar de cursos. Estudar é a melhor coisa que se pode fazer para entender melhor como funcionam as leis da vida.

— Por que eu não me lembro disso? Por que tenho de esquecer de tudo quando volto ao mundo?

— A sua mente fica esquecida, mas seu espírito não se esquece de nada. Conforme você o alimenta com conhecimento, mais ele vai lhe abrindo a porta que dá acesso a tudo o que você já aprendeu em outras vidas e também durante a vida no astral. Quando estamos ligados à nossa essência, estamos ligados à essência divina. E, ligados à essência divina, temos acesso a todo conhecimento. Ele vem de todas as formas, seja por meio de um livro, de uma aula, de um programa, de um amigo, de um professor, de um curso...

— Entendi. Como essa moça que apareceu em nossa casa.

— Como essa moça — replicou Estêvão. — Neide é um espírito muito lúcido, de profunda inteligência e bondade. Reencarnou com o propósito de ajudar e despertar a consciência dos seres, além de ter ótima mediunidade de cura.

— Gostei dela.

— Ela também gostou de você.

— Estou ficando cansada.

— Precisa voltar ao corpo. Descansar. Amanhã será um novo e glorioso dia.

— Vou rezar pela alma de Paulo.

— Faça o que seu coração achar melhor. Mas não sinta pena. A pena nos liga negativamente ao outro. Isso não é bom. Para ninguém.

— Vou procurar não me esquecer disso.

Despediram-se. Eunice voltou ao quarto. Estêvão voltou para a sua cidade astral. Encontrou Maruska, que também regressava da Terra.

— Acabei de me encontrar com Lina.

— Fui ver Eunice.

— Sabe que Melissa vai chegar hoje? Não vai mais viver com Jurandir.

Estêvão abriu largo sorriso, mostrando os dentes alvos e perfeitos.

— Tinha certeza. Melissa não precisava mais passar por tanto sofrimento. Já estava cheia de sofrer por uma paixão doentia. Se ela passasse, digamos, por essa prova e soubesse escolher com inteligência, seria premiada.

— É. O prêmio dela veio para Teófilo Otoni.

Os dois riram.

— Quando vão se encontrar? — indagou Estêvão.

— Logo. Creio que não vai demorar muito. O importante é que ela se livrou do ciclo repetitivo que vinha mantendo com Jurandir e Penha. Agora Melissa segue sua jornada sem eles por perto, por enquanto.

Estêvão fez sim com a cabeça. Maruska, conhecendo profundamente o amigo, perguntou:

— Está preocupado com Eunice, não?

— Se disser que não, estarei mentindo.

— O que foi? Não cortou os fios energéticos que a ligavam a Paulo?

— Sim. Isso foi um trunfo. Vencemos. Ela também se livrou da obsessão de Doroteia, que segue em tratamento e está se recuperando muito bem.

— Então...

Estêvão levantou o braço e fez um gesto com a palma da mão. Uma tela se abriu no ar e Maruska viu um rosto. Ela meneou a cabeça, feliz:

— Não acredito!

— Eu também não. Pensei que não fossem voltar tão cedo.

— Diante das probabilidades, eles não iriam se encontrar tão cedo.

— Os superiores alegaram que mudaram de ideia. Acreditam que Eunice tem condições de reencontrá-lo.

— Sinto que ela está pronta.

— Eles estão acelerando o processo. Disseram que estão fazendo em uma vida o que levaria três. Tudo mais rápido.

— Se é pelo melhor, então vamos torcer pela felicidade dos dois.

— Isso mesmo.

Abraçaram-se e uma luz brilhante formou-se ao redor deles.

Na manhã seguinte, Daniel pediu uma ligação para a telefonista. Depois que conversou com seu amigo em São Paulo, desligou o aparelho e correu até a sala. Leonor lia um romance de Agatha Christie, e Solange tentava estudar *O Livro dos Médiuns*, de Allan Kardec.

Ele entrou eufórico, elas nem notaram. Daniel as chamou e nada.

— Ei!

Solange levantou lentamente os olhos.

— Estou entretida com os ensinamentos deste livro.

— Mãe, olhe para mim!

Leonor olhou sobre os óculos.

— Impossível deixar de ler. Estou quase no fim. Já leu *O homem da roupa marrom?*

— Não tive tempo. As duas entretidas com livros, e eu aqui para contar uma grande novidade.

— Pois diga — a voz de Leonor era natural.

— Quanta emoção! — exclamou Daniel, contrafeito.

— Meu filho, sei que vai a São Paulo para fazer a prova do banco. Conseguimos vender as últimas joias de família, temos um dinheiro aplicado na poupança para passar alguns meses...

— Vou procurar emprego esta semana — completou Solange. — E Eunice também. A Ione está trabalhando sem receber um tostão. Somos abençoados. É por isso que estamos assim, calmas e serenas.

— Também quero ajudar.

— Imagine, mamãe. Você não tem que fazer nada — protestou Daniel, com veemência.

— Não. Sou uma mulher que aprendeu muita coisa na vida. Viajei muito com seu pai, conheci muitos países, muitas culturas e estive pensando...

— Em quê? — perguntou Solange, curiosa.

— Em dar aulas.

— Aulas? — os irmãos questionaram em uníssono.

— É. Aulas.

— De quê, mãe? — indagou Daniel.

— Aulas de delicadeza.

— Como assim, mamãe? — quis saber Solange.

— Ora, com tanto conhecimento que tive convivendo com a alta sociedade, posso ensinar uma moça de família a se comportar, cumprimentar uma pessoa, como se sentar, se portar à mesa, escolher talheres, copos etc.

— A senhora foi amiga de Amy Vanderbilt. Tem até o livro de etiquetas escrito e autografado por ela.

— Sim. Posso tirar muita coisa do livro e adaptar ao jeito brasileiro.

— Mamãe, acho que encontrou a sua vocação — disse Daniel, animado.

— Posso ajudá-la a preparar as aulas, se quiser — completou Solange. — Posso montar as fichas, procurar recortes de revistas, datilografar manuais.

— Fico feliz que me apoiem. É muito bom sentir-se útil, ainda mais na minha idade.

— Quero aproveitar o momento para anunciar uma ótima e grande novidade — comunicou Daniel.

— Diga.

— A possibilidade de intermediar a compra do escritório de contabilidade para o meu amigo. É mais um dinheirinho que poderá entrar e nos ajudar.

Leonor fechou o livro com o marcador. Em seguida tirou os óculos e os colocou sobre a mesa de centro. Ajeitou o corpo no sofá. Solange fez o mesmo. Fechou o livro de Kardec e soergueu o corpo na poltrona.

Leonor indagou:

— O que pretende fazer? Não estou entendendo essa novidade. Não estava para fazer a prova para o banco?

Leonor não era lá fã de novidades e modernidades. Daniel tentou tranquilizá-la.

— Estava, mãe.

— E o que vem a ser esta novidade, de ser intermediário na compra de um negócio?

— Como assim? — retrucou Solange.

— Olha só — Daniel estava empolgado. — Recebi uma boa proposta. É para arrendar um escritório modesto, pequeno, no centro da cidade, em São Paulo. Tem poucos clientes, mas tem potencial. Era muito mal administrado. Luís Sérgio percebeu a minha ansiedade, viu que estou aflito para trabalhar, e pediu para eu analisar os documentos, ver se está tudo em ordem e...

Leonor o cortou com doçura:

— Quem lhe fez a proposta, meu filho?

— O Luís Sérgio, mãe.

— Luís Sérgio, filho do Gilberto Pimentel?

— Ele mesmo.

Leonor remexeu-se na cadeira.

— Confia nele?

— Por quê? Só porque o papai e o pai dele tiveram rusgas no passado? Luís Sérgio foi o único amigo que não me virou as costas. Sempre me apoiou, mesmo quando ficamos sem nada.

— É verdade — observou Leonor. — Ele nunca lhe deu as costas.

— Não senti coisa boa — rebateu Solange. — Não gostei de ouvir o nome de Luís Sérgio. Ele não é flor que se cheire.

— Eu sei bem por quê — devolveu Daniel.

Leonor o censurou:

— Não diga mais nada, por favor.

— Mamãe, ficamos aqui, cheios de dedos. Solange não é mais uma garotinha. Está até estudando as leis espirituais, não é mesmo? — provocou, encarando a irmã.

Solange encolheu-se na poltrona. Leonor olhou para Daniel e em seguida para Solange.

— Ainda sente alguma coisa, filha?

— Não sinto nada — respondeu, seca.

— Mesmo?

— Ora, mamãe. Por que deveria sentir algo por um pulha? — Solange falou, levantou-se de um salto e subiu correndo para o quarto.

Daniel levantou-se, mas Leonor foi categórica:

— Deixe-a, meu filho.

— Ela não está bem, mamãe.

— Ainda não superou.

— Foi um namorico bobo, sem pretensões.

— Solange pode ser uma menina para a frente, de vanguarda, como se diz. Mas no fundo é uma romântica incorrigível. Nunca aceitou o não de Luís Sérgio. No fundo, é igualzinha a Eunice. Só que Eunice reagiu de uma forma, e Solange, de outra. Uma reage com tristeza, a outra reage com raiva.

— Não havia percebido isso.

— Note. Solange tem os mesmos padrões que Eunice.

— Acha então que eu devo evitar o encontro com Luís Sérgio? São negócios, mamãe.

— Não, de forma alguma. Vá e, quando possível, traga-o para uma visita.

— Se eu o trouxer aqui, a Solange me mata!

— Será? Não sei. Gostaria muito de ver a reação dela. É muito fácil dizer aos outros o que fazer. Sua irmã agora está nessa fase. Diz o que Eunice deve fazer, como eu devo me comportar, o que você deve ler, como Ione deve cozinhar... vamos ver como vai reagir ao se ver frente a frente com Luís Sérgio.

— A senhora é terrível!

Daniel abraçou a mãe com carinho.

— Eu quero vê-lo feliz, meu querido. Sei que vai ser.

— Gostaria de me apaixonar, contudo, fiquei tão decepcionado com as meninas da nossa cidade, tão fúteis, tão venais. Só querem saber de carrões, de status, de dinheiro.

— Na hora certa, virá uma moça especial. Tenho certeza. É só aguardar.

Daniel beijou-lhe a testa e subiu. Leonor apanhou novamente o romance de Agatha Christie e deixou-se entreter pela leitura.

20

Jurandir entornou a garrafa de cerveja goela abaixo, largou-a sobre a mesinha de centro e deu um pulo do sofá.

— Você?!

Eugênia fez que não o viu. Entrou, passou por ele e continuou a conversa com Melissa:

— Eu e seu padrinho resolvemos que você vai morar conosco.

— Vou subir para arrumar minhas coisas! — exclamou Melissa, animada. — Já!

— Nada disso — interveio Jurandir. — Pensa que aqui é a casa da sogra? Pensão para moças? Precisa esperar sua mãe chegar do mercado e...

Eugênia o cortou, com o dedo em riste:

— Não se atreva a nos impedir. Se fizer isso, eu vou direto ao distrito policial. Darei queixa de você, infeliz.

Jurandir sentiu o sangue sumir, mas tentou argumentar, ocultando o nervosismo na voz:

— Vai prestar queixa de quê? Não tem provas.

Eugênia o estapeou no rosto. Ele sentiu a dor e ficou rubro de raiva. Tinha vontade de revidar, mas pensou

melhor. Já estavam com quase tudo pronto para irem embora e recomeçarem em Niterói. Para que iria arrumar encrenca e parar numa delegacia? Não valia a pena.

— Se continuar a me bater, eu é que vou prestar queixa.

— É um imprestável, tia. Deixe ele. Vou subir.

Eugênia prosseguiu:

— Não tenho provas, mas sou capaz de fazer um belo estrago. Você nunca mais vai encostar o dedo em uma criança.

Ele deu de ombros:

— Pode levar essa daí — apontou para o alto da escada. — Ela não me serve mais.

Eugênia perdeu o controle e partiu para cima de Jurandir. Ele tentou se defender, porém a fúria da mulher era imensa, e suas unhas eram bem afiadas. Conclusão: Eugênia conseguiu arranhar bastante o rosto dele. Nesse instante, Penha entrou em casa. Tentava equilibrar a pequena Telma em um braço e uma sacola de compras no outro.

Ao ver Eugênia estapeando o marido, jogou a sacola no chão, apertou Telma de encontro ao peito e deu um grito:

— Pare! O que é isso?!

Eugênia olhou para o lado, e Jurandir pôde correr. Foi até Penha e pegou a criança nos braços, que começava a choramingar.

— Como se atreve a encostar o dedo em meu marido?

— Não vou me esforçar para responder — tornou Eugênia, fisionomia cansada. — De nada vai adiantar. Você não quer enxergar a verdade.

Penha estava nervosa e fez nova pergunta:

— Aliás, de onde surgiu? O que faz em minha casa?

— Vim buscar Melissa.

— Quem lhe deu ordem? Melissa não sai daqui.

— Pois vai sair.

Jurandir interveio:

— Deixe ela, meu bem. Eugênia está fora de si.

— Não estou fora de mim — rebateu Eugênia. — Não vou mais deixar você encostar o dedo na minha afilhada.

— O que essa louca está dizendo? — quis saber Penha, sem entender.

— Seu marido abusou de Melissa — Eugênia estava com aquilo entalado na garganta. Saiu de uma vez.

Penha meneou a cabeça negativamente.

— Estúpida! E você acreditou? Melissa encheu sua cabeça de caraminholas.

— Nada disso, Penha. Acorde para a realidade. Jurandir é um doente.

— Claro que sim! É isso. Você ficou com dor de cotovelo porque perdeu Jurandir para mim. Agora quer se vingar, estragar meu casamento.

— Longe disso — Eugênia rebateu. — Fui eu quem terminou com Jurandir.

— Não foi o que ele me disse — Penha replicou e olhou para o marido.

Jurandir balançava o bebê e fez sinal negativo com a cabeça. Dissimulou, falando baixinho:

— Eugênia nunca aceitou o término de nosso noivado. Se eu ainda tivesse comigo as cartas que ela me escreveu, implorando para eu voltar aos seus braços... — suspirou.

Eugênia arregalou os olhos:

— É mentira! Tudo mentira! Jamais escrevi uma linha para você. Ainda mais implorando para voltar para mim. Que calúnia!

— Prove — provocou Penha, desafiadora.

— Não! — vociferou Eugênia. — Quem tem que provar é o seu marido. Jurandir mente — Eugênia

aproximou-se de Penha e a segurou pelos braços: — Pelo amor de Deus, acredite em mim. Eu não vim até aqui a troco de nada.

— Será que não veio acabar com a nossa paz? — emendou Jurandir. — Não aceitou o nosso término, casou-se com o primeiro paspalho que apareceu.

— É fato — emendou Penha. — Aderbal é um nada, um boçal.

— Não quero mais escutar suas besteiras — encerrou Eugênia.

Melissa desceu as escadas com uma mala. Penha fuzilou-a com os olhos.

— Agora que preciso de você, que sua irmã nasceu e vamos mudar de cidade e de vida, vai me abandonar, como se aqui fosse um albergue?

— Mãe, você não quis acreditar em mim.

— Ela não quer ver, querida — garantiu Eugênia. — Penha está cega. Não percebe que está casada com um monstro.

— Monstro que você namorou por bastante tempo — acrescentou Penha com desdém.

— Mãe, eu sou grandinha, quase uma mulher.

— E prefere viver naquele buraco, naquele fim de mundo, em vez de ir viver em outra capital? Acha que lá no meio do mato vai ter a chance de ser miss ou de ter um futuro promissor? Nunca.

— Não quero pensar nisso agora.

— Ela quer acabar com a gente, Penha. Quer desarmonizar nosso lar. Melissa nunca me aceitou como padrasto.

— É verdade — concordou. — Melissa mudou muito desde que casamos.

— Mudei porque...

Eugênia fez não com a cabeça.

— Mudou por quê? — indagou Penha — Vamos, fale.

— Sua filha não vai falar mais nada.

— Pode ir — Penha fez sinal com a mão e abriu a porta. — Vá embora mesmo. De uma vez. E nunca mais volte. Se arrepender-se, o problema é seu. Ingrata!

Melissa deixou uma lágrima escorrer pelo canto do olho. De nada adiantava querer convencer a mãe. Estava cansada de lutar. No fundo, gostaria que o relacionamento com Penha não azedasse dessa forma. O que fazer? Sua mãe preferia viver em meio à ilusão. Paciência.

Eugênia ajudou Melissa a carregar a mala. Quando estavam atravessando o portãozinho, Penha disparou, cruel:

— Não soube criar sua filha, deixou Estela morrer. Você não teve competência para agarrar homem nem para criar filho. É uma inútil, uma recalcada. Só espero que também não mate Melissa.

Eugênia abaixou a cabeça e deixou as lágrimas escorrerem. Melissa abraçou-a.

— Não escute, tia. Minha mãe não sabe o que diz. Está enfeitiçada.

Penha prosseguiu com a crueldade:

— Estou cansada de tentarem me derrubar. Vocês não passam de duas invejosas. Querem me destruir só porque me dei bem na vida. Tenho um marido lindo, que me ama, e uma filhinha adorável. Serei dona do meu próprio negócio, viverei numa cidade bonita, numa capital famosa, perto do mar. Já você... — finalizou num tom de deboche.

Melissa desfez-se do abraço e subiu os degraus. Chegou até a soleira e apontou o dedo em riste para a mãe:

— Nunca mais ouse tocar no nome de Estela. Eu a proíbo!

— Vai me desafiar?

— Não. Eu não discuto com uma mulher venal.

O tapa veio forte. Plaft! Melissa levou a mão ao rosto e Penha a empurrou:

— Saia daqui. Nunca mais ponha os pés nesta casa. De hoje em diante, você morreu para nós. E faço questão de que você jamais saiba o nosso endereço em Niterói. Espero que nunca mais nos encontremos nesta vida. Nunca mais. Suma!

Penha girou nos calcanhares e bateu a porta com força. Melissa desceu os degrauzinhos em lágrimas. Abraçou-se a Eugênia e apanhou a mala.

— Obrigada por me salvar.

— Podemos ir à delegacia.

— De que vai adiantar, tia? As marcas físicas já sumiram, e minha mãe vai desmentir tudo. Só vai aumentar a vergonha que sinto. Para que mais constrangimento? Para nada.

— Pobrezinha — Eugênia a abraçou novamente. — Sei que morar no sítio não é como viver em Belo Horizonte. Mas você será amada e não viverá mais sob constante ameaça.

— Isso é o que importa. Quero viver ao lado da senhora, tio Aderbal e Lina.

— Não me conformo. Sua mãe não acreditou nem em você, nem em mim.

— Está cega, iludida. Um dia ela vai acordar e ver quem é o verdadeiro Jurandir.

— Está com fome?

— Um pouco.

Eugênia consultou o relógio.

— Pensei que fosse demorar e comprei passagem para o fim da noite.

— Podemos ir ao cinema.

— Depois de tudo o que presenciei, não é má ideia — ajuntou Eugênia. — Nada melhor que um filme para nos fazer esquecer esses momentos nada agradáveis. Faz tempo que não assisto a uma sessão.

— Podemos pegar a sessão das seis no Cineteatro Brasil.

Melissa fez sinal e tomaram a condução. Desceram nas proximidades da Praça Sete de Setembro. O burburinho de carros e pessoas era surpreendente.

Eugênia olhou para a multidão de gente e para os carros, bondes e ônibus que cruzavam a avenida.

— Tem certeza de que vai se acostumar com a quietude do mato?

— Vou, tia. E a cidade está tão pertinho. Fazendo um pouco de esforço, dá até para ir a pé.

— Tem razão. A cidade está bem pertinho do nosso recanto.

— Eu troco toda essa deliciosa bagunça pelo amor de vocês.

Abraçaram-se novamente. Melissa perguntou:

— A que horas parte o trem?

— Às onze.

Ela deu um pulinho de contentamento.

— Tia, vamos até a confeitaria, fazemos um lanche, depois podemos assistir a *Assim caminha a humanidade.*

— Ainda está em cartaz?

— Filme bom demora para sair do circuito.

— Tem razão.

— A fita tem duração de três horas. Há um intervalo de quinze minutos. A senhora aguenta?

— Aguento, sim. Deve ser bom, né?

— Eu já vi, tia. É bom demais da conta!

— E vai ver de novo?

— Claro! É tão lindo! Sabia que esse foi o último filme do James Dean?...

Eugênia pegou uma alça da mala e Melissa pegou a outra. Foram conversando, caminhando entre as pessoas. Eugênia, por um instante, esqueceu-se dos minutos desagradáveis por que passara. Animou-se com o entusiasmo de Melissa e sorriu, sem deixar de agradecer à sua santa de devoção.

21

Era bem cedinho. O sereno da madrugada ainda se fazia presente quando Aderbal e Lina saltaram da caminhonete.

— O trem vai chegar logo?

Aderbal fez sim com a cabeça.

— Vai. Logo.

— Estou com tanta saudade da Melissa.

— Vai ter tempo de matar a saudade. Vão ficar juntas por muito tempo.

— Ela é como uma irmã pra mim, sabia?

— Claro que sabia — ele riu.

Foram caminhando. Aderbal sentiu uma pontada no peito. Levou a mão ao local da dor.

— O que foi? — indagou Lina, preocupada.

— Nada.

— O senhor ficou branco feito cera.

— Nada não — Aderbal falou e encostou o corpo na parede. Fechou os olhos e respirou fundo.

— O senhor não está passando bem.

— Estou, querida. Não é nada de mais.

Aderbal respirou fundo mais uma vez, soltou o ar e a dor passou.

— Não é nada. Dorzinha de gente que está ficando velha.

— O senhor não é velho.

— Um pouco. Já passei dos cinquenta.

— Pode chegar até os cem.

— Não creio.

— Queria que o senhor e dona Eugênia durassem para sempre.

— Infelizmente isso não é possível, minha querida — Aderbal passou delicadamente o dedo no queixo de Lina. — Todos nós vamos morrer um dia, inclusive você. No seu caso, só quando for bem velhinha.

— A Neide disse que a gente vive e morre muitas vezes. O senhor também acredita nisso?

Ele deu de ombros. A dor havia passado, e voltaram a caminhar.

— Tive uma educação católica, porém nunca frequentei a igreja. Não sou devotado como Eugênia. Acho muito pouco viver só uma vida. Não faço ideia do que aconteça depois que nosso coração para. Mas não consigo imaginar Estela morta.

— Não?

— Não. Ela morreu tão jovenzinha. Não teve a chance de crescer, namorar, casar, ter filhos. Se vivemos e morremos muitas vezes, então Estela vai ter a oportunidade de viver o que não teve tempo. É justo.

— Meus irmãos também morreram pequenos — ajuntou Lina. — Não acho justo que eles não tenham tido a chance de tomar sorvete ou estudar.

— Tem razão. Eu achava que Neide pudesse lhe fazer mal...

Lina o cortou.

— Mal? Nunca! Neide é uma ótima professora e excelente pessoa. Tem me ensinado coisas que nunca aprenderia na escola.

— Como o quê?

— Como valores, respeito, amor à vida, paciência...

Aderbal passou a mão sobre os cabelos dela.

— Você é especial. Você foi um grande presente que Deus me deu.

— Digo o mesmo — ela falou e apertou a mão dele, de maneira carinhosa.

Ficaram na plataforma, observando o movimento das pessoas, dos carregadores, até que se ouviu o apito, e logo Eugênia e Melissa saltaram.

Lina e Aderbal apressaram o passo. Enquanto Eugênia cumprimentava o marido, Melissa abraçava Lina.

— Não sabe como estou feliz de ver você aqui — declarou Lina, sinceramente emocionada.

— Eu também — devolveu Melissa, abraçando-a com carinho e também muito emocionada.

Aderbal caminhou em direção à mala, porém Lina o deteve. Abaixou a voz:

— O senhor está cansado. Não deve fazer esforço.

Ele tentou se desvencilhar, porém ela foi mais rápida. Agarrou a mala e foi empurrando. Aderbal meneou a cabeça para os lados, num sorriso.

— O que tem aqui? — indagou Lina. — Roupas pesadas!

— Não — Melissa correu até ela e pegou uma alça para ajudar a carregar. — É que eu trouxe algumas revistas. Acha que eu ia deixar para trás a minha coleção?

As duas riram e levaram a mala, cada uma segurando uma alça, até a caminhonete. Eugênia e Aderbal iam mais atrás, abraçados.

— Viu a felicidade estampada no rosto delas? — perguntou Eugênia.

— Vi. Notei como ficaram felizes. Você também está com uma boa aparência. Saiu daqui tão cabisbaixa, para baixo...

Eugênia lembrou-se do dia anterior. Saíra aflita e ansiosa, querendo chegar o mais rápido possível a Belo Horizonte e arrancar Melissa do convívio com Jurandir. Ela afastou os pensamentos com a mão e disse:

— Está tudo bem.

— Penha não retrucou?

— Não.

— Estranho.

— Ela acabou de dar à luz — ajuntou Eugênia, tentando desanuviar a desconfiança que queria se instalar na cabeça de Aderbal. — E, de mais a mais, Melissa é praticamente uma mulher. Precisa nos ajudar a cuidar melhor de Lina.

— Vai ser bom para todo mundo — ele falou e levou novamente a mão ao peito.

— Querido, está se sentindo bem?

— Um pouco cansado — ela iria falar, mas ele rebateu rápido: — Quando você sai, fico meio perdido.

— Foi só uma noite.

— Estou acostumado com você, minha velha. Só com você.

Eles se abraçaram com carinho. Depois, entraram na caminhonete, as meninas subiram na caçamba, e partiram para a chácara.

Jurandir ligou o aparelho de tevê e bateu nas laterais.

— Porcaria de aparelho! — grunhiu.

— O que foi, meu bem? — perguntou Penha, enquanto trocava a fralda de Telma sobre a mesa da cozinha.

— Esse chuvisco me irrita. Não consigo ver nada.

— E de que adianta bater no aparelho?

— O pessoal do bar disse que é assim que se faz para melhorar a imagem.

Penha deu de ombros e terminou de vestir a bebê. Pegou-a nos braços e a levou para o alto.

— Como está linda a minha menina!

Beijou Telma nas bochechas, enquanto a menina esboçava um sorriso. Jurandir deu mais uma batida na televisão, depois ajustou a antena. Irritado, desligou o aparelho.

— Melhor ler jornal. Cadê sua bolsa?

— Está na cadeira embaixo da escada — respondeu Penha. — Você vai sair, amor?

— Vou comprar o jornal da noite. Quer alguma coisa?

— Deixe-me ver... Estamos quase de mudança. Bom, o açúcar está no fim. Pode passar no armazém do seu Ernesto e trazer um pacote?

— Sim.

Jurandir apanhou uns trocados e saiu. Já estava escuro, mas a noite estava agradável. O clima era perfeito para um passeio, uma brincadeira de rua. As crianças do quarteirão jogavam bola, pulavam corda, brincavam animadas. Os mais velhos estavam sentados em cadeiras confortáveis, alguns na calçada, outros na varanda.

Jurandir cumprimentou a todos. Uma das vizinhas o chamou:

— Venha cá.

Ele foi e ela perguntou:

— Eu vi Melissa sair de mala e cuia. Estava acompanhada por uma mulher que não conhecemos.

— É a madrinha dela — esclareceu.

— Hum. Ela vai ficar fora muito tempo?

— Vai, sim, senhora.

— Sei. E você? Vai aonde?

— A Penha pediu para eu ir ao armazém comprar açúcar. E também quero ver se já saiu o jornal da noite. Gosto de estar por dentro das notícias.

A mulher sorriu, embevecida. Achava — ela e todas as mulheres do quarteirão — Jurandir um homem fino, elegante e muito bonito. Um pão, como se dizia na época.

Ele viu uma menina, com cerca dez anos de idade, pulando corda. Conforme ela saltava, a saia levantava. Ninguém notava, pois estavam todos envolvidos na brincadeira. No entanto, os olhos de Jurandir cravaram as perninhas da garota. Ele mordiscou os lábios. Ficou tonto de prazer, mas pensou na filhinha e controlou os impulsos.

"Não. Eu consigo me controlar. Não preciso disso", pensou. Mas ouviu uma voz lhe perguntar:

— Por que se controlar? Vai deixar de brincar? Vai fazer o que com o desejo reprimido? Explodir?

"Não posso. Não quero.", respondeu Jurandir em pensamento.

— Bobagem. Você vai mudar de cidade. Ninguém mais vai saber de você. Aproveite. Encare como uma despedida — insistiu a voz.

Jurandir passou a língua pelos lábios. Sentiu as pernas fraquejarem e uma onda de prazer esquentar-lhe o corpo.

A senhora não percebeu e fez mais uma pergunta, contudo, nesse momento Jurandir já havia atravessado a rua e nem prestou atenção no que ela dissera. Ela cutucou o marido, na outra cadeira:

— Penha é uma mulher de sorte. Tem um homem que vale por mil. Nunca vi um esposo tão dedicado. Você bem que podia se espelhar nele.

— Eu?! Por que eu, uai?

— Porque você não levanta esse traseiro da cadeira por nada. Quantas vezes pedi para você ir até o armazém comprar...

Enquanto eles discutiam, Jurandir dobrava a esquina. A cabeça fervilhava com as cenas da garotinha pulando corda, a calcinha aparecendo... Nuvens escuras o envolviam.

Ele comprou o jornal e, quando ia entrar no armazém, viu outra garota, parecida com a que pulava corda, dobrando o outro quarteirão. Jurandir não comprou o açúcar. Pegou as notas e trocou-as por balas e chocolates.

Saiu do armazém a passos rápidos. Atravessou a rua e viu a menina subir no ônibus. Correu, fez sinal para o motorista e subiu. Pagou a passagem e sentou-se ao lado dela. Esperou um pouco e, com voz macia e jeitos milimetricamente estudados, ofereceu a ela as balas e os chocolates.

Enquanto a menina, sorriso cativante, apreciava os doces, Jurandir tinha em mente os pensamentos mais sórdidos e doentes.

"Hoje eu vou me dar bem", pensou, atormentado. "Só hoje. É a minha despedida."

22

Os dias passavam rápidos, divertidos e leves. Tudo era motivo de alegria. As meninas estavam sempre grudadas. Melissa ajudava nos afazeres domésticos, poupando a tia dos trabalhos pesados. Lina a auxiliava. À tarde, enquanto Lina estudava com Neide, Melissa e Eugênia folheavam as revistas que ela levara na bagagem.

— Olhe, tia. Essa é a nova Miss Brasil. Adalgisa Colombo.

— Linda.

— De morrer! — suspirou.

— Pena que você não pôde assistir ao evento pela televisão.

— Não tem problema. Ouvimos pelo rádio, e a senhora me comprou a edição especial da revista. Estou feliz do mesmo jeito. Foi como se eu tivesse assistido.

Eugênia folheou mais uma página. Melissa conhecia tudo e falava com naturalidade, explicando os concursos de beleza feminina, suas etapas, condições etc.

— Você gosta mesmo desses concursos?

— Adoro, tia. O meu sonho é poder participar de um concurso de miss.

— Como funciona?

Melissa explicou, com detalhes, todo o processo. Ao finalizar, Eugênia lançou nova pergunta:

— Por que não tenta o concurso do clube, na cidade?

— Porque esse tipo de concurso requer prática e habilidade, tia.

— Pode começar a treinar em concursos menores.

— Tio Aderbal não seria contra?

— Claro que não. Estamos falando de um concurso de beleza. Por que seria contra?

Melissa deu de ombros.

— É que lá em casa mamãe sempre disse que é uma atividade de moças sem juízo, coisa de mulher venal. Ela me chamou de pecadora e tudo o mais.

— Um concurso que enaltece a beleza não pode ser pecaminoso.

— Bom que a senhora pense diferente.

— Vamos esperar a aula acabar. Neide conhece o pessoal da cidade e poderá nos dar dicas.

A moça exultou de alegria.

— Eu ficaria muito feliz!

— Vamos fazer um bolo. Você me ajuda?

— Claro, tia. Será um prazer.

Passaram da varanda para a cozinha. As meninas terminavam a aula. Lina levantou-se e abriu um largo sorriso.

— Eu já sei ler sem tropeçar. Querem que eu leia?

— Sim — responderam Eugênia e Melissa, juntas.

Lina apanhou o livro e leu: "A Terra, o planeta que nós habitamos, é um astro. É um dos nove planetas do nosso sistema solar. Ocupa o terceiro lugar em afastamento do Sol, e o quinto, em tamanho".

— Leu sem derrapar! — exclamou Melissa.

— Está aprendendo direitinho — emendou Eugênia.

— Lina tem facilidade para aprender. Como tem gosto por geografia, estou ensinando-a a ler com este livro — apontou.

— Logo poderei ingressar no ginásio e depois cursar o científico.

— Não consegui trazer na bagagem os livros da escola que lhe prometi.

— Não tem problema, Melissa. A Neide comentou que a biblioteca da escola é pequena, mas tem bons livros. Poderei usá-los desde que cuide deles direitinho.

— Isso mesmo — apoiou Neide.

Eugênia as convidou:

— Nós vamos fazer um bolo de fubá.

— Preciso ir — disse Neide.

— Por favor, não vá. Fique — pediu Lina.

— Tenho de corrigir provas para a escola e depois me preparar para o atendimento no barracão.

— Eu queria dar uma palavrinha com você, Neide. Pode ser?

— Claro, Melissa. O que é?

— Eu gostaria de participar de um concurso de beleza. Se é que tem algum na cidade...

— Claro que tem. As inscrições começam semana que vem.

Melissa mordiscou os lábios, ansiosa. Eugênia interveio:

— Não disse que Neide conhece tudo e todos?

— Mais ou menos — tornou Neide, num gracejo.

— Eu preciso de uma professora que me ensine boas maneiras, me ensine a desfilar. Será que tem uma professora assim aqui na cidade?

— Tem.

— Quem é? — indagou Eugênia.

— Dona Leonor Pereira do Couto — respondeu Neide, prontamente.

— Dona Leonor? A que mudou para o casarão?

— É, sim.

— Por que daria aulas? — quis saber Eugênia. — Deve ter dinheiro. Bastante.

— Depois que o marido faleceu — redarguiu Neide —, dona Leonor descobriu que estava falida.

— Que pena!

— Um de seus filhos, Daniel, está em São Paulo. Fez a prova para o Banco do Brasil e está aguardando ser chamado para trabalhar. Nesse meio-tempo, está ajudando um amigo a concretizar a compra de um negócio. É um rapaz de boa índole, está empenhado em recomeçar do zero, tem garra e vontade de vencer na vida.

— Dona Leonor tem mais filhos?

— Duas filhas, dona Eugênia — assentiu Neide. — Eunice e Solange. As duas estão procurando emprego. Solange, no entanto, vai prestar concurso para preencher vaga na escola em que leciono. Ela se formou professora. Eunice está tentando uma vaga no hospital.

— Meninas esforçadas, pelo jeito — rebateu Eugênia. — Entretanto, eles não ficaram na miséria.

— Não ficaram na miséria, mas tinham um padrão de vida de gente bem rica, muito além do que podemos imaginar. É muito difícil adaptar-se com bem menos.

— Eu sempre vivi com tão pouco. Nunca reclamei — considerou Lina.

— Vivemos de acordo com o que acreditamos. Cada um é responsável por si e vai viver as experiências necessárias para aprimorar o espírito. Dona Leonor ficou durante anos presa aos conceitos rígidos

da sociedade. Mudou bastante sua maneira de encarar a vida, e seus filhos também estão tendo a oportunidade de ver a vida com outros olhos, dando outro sentido à jornada de cada um — completou Neide.

— Como pode? Ter tudo de mão beijada e de repente perder assim...

— São experiências para fortalecer o espírito, dona Eugênia. Quanto mais me deparo com essas situações, mais acredito em reencarnação.

— Difícil acreditar. Será mesmo? Tenho tantas dúvidas.

Neide aproximou-se e pousou a mão sobre o braço de Eugênia.

— No fundo, a senhora sabe que somos eternos e vivemos várias vidas. Por questões de crença, prefere não investigar, estudar e entender melhor as leis que regem a vida.

A modulação da voz de Neide estava levemente alterada. Lina sabia que ela estava com alguma presença espiritual, pois, quando Neide falava nesse tom, sentia-se um aroma floral no recinto.

— Dona Eugênia — acrescentou Lina —, a senhora não diz que, quando morrer, vai encontrar a Estela?

— Tenho fé que sim.

— Pois, então. A Neide tem me falado muita coisa bonita durante as aulas.

— Depois você também me ensina? — pediu Melissa.

— Claro — Neide voltou à mesa, abriu a bolsa, apanhou um exemplar de *O Livro dos Espíritos* e o colocou nas mãos de Melissa. — Leia. Este livro vai tirar muitas dúvidas que assolam sua mente e perturbam seu sono. Sei que passou por momentos difíceis, constrangedores. Você fez escolhas inteligentes, avançou etapas e procurou não passar mais pela dor. Venceu. Mas a vida só nos traz essas experiências para nosso espírito amadurecer.

Melissa não movia um músculo. Eugênia estava surpresa, pois nunca conversara com Neide sobre os problemas íntimos de família, somente os assuntos superficiais. Neide concluiu:

— Agora sua vida vai tomar outro rumo. Você vai ser muito feliz e vai realizar alguns sonhos.

Melissa segurou o livro e abraçou-a. Uma lágrima escorreu pelo canto do olho.

— Obrigada, Neide. Do fundo do meu coração.

— De nada, querida. Bom, mudando de assunto, eu vou conversar com dona Leonor sobre as aulas de boas maneiras e postura. Ao longo da semana, trarei as novidades.

Neide despediu-se de Melissa e Eugênia. Ao passar a mão sobre os cabelos de Lina, estremeceu. Teve uma visão. Respirou fundo, abriu e fechou os olhos.

— Minha querida, precisa ser firme em seus propósitos. Não se deixe levar pela vingança, tampouco pelo comentário maledicente dos outros. Esse tipo de sentimento distorce nosso senso de realidade e nos afasta do nosso objetivo de vida. Você é uma menina bonita, inteligente e tem tudo para vencer. Reflita sobre isso — falou, apanhou a bolsa, os livros e saiu.

Melissa sentou-se e folheou o livro. Lina moveu a cabeça para os lados.

— A Neide fala cada coisa sem nexo! E eu sou de me deixar levar pela vingança? Eu já vinguei a morte dos meus pais e do meu irmão. O Jurandir não vai mais atrapalhar a vida da Melissa. Não sei por que me deixaria levar pela vingança. De quê? Contra quem?

— Ainda é uma mocinha — ajuntou Eugênia. — Talvez Neide tenha lhe dado um recado para o futuro.

— Não entendi.

— Não tem problema — Eugênia riu. — Um dia vai lembrar. Agora que a senhorita já sabe ler, quer me ajudar a preparar o bolo?

— Sim, senhora.

— Pegue no armário um punhado de erva-doce. Vamos.

— Mãos à obra!

Neide estava saindo da escola quando encontrou Solange. Cumprimentaram-se e Solange disse, alegre:

— Fui aprovada!

— Que beleza!

— Começarei a lecionar no próximo semestre.

— Isso é muito bom. Parabéns!

— Obrigada.

— Noto uma leve preocupação em seu semblante.

— Não consigo esconder — Solange riu, nervosa.

— Não consegue. Você é um livro aberto, Solange. Suas energias são tão claras, tão transparentes. Não há como esconder o que sente.

— Isso é bom ou ruim?

— Nem bom nem ruim. Simplesmente é. Você não é de fingimentos.

— Meu irmão está de amizade com um rapaz que não tem boa índole. A energia dele não é boa. Tenho medo que Daniel se dê mal.

Neide fechou os olhos por um instante e, ao abri-los, falou com modulação de voz alterada:

— Não se envolva com assuntos que não lhe competem. Está pegando carga negativa dos outros de graça.

— Não é isso. É que eu conheço a fama do Luís Sérgio. Ele não tem caráter.

— Você o está julgando. Quem é você para julgar? Ele vai participar da *sua* vida? — enfatizou.

— Não, mas vai participar da vida do meu irmão. Eu me preocupo com Daniel.

— Seu irmão é bem crescidinho para cuidar de si mesmo.

— Mas se algo ruim vier a acontecer...

— Não acredita no poder de Deus? Agora tem que controlar tudo? Quem você acha que é? Só porque leu um punhado de livros sobre espiritismo e espiritualidade em geral acredita que pode resolver as dores do próximo e consertar o mundo? Que pretensão é essa, Solange?

— Não é isso.

— Claro que é. Cuide de si, dos seus pensamentos, do que sente. Preste atenção em seus sentimentos, não dê atenção aos pensamentos negativos, espante-os. Faça uma seleção dos pensamentos que chegam até sua mente e escolha ficar com os bons. Isso, sim, é o que lhe compete. Agora, preocupar-se com os outros, com o que vai acontecer, é querer ser Deus, ser a maravilhosa, ser a salvadora da família. Não queira ser mártir, senão você vai acabar como uma.

— Bom...

— Todo mártir acaba mal. Bem mal. É o que você quer?

— Não! — protestou com veemência. — Quero ser feliz.

— Então trate de cuidar da sua vida.

— E quanto ao meu irmão? Não devo alertá-lo?

— Alertá-lo de quê? Cada um é responsável por si. E vamos entrar fundo na frase de Émile Coué: *Todos os dias, sob todos os pontos de vista, eu vou cada vez melhor.*

— Tem razão. Estou lendo tanto, estudando tanto e, no fim das contas, colocando nada em prática.

— Pôr em prática requer muito treino e habilidade. É um exercício diário e constante, querida.

Solange fechou os olhos, soltou os braços e mentalizou a frase, pronunciando palavra por palavra. Depois, exalou profundo suspiro. Neide a levou até uma salinha vazia e ministrou-lhe um passe. Solange sentiu como se fosse tirada uma tonelada de seu corpo.

— Nossa! Estou me sentindo tão leve. Não imaginei que estivesse tão pesada.

— Mas estava. Meu guia está dizendo que suas formas-pensamento têm ficado muito densas porque se preocupa demais com os outros.

— Depois que passei a estudar sobre o mundo espiritual, senti a necessidade de proteger, de defender a minha família. Minha mãe e meus irmãos não entendem muito do assunto.

— E deu para ser a heroína que vai ficar sempre de prontidão para salvá-los de todos os males?

Solange baixou os olhos envergonhada.

— Tento fazer o meu melhor.

— O seu melhor é cuidar de si mesma.

— Isso é egoísmo.

— Não. Egoísmo é querer que os outros cuidem de você, que o mundo lhe dê atenção e lhe faça todas as vontades. Isso, sim, é egoísmo. Agora, cuidar de si, valorizar o que sente, ligar-se na luz e promover a paz interior é um dever e uma responsabilidade de cada um de nós. Se conseguir fazer uma pequena parte que seja deste trabalho, já estará dando um grande passo rumo ao seu crescimento espiritual.

Solange fez que ouviu e tentou defender-se:

— Eunice ficou muitos anos sofrendo com interferências espirituais negativas.

— Tudo aconteceu para que ela pudesse amadurecer e tornar-se mais forte. A vida não desperdiça oportunidades. Cada um passa por aquilo que precisa para livrar-se de crenças que atrapalham o crescimento e emperram a felicidade.

— Daniel está muito próximo de Luís Sérgio. Não gosto dessa amizade.

— Por que será?

— Já disse. A amizade de Luís Sérgio não é boa para meu irmão. Eu sinto.

— O que você sente é pessoal, não tem nada a ver com energia ruim.

— Claro que tem.

— Você é uma moça inteligente e lúcida, Solange. Sinto que é uma moça de bom coração, generosa e boa amiga. Entretanto, é humana, tem sentimentos e, bem sei, sentir-se desprezada não faz bem a ninguém.

Os olhos de Solange arregalaram num primeiro momento, depois embaciaram. Ela levou as mãos ao rosto e o cobriu, chorosa.

— Desculpe-me, Neide. Eu me faço de forte. Procuro ser uma moça inteligente, bem-humorada, alegre, boa filha, boa irmã. Meu coração anda em frangalhos e tentei ocultar esse peso preocupando-me com a família...

— Acreditando que, com a preocupação familiar, esse sentimento ruim iria dissipar-se.

— É.

— E ele não foi embora. Dá para perceber. É só olhar para a coloração de sua aura. Você tenta passar a imagem de uma moça alegre e bem resolvida, mas está triste e desiludida.

— Para mim, o amor não existe.

— Como não? Só porque recebeu um não de Luís Sérgio?

Solange arregalou novamente os olhos.

— Como sabe disso?!

— Não interessa. Está claro que a aversão que sente por ele é pessoal, é por despeito. Ele não é um rapaz de má índole. Simplesmente não quis cortejá-la, e você ficou tremendamente magoada e ferida em seus sentimentos.

— É verdade. Nunca fui tão humilhada em toda a minha vida.

— Não seja tão dramática. Luís Sérgio simplesmente não se sentiu atraído por você. Acontece. Você precisa entender.

— Levei um fora e ainda deveria entender? Essa é boa!

— Sim. Por que agora você tem de ser o centro das atenções?

Solange não respondeu de pronto. A respiração ficou entrecortada. De fato, Neide tinha razão. Luís Sérgio tinha lá seu jeito espertalhão de ser, gostava de tirar vantagens das situações, mas não era mau-caráter. Ela estava exagerando, iria rebater, porém, Neide prosseguiu:

— Você é igualzinha a Eunice.

— Jamais! Nunca seria igual a minha irmã!

— É sim. Igual. Por isso nasceram na mesma família.

Solange iria falar, mas Neide a cortou:

— Ocorre que Eunice é dramática e triste. Preferiu entregar-se à depressão e não reagiu. Deixou-se levar pelos caminhos tortuosos da obsessão, atraindo amigos infelizes que vibravam no mesmo teor energético que ela. Você reagiu na raiva, no ódio.

— É fato. Não deixo nenhum homem se aproximar de mim. Sinto raiva só de perceber que estou sendo cortejada.

— Porque acha que vai ser rejeitada novamente.

— Sim — Solange continuava chorosa.

— Esse é um padrão de defesa que você criou. Seu espírito atraiu Luís Sérgio para que pudesse fortalecer seu amor-próprio, sua autoestima. Qual é o problema de escutar um não? Por acaso você gosta de todas as pessoas que conheceu nesta vida?

— Não, claro que não! Tem pessoas com as quais me afinizo, outras não; tem gente por quem também não nutro simpatia alguma.

— Por que Luís Sérgio deveria gostar de você?

Solange não soube responder de pronto.

— Pense e reflita, querida. Não culpe o mundo por sua infelicidade. Assuma a responsabilidade por suas fraquezas e reaja. A vida está estimulando sua inteligência para que você se liberte das ilusões que distorcem a realidade e abra caminho para atingir a verdadeira felicidade.

— Não quero sofrer.

— Tudo depende do modo como você vê a vida. É só uma questão de interpretação. Leia mais, pesquise mais e peça ajuda para que amigos espirituais inspirem você a encontrar respostas que serenem seu coração.

— Prometo que vou fazer isso.

— Ótimo. Agora vamos. Tenho muita gente para atender hoje.

— Importa-se de eu ir com você ao seu barracão?

— De forma alguma. Será um prazer.

— Vou passar em casa e avisar. Você vem comigo? Aproveitamos e fazemos um lanche rápido.

— Está bem.

23

Na semana seguinte, Neide chegou com a boa-nova: dona Leonor estava disposta a dar aulas para Melissa.

— Estou muito feliz, mas também um pouco desanimada.

— Não entendi. Por que o desânimo?

— Porque — ela baixou o tom da voz — não tenho dinheiro.

— Podia pedir para dona Eugênia — interveio Lina.

— Não. Eu já moro aqui de graça. Ademais, tio Aderbal não tem tantos recursos.

— É verdade — ajuntou Lina.

— Você pode conversar com dona Leonor e oferecer algo em troca das aulas — sugeriu Neide.

— Como o quê? O que uma mulher tão refinada como dona Leonor vai querer de mim?

— Ora, dona Leonor perdeu praticamente toda sua fortuna. Foi obrigada a se desfazer de todos os seus bens e só lhe sobrou o imóvel aqui na cidade. Só tem uma empregada, embora o casarão precise de mais empregados, porque é grande demais. Ione já está com certa idade e não consegue dar conta de tudo.

— Eu não tenho medo de trabalho — respondeu Melissa. — Faço qualquer coisa para me tornar mais culta, mais refinada. Será que dona Leonor aceitaria que eu fizesse faxina na casa dela, ajudasse a empregada, em troca das aulas?

— A minha intuição diz que sim — tranquilizou Neide. — Mas vou adiantar o assunto com ela hoje à tarde. Tudo bem assim?

Melissa abraçou-a.

— Não tem ideia de como fico feliz. Quando poderemos ir até lá para conversar?

— Dona Leonor pediu que você fosse conversar com ela amanhã, às dez da manhã.

— Eu sei onde fica o casarão. Estarei lá no horário.

— Que bom! Dona Leonor não gosta de atrasos. Se chegar na hora marcada, vai ganhar pontos.

— Eu posso ir junto? — indagou Lina.

— Receio que não — respondeu Melissa, voz triste. — Melhor você ficar aqui e ajudar a madrinha. Afinal, tio Aderbal não tem passado muito bem.

— Ele precisa procurar um médico. Urgente — avisou Neide. — Há um espírito aqui, em forma de mulher, que me pede para lhes dizer isso. Seu Aderbal precisa ir ao médico, caso contrário, o corpo físico dele não vai suportar.

Lina levou a mão à boca, e Melissa deu um passo para trás.

— Está dizendo que tem um espírito aqui? — quis saber, olhando para os lados.

— Sim.

— E fala dessa maneira?

— De que maneira?

— Ora, Neide. Para você, parece que é tudo tão natural.

— E é. Você não começou a ler *O Livro dos Espíritos*?

— Dei uma folheada.

— Leia com atenção. Verá que não há nada de anormal em acreditar na existência dos espíritos. Ao contrário, só ajuda a esclarecer uma série de fenômenos que a ciência ainda desconhece. Ainda haverá um tempo em que o assunto será tratado de maneira totalmente natural.

— Tenho medo.

— Por quê?

— Medo de ser perseguida, de puxarem a coberta da cama, por exemplo.

Neide sorriu.

— Não há razão para ter medo. Os vivos são mais perigosos. Os mortos podem, obviamente, incomodar-nos com suas energias, boas ou ruins. Das duas, uma: ou você vai sentir boas sensações, ou mal-estar. Mais nada.

— Eu também tenho mais medo dos vivos — interveio Lina. — Conheci gente muito ruim neste mudo.

Neide sentiu pequena tontura. Percebeu uma coloração escura atrás de Lina. Imediatamente pediu para as meninas lhe darem as mãos. Em seguida, fez uma oração. A nuvenzinha escura sumiu e, quando abriram os olhos, Melissa perguntou:

— O que aconteceu?

— Nada — respondeu Neide. — Fiz uma oração para melhorar a energia do ambiente — e, virando-se para Lina, tornou, séria: — Não guarde rancor no coração. O que passou passou. Se viveu situações desagradáveis, foi porque o seu espírito precisava dessa experiência para crescer. Perdoe seus inimigos.

Lina estremeceu e permaneceu muda. Pensou nos dois homens que fora obrigada a matar para sobreviver. Neide prosseguiu:

— Você se defendeu, fez o seu melhor. Como ainda é radical e tem atitudes extremistas, atraiu uma situação de vida ou morte, bem extrema, em que não havia alternativa senão matar ou morrer. Caso contrário, não

estaria aqui, agora. Pense: a morte não é o fim, e eles não entendem direito o que aconteceu. Um deles, muito perturbado, acredita piamente que você é a culpada pela infelicidade dele. Ainda se encontra em um nível de entendimento muito pequeno da vida. A melhor maneira de ficar longe dessas energias é praticar o perdão, o desapego. Liberte-se do passado. Você agora está em outra etapa, vivendo outras experiências, interagindo com outras pessoas. Abençoe a sua vida e tudo ficará melhor.

Lina fez sim com a cabeça, e Melissa apertou sua mão, como a lhe transmitir forças.

— Coragem, amiga. Estou do seu lado.

— Sim — respondeu Lina, acabrunhada. — Não quero mais me lembrar das coisas tristes que aconteceram. É que elas ficam presas na minha cabeça. Vira e mexe, aparecem e me atormentam.

Neide prosseguiu:

— Seja mais forte. Você precisa dominar a sua mente, não o contrário. Este é um dos grandes exercícios que a reencarnação nos proporciona. Aprenda a ser dona das suas vontades.

— Tem razão — concordou. — Saí do sertão sem eira nem beira. Sobrevivi e fui acolhida com carinho por um casal que me trata como filha. E ainda ganhei uma irmã — disse emocionada, olhando para Melissa.

— Pense nessas coisas boas que a vida lhe deu — concluiu Neide. — Quando pensamos no bem e permanecemos no bem, o mal não pode nos alcançar. Não há como. As energias são tão distintas como óleo e vinagre. Não se misturam — ela consultou o relógio e despediu-se: — Preciso ir. Lina, não deixe de resolver as equações, e Melissa, por favor, chegue na hora.

As duas fizeram sim com a cabeça. Neide foi embora, e Melissa indagou:

— Você ainda tem raiva *daqueles* homens?

— Um pouco.

— Ainda sinto raiva do Jurandir. Por que é tão difícil perdoar quem nos fez mal?

Lina não respondeu. Abraçaram-se e foram continuar suas tarefas. À noite, quando elas se deitaram, fizeram suas orações. Disseram boa-noite uma para a outra e adormeceram.

No meio da madrugada, Lina desprendeu-se do corpo. Abriu os olhos perispirituais e viu Maruska com outro espírito ao lado da cama. Sorriu e levantou-se.

— Maruska! Que saudades!

Abraçaram-se. Maruska apresentou o amigo:

— Este é Estêvão, um amigo de Melissa.

Lina o cumprimentou e, ao tocarem as mãos, ela sentiu um choquinho. Puxou a mão para si.

— Ui!

— É a emoção do reencontro — tornou Estêvão, emocionado.

— O seu rosto não me é estranho — observou Lina.

— Estêvão mantém a aparência de duas vidas atrás — considerou Maruska. — Foi uma encarnação que o marcou positivamente.

— Por quê? — quis saber Lina. — Você não foi feliz na última vida?

Ele meneou a cabeça negativamente:

— Não. Não fui. Cometi muitos desatinos e tento minimizar os danos da minha desatenção. Eu deveria ser mais firme com pessoas queridas e não fui — explicou, enquanto seus olhos pausavam sobre o corpo adormecido de Melissa, na outra cama.

— Você gosta da Melissa, né?

— Gosto. É um amor diferente, fraternal, puro, incondicional — Estêvão falava tentando ocultar a emoção. Reencontrar Lina havia lhe despertado emoções havia muito adormecidas. Sentia também grande carinho por ela.

— Passei o dia sentindo um peso estranho. Estou com algum problema?

— Não — respondeu Maruska.

— Alguém que não gosto está ligado em mim?

Estêvão pigarreou e elucidou:

— Há um espírito que tenta se aproximar para influenciá-la de maneira negativa.

— Só pode ser um dos homens que... — ela não concluiu.

— Não importa, por ora — aquiesceu Estêvão. — Precisa fortalecer seu pensamento no bem para afastar essas energias ruins.

— Só isso?

Ele riu.

— Ficar ligado apenas no bem é um trabalho árduo para o encarnado. O planeta está cheio de energias densas, formas-pensamento negativas que rondam o ambiente, esperando o momento certo para influenciar as pessoas.

— Qual é o momento?

— Quando ficamos com raiva, tristes, magoados ou chateados. Tudo o que faz você se sentir mal é porta aberta para essas energias atrapalharem seu corpo mental. Não aceite essas ideias negativas. Empurre-as de sua mente. Diga: "Este pensamento não é meu". Defenda-se, oras.

Maruska interveio:

— Haverá mudanças, logo mais.

— Que mudanças? Boas ou ruins?

— Mudanças, simplesmente. Você é que irá classificá-las como boas ou ruins. Tudo depende da maneira como enxergamos os desafios que a vida nos impõe. A sua vida vai mudar, assim como a de Melissa.

— Não gosto de mudanças.

— Não adianta gostar ou não gostar. A vida trabalha independentemente de nossos gostos. Os desafios são impostos para o nosso crescimento. Só lhe peço que não se deixe levar pela conversa dos outros. Ouça sempre o seu coração, em primeiro lugar. Será que consegue compreender?

— Sim. Sei que ouvir a mim mesma é um grande exercício. Em todo caso, vou me lembrar disso ao acordar?

— Por certo. Não toda nossa conversa, mas haverá sensações que vão inspirá-la a tomar as melhores decisões. Agora eu e Estêvão precisamos ir.

— Já?

— Logo vai amanhecer. Está na nossa hora.

Despediram-se e, ao tocar a mão de Estêvão, Lina sentiu novo choquinho. Eles riram, ela voltou à cama e deitou-se. Maruska passou delicadamente a mão sobre a testa de Melissa. Estêvão abaixou-se e sussurrou no ouvido dela:

— Querida, não tenha medo. Tudo vai dar certo. *Doveriye zhizn'.*

— Isso mesmo — sorriu Maruska. — Confie na vida — repetiu as mesmas palavras, agora em português.

Beijaram-na e partiram.

24

Na manhã seguinte, Lina despertou e, ao abrir os olhos, sentiu tremendo bem-estar. Levantou-se, aproximou-se da cama de Melissa e cutucou-a com delicadeza.

— Hora de acordar.

Melissa revirou-se na cama, bocejou e esfregou os olhos.

— Já?

— É cedo, mas hoje é um dia especial. Você vai à casa de dona Leonor. Não está ansiosa?

Melissa abriu os olhos e sentou-se. Enquanto se espreguiçava, falou:

— Olha, eu tinha certeza de que demoraria para pegar no sono. E tinha também certeza de que acordaria louca para levantar da cama e me arrumar para o primeiro encontro. Contudo — ela passou a mão na testa —, é estranho...

— O que é estranho?

— Eu me sinto tão calma, tão serena. É como se toda a ansiedade tivesse sido arrancada do meu corpo. Sabe, sonhei com um moço bonito. Ele passou a mão na

minha testa e disse para eu não ter medo. Que tudo ia dar certo. Para eu confiar na vida.

— Eu não me lembro de ter sonhado. Ontem senti o corpo pesado, cansado, mas acordei bem, estou me sentindo disposta. Você vai à casa de dona Leonor, e eu vou ajudar dona Eugênia com o almoço. Tem um monte de roupa para lavar e passar.

— Neide vem a que horas?

— Depois do almoço.

— Vai dar tempo de lavar as roupas?

— Claro. Ainda é bem cedinho. Depois do café, vou terminar a lição de casa. Agora precisamos arrumar um vestido bem bonito — Lina pensou e abriu o guarda-roupa. Havia um vestido com estampa florida. Ela o apanhou: — Este vestido é perfeito. O que acha?

— Não sei — Melissa hesitou. — É da Estela.

— Não! — Lina desfez a confusão. — Este é de dona Eugênia. Você já está com corpão de mulher — Melissa riu — e os vestidos de Estela não lhe servem mais. Ainda servem para mim, mas para você, não.

— Não sei se a madrinha vai gostar.

— Vamos perguntar. Não custa nada.

— Tem razão.

Elas fizeram a toalete e foram para a cozinha. Eugênia e Aderbal ainda não haviam acordado. Procuraram manter silêncio. Melissa preparou o café. Lina foi ao barracão separar as roupas. Acendeu o fogo, preparou as roupas brancas para fervura. Voltou à cozinha e Eugênia estava à mesa.

— Bom dia!

— Bom dia, Lina. Acordaram cedo.

— Temos muito o que fazer hoje, dona Eugênia. A Melissa vai sair logo mais e...

Eugênia a cortou:

— Não gosto dessa ideia.

— Por quê, tia? — indagou Melissa, enquanto coava o café.

— Porque não acho certo. Você vai ser empregada de dona Leonor?

— E o que é que tem? — ela deu de ombros. — Ela vai me ensinar uma porção de coisas.

— Eu conversei com Aderbal ontem à noite. Ele concorda que paguemos uma pequena quantia, ou que a gente ofereça produtos aqui do sítio, leite, coalhada fresca, ovos, verduras, legumes...

— De jeito maneira, tia. Sou jovem e não tenho medo, tampouco vergonha, de trabalhar, seja no que for. Vou aprender uma porção de coisas, vou ser independente, ganhar dinheiro e vou ampará-la, sempre.

Eugênia emocionou-se com o carinho:

— Vocês duas são como filhas para mim.

— Sabemos disso — observou Melissa.

— Dona Eugênia — interveio Lina —, podemos pegar aquele seu vestido florido que está no guarda-roupa da Estela para a Melissa usar?

— Claro! Mas será que cabe? Melissa é bem mais esbelta.

Melissa mordiscou os lábios.

— Tia, não quero dar trabalho.

— De forma alguma. Você trouxe poucas roupas de casa.

— Eu tenho outros dois vestidos que nunca usei — tornou Eugênia. — Não tenho o corpo lindo que você tem, mas, se precisar fazer ajustes, a Lina costura como ninguém.

— Isso é. Eu sou bem rápida. Ajusto num minuto!

— Obrigada pelo apoio, Lina.

Melissa levou o bule fumegante até a mesa e beijou Eugênia na bochecha.

— Madrinha, não sei como agradecer.

— Não disse que vai me amparar? Pois, então!

Caíram na risada. Aderbal entrou sorridente:

— Qual é a piada?

— Nada, tio. Assuntos de meninas!

Ele as cumprimentou e se sentou.

— Melissa, vou ter de sair para fazer uma entrega e apanho você às nove e meia para irmos até a casa de dona Leonor. Pode ser?

— Sim, senhor. Estarei pronta.

Passava das nove quando Aderbal encostou a caminhonete e correu até a casa. Lina finalizava os ajustes do vestido que Melissa usaria. Eugênia terminava de pentear Melissa. Ele entrou na cozinha e gritou:

— Eugênia, venha já! A sós, por favor.

Melissa borrifou um perfume suave no colo e nos pulsos.

— Por que tio Aderbal chamou só a senhora?

— Deve ser assunto de adultos — comentou Lina.

— Estranho — observou Melissa. — Eles nunca conversaram escondidos da gente.

Lina deu de ombros.

— Vamos terminar de preparar você para o encontro. Quero que fique bem bonita para impressionar dona Leonor — falava, com um alfinete nos dentes, enquanto terminava de fazer um último ajuste na cintura de Melissa.

— Está bem.

— Depois, quando voltar, você me conta tudo?

— Claro que conto.

— Conta tudo mesmo, Melissa? Não me esconde nada?

Melissa riu.

— Não. Não vou esconder nada. Pode deixar. Agora abra aquela gavetinha e pegue um pó para eu passar mais um pouco no rosto.

Eugênia saiu apressada até o barracão.

— O que foi, querido? Por que essa cara? Aconteceu alguma coisa?

— Aconteceu! Você nem imagina o quê.

— Com essa cara, deve ter acontecido algo grave. Você não fica vermelho à toa.

— O Hermes, lá do cartório.

— O que tem ele, Aderbal?

— Não sei ao certo. Parece que logo cedo um funcionário pegou no sono, o cigarro escorregou pelos dedos e... o cartório pegou fogo.

Eugênia levou a mão à boca.

— Santo Deus! Como ele está?

— Sofreu muitas queimaduras.

— O estado dele é grave?

— Parece que não corre perigo. Mas... — ele fez uma longa pausa, suspirou e tornou: — Uma boa parte dos documentos foi queimada.

— Quer dizer...

Ele baixou o tom de voz:

— Nunca fomos buscar a certidão de óbito de Estela.

— Sempre protelei. Fiquei dois anos enrolando você. A culpa foi minha — tornou Eugênia, num choramingo.

Aderbal abraçou-a.

— De forma alguma estou aqui para culpá-la, minha querida. Não.

— Não? Não está bravo comigo?

— Não. A dor ainda é muito grande. Eu também não sei se conseguiria olhar para um atestado de óbito com o nome de nossa filha ali escrito.

Eugênia afundou o rosto no peito do marido.

— Oh, Aderbal. E agora? Não sei como vamos fazer.

— Por certo, com o tempo, farão outra. Entretanto, Eugênia, isso me levou a pensar...

— Em quê, querido?

Aderbal estava um tanto constrangido, mas, ainda abraçado a Eugênia, disparou:

— Vai ficar difícil conseguir uma certidão para Lina. Eu estava pensando aqui com os meus botões numa alternativa bem simples.

— Quer que Lina use a certidão de Estela, é isso?

Ele fez sim com a cabeça.

— É crime, Aderbal. Lina não pode se passar por uma pessoa que já morreu. É falsidade ideológica.

— Eu sei. Eu sei. Por outro lado, se não temos a certidão de óbito e não a requerermos novamente... — ele hesitou —, Lina pode usar a certidão de nascimento, sim. E a foto da cédula de identidade, bem, ninguém dá importância para a foto, não é mesmo? Depois, lá na frente, posso levar Lina até o órgão de Segurança Pública de outro Estado e tirar uma nova cédula de identidade. Ninguém vai saber, ninguém vai questionar.

— Como não? Sei que os cartórios não se comunicam entre si; sei que, se quiser, Lina pode levar a certidão de nascimento de Estela e tirar uma cédula de identidade em cada Estado. Mas as pessoas aqui na cidade conheceram Estela. Como faremos?

— Precisaremos manter segredo, por enquanto. E, se levarmos mesmo este plano adiante, teremos de ir embora. Mudar daqui.

— Preciso pensar melhor. E, pelo que consta, Lina é dois anos mais jovem que Estela.

— Dois anos é pouco. Ninguém duvidaria se Lina dissesse que vai completar dezesseis. Catorze ou dezesseis, a diferença é pouca.

Eugênia moveu a cabeça para os lados.

— Não sei. Não acha melhor a gente esperar?

— Por quê? O cartório vai levar um bom tempo para voltar à normalidade. A reforma talvez leve anos, se quer saber. Não pensamos em adotar Lina?

— Pensamos. Seria o caminho legal.

— No entanto, precisaríamos fazer uma escritura pública e, mesmo assim, precisaríamos de, ao menos, ter a certidão de Lina. Eu teria de voltar àquela cidade. Não quero mais pôr os pés lá. Não depois de tudo o que aconteceu.

Aderbal sentiu o corpo estremecer. Eugênia o abraçou com força.

— Você não teve culpa de nada. Eu praticamente o obriguei a ir até aquele fim de mundo, atrás do que acreditei ser nossa mina de ouro. Foi um equívoco.

— Ou equívoco foi ver aqueles homens matando uma família e não poder fazer nada? O remorso me corrói e...

Eugênia levou o dedo até os lábios do marido, silenciando-o.

— Não diga mais uma palavra, Aderbal. Não quero mais que toque neste assunto. Nunca mais.

— Se passar a usar os documentos de Estela, Lina poderá ser nossa filha. De maneira direta.

— É contra a lei.

— Não estamos fazendo nada de mal. Não estamos prejudicando ninguém, muito pelo contrário. Queremos ajudar Lina. É o mínimo que posso fazer depois de...

Eugênia levou novamente o dedo até os lábios dele.

— Pare de tocar neste assunto! — ela baixou o tom e rilhou os dentes de raiva. — Imagina se Lina escuta um dedo desta conversa? Imagina o que pode acontecer?

— Não. Nem quero imaginar. Ela não iria entender.

— Pois bem. Pare de falar sobre isso.

Eugênia afastou-se e se recompôs. Aderbal perguntou:

— Vamos, ao menos, pensar na possibilidade de Lina *virar* Estela?

— Não sei. Vou acompanhar você e Melissa até a cidade.

— Por quê?

— Quero que me deixe na igreja. Vou rezar. Pedir à minha Nossa Senhora da Conceição para me dar uma luz, me inspirar a tomar a decisão mais acertada.

— Ao menos vai considerar?

— Claro que vou. Lina já está conosco há meses. Precisamos tomar providências.

Aderbal abraçou e beijou Eugênia com ternura.

— Obrigado.

Eugênia sorriu.

— Preciso terminar de ajeitar as coisas. Lina vai ficar sozinha. Não quero que Melissa se atrase.

Eugênia voltou para a cozinha. Melissa estava pronta, aguardando.

— Demoraram, hein, tia? O que conversavam?

— Coisas minhas e de seu tio.

— Nunca foram de segredos.

— Todos nós temos segredos.

— Quanto mistério! — brincou Lina.

— Não tenho tempo para gracinhas. Vou à cidade com Melissa e Aderbal.

— Também quero ir — pediu Lina.

— Não. Você fica para adiantar o almoço.

Lina fez cara de poucos amigos. Melissa beijou-a no rosto.

— A Neide virá depois do almoço para lhe dar aulas, e eu chegarei no fim da tarde com um monte de notícias. Não fique chateada.

— Não gosto de ficar sozinha.

— São só algumas horas — tornou Eugênia, enquanto apanhava a bolsa sobre a mesinha na sala e ajeitava os cabelos no espelho do corredor.

— Está bem. Prometo que vou segurar a ansiedade.

Aderbal chegou à porta da cozinha e levou a mão ao peito.

— O que foi? De novo as dores?

— Um pouco. Cansaço.

— Já disse que precisamos consultar um médico. Até a Neide falou que você tem de ir atrás de um.

— Nada de médico. Estou bem. Um pouco cansado. Vamos, estamos atrasados.

— Se eu dirigisse, poderia ir e levar Melissa.

— Não. Eu quero levar Melissa e conversar com dona Leonor. Quero saber com quem nossa afilhada vai conviver.

— Pelo que já soube lá das frequentadoras da igreja, dona Leonor é uma mulher fina e educada.

— Não interessa. Não importa. Quero ter um dedinho de prosa com ela. Mais nada.

— Está certo. Depois do encontro, podia tentar uma consulta com o médico.

Aderbal fez não com a cabeça e um gesto solto com a mão. Os três despediram-se de Lina e entraram na caminhonete.

Enquanto Aderbal dava partida, Lina indagou:

— Os lençóis já estão quarando, dona Eugênia. O que preparo para o almoço?

— Por favor, querida, vá até o quintal e apanhe um punhado de alecrim para temperar o frango. Hoje poderá ser arroz, salada e frango ao molho, temperado com alecrim.

— Alecrim? Como ele é?

Eugênia sorriu e apontou para a horta.

— Está vendo aqueles ramos bem verdinhos ao lado dos pés de alface?

Lina fez sim com a cabeça.

— É alecrim. Pode apanhar um punhado de galhinhos.

Aderbal acelerou. Lina fez tchau com a mão, sorriu e caminhou para o jardim.

Ao abaixar-se, sentiu pequeno mal-estar. Passou a mão sobre a testa e notou o suor escorrendo pelo rosto.

— Nossa, que tontura! Deve ser o sol. Está bem forte.

Enquanto apanhava os galhinhos de alecrim, Lina sequer poderia imaginar que o espírito de Olério estivesse próximo, despejando nela toda a sua carga energética de ódio.

— Você me tirou do mundo dos vivos. Agora eu vou tratar de trazê-la para o mundo dos mortos. Pode apostar.

25

Eunice estava feliz. A mudança de cidade, de ares, fizera-lhe enorme bem. O rosto estava mais corado, a pele ganhara viço, ela sorria. É, Eunice sorria. E tinha um lindo sorriso. Saía amiúde, caminhava pela redondeza e conseguira um trabalho de meio período no hospital perto de sua casa. Ia a pé, andava apenas algumas quadras.

Já fizera amizade com alguns vizinhos e gostava de passar pela igreja de vez em quando. Não era assídua frequentadora, mas sentia-se bem lá. Gostava do silêncio, do murmúrio das orações, das mulheres com véus, rosários, tercinhos, missal nas mãos. Apreciava os jovens namorados que entravam só para ficar de mãos dadas durante as missas, sentados nos últimos bancos, procurando disfarçar a emoção e fingir que prestavam atenção às palavras do padre.

Naquela manhã, ao chegar ao hospital, percebeu uma movimentação diferente na recepção. Deu de ombros. Afinal, era um hospital, onde coisas boas podiam acontecer, como um nascimento ou uma cirurgia bem-sucedida, ou coisas não tão agradáveis, como dor e morte.

Como de costume, Eunice foi até o vestiário, colocou seu avental e não notou a cara amarrada de uma das enfermeiras.

— Bom dia.

— Só se for para você, Eunice.

— O que foi, Ester?

— Não soube?

— O quê?

— O cartório da cidade pegou fogo agora cedo. Não ouviu o barulho de sirene, de nada?

— Não notei. Percebi as pessoas mais agitadas, mas não pensei que...

Ester a cortou:

— Um funcionário morreu.

Eunice levou a mão à boca.

— Sério?

— É. Foi tentar pegar uns documentos antigos, certidões, sei lá. Mas aspirou tanta fumaça que não resistiu. Outros dois foram para a enfermaria. Um está meio inconsciente. Não sei se vai partir desta para a melhor. O outro sofreu queimaduras leves, mas passa bem. Estava levando essa gaze para terminar o curativo e...

O médico entrou nervoso:

— Ester, o paciente inconsciente está precisando de atendimento urgente. Preciso de você imediatamente lá na enfermaria.

— Eu ia fazer o curativo no paciente que se queimou.

Ele encarou Eunice e respondeu:

— Deixe que a novata faça. É só um curativo. Venha comigo. Rápido.

Ester entregou a gaze, o estojo com mercúrio e outros apetrechos para Eunice. Enquanto corria atrás do médico pelo corredor, avisou:

— O paciente está no segundo quarto à esquerda. A porta está entreaberta. O nome dele é...

Eunice não ouviu. E também nem precisava. Só havia dois quartos à esquerda do corredor. Se era o segundo, não tinha como errar. Ela ajeitou o coque — aprendera a arrumar os cabelos em coque, pois davam melhor aspecto para executar o serviço —, arrumou a caixinha e foi até o quarto. Bateu levemente e entrou.

O homem estava com o rosto virado para o lado oposto. A parte que Eunice podia ver estava queimada, em carne viva. Ela fez uma expressão de dor e sentiu compaixão.

— Bom dia. Eu vim no lugar da Ester para fazer o curativo.

— Dói muito.

A voz era rouca, cansada, triste. Eunice sentiu um aperto no peito. Seria pela voz rouca ou...

Não deu tempo de pensar. Ele voltou o rosto para ela. Ambos arregalaram os olhos e, surpresos, gritaram ao mesmo tempo:

— Hermes?!

— Eunice?!

Ela largou a gaze, o estojo, deixou o vidro de mercúrio espatifar-se no chão.

— Não pode ser! Não pode ser! Você?

Eunice deu um grito histérico e saiu apalermada pelo corredor do hospital. O coque se desfez e, descabelada, ganhou a rua e correu, correu até sentir que os pulmões fossem explodir e o coração, saltar pela boca. Olhou para a esquina e viu a Imaculada Conceição.

Com lágrimas nos olhos, tremendo feito folha ao vento, entrou na igreja e correu até cair aos pés do púlpito. Chorou convulsivamente.

Eugênia, que acabava de entrar, correu até o altar.

— Meu bem, o que aconteceu?

Demorou para Eunice concatenar os pensamentos. Quando o choro diminuiu, olhou para Eugênia e sibilou, entre soluções:

— O passado voltou para me atormentar!

Depois de deixar Eugênia próximo da igreja e quase atropelar uma doida que cruzava a rua sem prestar atenção por onde passava, Aderbal estacionou a caminhonete na calçada.

— Viu que mulher mais doida?

— Não sei, tio. Parecia mais desesperada do que doida.

— Será?

— Ela foi na direção da igreja. Acho que estava desesperada mesmo.

Aderbal deu de ombros e nada disse. Ao descerem do carro, Melissa notou uma senhora no degrau da varanda.

— Quem é aquela? — perguntou baixinho.

— Deve ser a empregada.

— O senhor a conhece?

— Não.

Caminharam, passaram pelo portão e chegaram aos degraus. Ione os cumprimentou. Estendeu a mão:

— É seu Aderbal, não?

— Sim. Prazer.

— Olá. Sou Ione — ela falou e encarou Melissa. Sorriu. — Neide falou muito bem de você, mocinha. Dona Leonor quer muito conhecê-la.

— Estou um pouco insegura.

— Não precisa ficar. Dona Leonor é uma mulher sofisticada, mas não morde. Não é arrogante, tampouco prepotente. Tenho certeza de que vai gostar muito dela.

— Espero.

— A Neide disse que você é uma moça simpática. Devo admitir que também é bem bonita.

— Obrigada.

— Vamos entrar, por favor.

Ione abriu a porta e entraram no jardim de inverno. Em seguida, abriu outra porta, que dava para um hall bem amplo. Melissa olhou ao redor. Mesmo com a tinta gasta nas paredes, o ambiente era sofisticado, decorado com bom gosto. Ela abriu um sorriso e elogiou:

— Os móveis são muito bonitos. Que casa agradável!

— Procuramos manter a alegria no ambiente.

Melissa gostou da resposta.

Ione fez um sinal para outra porta. Aproximou--se, bateu levemente e abriu.

— Dona Leonor? A moça está aqui.

Leonor tirou os óculos, colocou-os sobre a mesa do escritório. Levantou os olhos e sorriu. Havia se preparado com esmero para aquela primeira aula. Nem acreditava que ela, uma dama que só se preocupara em cuidar da casa, do marido e da educação dos filhos — como se isso já não fosse um grande trabalho —, agora estava dando aulas!

Nesse dia, prendera os cabelos em um belíssimo coque. Usava um vestido azul-marinho, de corte reto, e um colar de pérolas. A maquiagem estava bem discreta, o perfume era delicado. Os olhos grandes, negros e enigmáticos chamaram a atenção de Melissa.

"Ela é uma dama. De verdade", pensou.

— Bom dia.

— Bom dia, dona Leonor — replicou Aderbal.

Leonor levantou-se e foi até eles.

— Como vai o senhor?

— Bem, obrigado. Vim trazer minha afilhada pessoalmente porque queria saber com quem teria aulas.

— Titio! — protestou Melissa.

— Seu tio tem razão — observou Leonor. — No lugar dele, eu faria o mesmo. Uma joia como você, tão bela, tão linda, não pode ser levada a qualquer lugar.

Aderbal agradeceu com um aceno. Melissa corrigiu:

— Aqui não é qualquer lugar.

— Eu sei. Você agora sabe. Mas quem poderia garantir? Seu tio fez isso na melhor das intenções.

Era o que Aderbal precisava escutar. Sentiu segurança e gostou muito da sinceridade de Leonor. Era uma mulher muito fina, naturalmente elegante, mas não era arrogante, como as damas da sociedade, as poucas, diga-se de passagem, que conhecera na vida. Ele se adiantou e se despediu:

— Bom, deixo Melissa em boas mãos. Preciso voltar aos meus afazeres. Também tenho um amigo que se acidentou no incêndio do cartório e...

Leonor comentou, entristecida:

— Eu soube do incêndio. Uma tristeza. Soube que um funcionário morreu.

— É. Uma pena. Agora preciso ir.

Aderbal despediu-se.

Melissa beijou o tio, e Ione o acompanhou até a saída.

— Eu voltarei no fim do dia, conforme o combinado.

— Sim, senhor. É só encostar a caminhonete e entrar pelos fundos. A porta da cozinha está sempre aberta. Se Melissa ainda estiver em aula, eu lhe preparo um café.

— É muita gentileza. Até mais ver. Tenha um bom dia.

— Igualmente.

Ione rodou nos calcanhares e voltou para seus afazeres. Aderbal saiu de lá com uma ótima sensação.

— Bom — disse para si —, agora preciso ir até o hospital visitar meu amigo Hermes, saber como ele está.

Na saleta, Leonor mediu Melissa de cima a baixo, de maneira elegante e discreta.

— Seja bem-vinda, Melissa.

— Obrigada, dona Leonor.

— Bonito nome. É de onde?

— Nascida e criada em Belo Horizonte.

— Hum. E o que veio fazer nesta cidade?

— Ajudar meus padrinhos — ela respondeu rápido. — Não gosto de ver tio Aderbal e tia Eugênia sozinhos no sítio.

— Bonito de sua parte. Neide disse que eu iria gostar de você. Acertou.

— Eu queria muito conhecê-la. E aprender. Estou muito ansiosa, gostaria de saber o que vou aprender de fato.

— Tudo que seja relacionado a boas maneiras. Um curso de etiqueta.

— Acompanhei alguma coisa pelas revistas.

— As revistas mostram pouco. Eu vou lhe mostrar bem mais!

Leonor foi até a estante e apanhou um livro bem grosso. Trouxe-o e mostrou:

— Muito do que vou ensinar está aqui.

Melissa apanhou o volume pesado e leu.

— Está escrito em inglês.

— Eu o traduzo para você. É o livro de etiqueta de Amy Vanderbilt. Um clássico. Eu fui ao evento de lançamento, com meu finado marido. Foi a última viagem que fizemos ao exterior. Parece que foi ontem — ela suspirou resignada. — Como eu poderia imaginar que, depois de alguns anos, ficaria sem um tostão?

— A senhora esteve em Nova York?

— Sim. Foi lá que comprei este livro de etiqueta. Fiz muitas viagens para os Estados Unidos, para a Europa. Também conheci o Marrocos e o Egito.

Os olhos de Melissa brilharam emocionados.

— Adoraria conhecer todos esses lugares.

— E poderá conhecê-los. Garanto que terá tempo e, se Deus quiser, dinheiro, para conhecer lugares lindos espalhados por este planeta abençoado.

— A senhora fala de um jeito tão sereno. No seu lugar, eu estaria desesperada.

Leonor deu de ombros.

— E o que fazer? Emílio meteu os pés pelas mãos, fez maus negócios. Eu não o culpo. Afinal de contas, o dinheiro era dele. Da família dele, quero dizer. Depois que veio a lei fechando os cassinos, passei um bom tempo revoltada. Imagine ficar viúva, perder seus bens, ver seu patrimônio ser corroído, os amigos sumirem, os credores baterem à porta e o oficial de Justiça tomar a casa onde você viveu toda uma vida. Jamais poderia imaginar que estivéssemos na bancarrota. Posso ter perdido o dinheiro, mas jamais perderei a classe — ela falou e piscou para Melissa.

— Seu marido nunca conversou com a senhora a respeito da real situação financeira?

— Não era costume. Emílio nunca quis discutir os problemas financeiros conosco. Em casa, ele só queria ser esposo e pai.

— Adoraria conhecê-lo — disse Melissa.

Leonor apontou para uma tela em óleo na parede, atrás da escrivaninha.

— Este é meu finado marido, Emílio Pereira do Couto.

Melissa aproximou-se para ver a pintura com mais clareza.

— Perdão, mas seu marido foi um homem muito bonito.

— Devo concordar com você. Emílio passava e as mulheres suspiravam — acrescentou entre risos. — Esta pintura foi feita logo que casamos.

— Gosto do tom de sua voz. Fala de maneira cadenciada. Parece estar sempre de bem com a vida. E olhe que, pelos problemas que já enfrentou, deveria estar arrancando os cabelos.

Leonor riu.

— Já quis arrancá-los, se quer saber. Emílio me deu três filhos maravilhosos. Eunice, Daniel e Solange. Eunice veio logo depois do nosso enlace. Três anos depois veio Daniel e, dez anos depois, uma grata surpresa: fiquei grávida de Solange.

— Adoraria conhecê-los.

— E vai. Eunice e Solange moram comigo. Estão trabalhando. Daniel fez prova e foi chamado para preencher vaga em um banco, lá em São Paulo. Está também ajudando um amigo a organizar um escritório de contabilidade que acabou de arrendar. É um rapaz dedicado, que não tem medo de trabalho. Como vê, não posso reclamar dos meus filhos. E ainda tenho Ione, que está comigo há vinte anos. É praticamente membro da família.

— Ione é muito simpática. Mas, como disse anteriormente, a senhora transmite muita paz.

— Porque passamos por problemas mais sérios do que a perda financeira. Num momento oportuno, você saberá o que aconteceu com nossa filha Eunice. Por conta dos problemas que ela enfrentou, fomos obrigados a nos abrir para o conhecimento espiritual. Em São Paulo, minha caçula Solange passou a frequentar um centro espírita e fizemos amizade com o dirigente desse centro. Ele nos indicava livros, vinha em casa de vez em quando, conversávamos bastante sobre espiritualidade.

— Da mesma forma que Neide tem ensinado a mim, talvez.

— Deve ser. Conheci Neide logo que me mudei para cá. E sei que nada é por acaso. Neide já me disse coisas muito semelhantes às que Orlando me dizia em São Paulo.

— Orlando...

— Orlando, o dirigente do centro espírita — tornou Leonor. — Por meio de conversas edificantes, comecei a entender como a vida funciona de fato. Entendi muita coisa que aconteceu comigo, com minha família. O conhecimento da espiritualidade arrancou-me o véu das ilusões, libertando-me das amarras do ódio, das mágoas. Hoje não culpo ninguém pelo que aconteceu. Estou aqui, viva, pronta para aprender, para recomeçar e aprender. Só tenho um pouco de dificuldade em acompanhar a modernidade. É televisão, satélite, construção da nova capital...

— Mesmo assim, é uma mulher de fibra. Nobre. Uma verdadeira dama. E, se quer saber, gostei muito de conhecê-la, dona Leonor — confessou Melissa.

— Também gostei de você, menina. Agora que nos conhecemos, quer começar?

— Mas já?

— Por que não? Combinei com seu tio para vir apanhá-la no fim do dia. Temos bastante tempo.

— Gostaria de saber o que vou fazer em troca das aulas.

— Isso eu lhe explico depois — Leonor piscou para ela. — Vamos para a saleta de estudos, aqui ao lado.

Ione apareceu, e Leonor perguntou:

— Melissa, aceita uma água, um café?

— Uma água, por favor.

Leonor pediu:

— Ione, traga a água e, por favor, nos chame para o almoço quando for meio-dia e meia, sim?

— Sim, senhora.

Ela se voltou para Melissa e a puxou delicadamente pelo braço:

— Venha, minha menina. Vou ensiná-la a ser mais que uma miss, mais que uma manequim. Vou ensiná-la a ser uma dama. Uma verdadeira lady.

— É tudo o que mais quero, dona Leonor.

26

Eugênia a custo levou Eunice até o banco da primeira fila. Algumas pessoas afastaram-se, outras fizeram o sinal da cruz. Eugênia meneou a cabeça de forma negativa.

— Nem mesmo dentro de um templo sagrado essas pessoas têm um pingo de piedade ou compaixão. Quanta hipocrisia!

Uma senhora aproximou-se:

— Precisa de alguma coisa?

— Parece que a moça teve um destempero. Só isso.

— Estou melhor — Eunice conseguiu dizer, por fim.

Eugênia fez um sinal de agradecimento e a mulher se afastou. Eunice encarou Eugênia:

— Desculpe-me. Fiz uma cena.

— Não precisa desculpar-se. O que mais quero é que fique bem.

— Já estou bem. Preciso voltar ao trabalho.

— Nesse estado? Nem pensar! Precisa ir para sua casa, recompor-se. Amanhã poderá voltar ao trabalho.

— Não avisei meu chefe, ninguém. Saí feito uma doidivanas do hospital. Poderei até ser demitida.

— Não creio. Você deve ter tido uma boa razão para ter feito o que fez. Tudo se resolve, e amanhã será um novo dia.

As palavras de Eugênia a tranquilizaram. Eunice abraçou-se a ela.

— Obrigada. Nem a conheço, mas confesso que a senhora caiu do céu.

— Imagine. Não caí de lugar algum. Estava aqui pertinho mesmo. Meu marido quase a atropelou. Você parecia bem desorientada.

— Sabe, eu fiquei mesmo. Esperei por este reencontro tanto tempo, treinei no espelho, fiz leituras, conversei mentalmente com ele, mas, ao reencontrá-lo, tomei um susto. Foi um choque. Fiquei sem palavras, a boca travou, as palavras sumiram, o sangue gelou...

Eugênia percebeu que Eunice falava de um rapaz. Foi discreta.

— Não precisa dizer nada. Você é jovem, ainda tem muita coisa para viver.

— Não sou tão jovem assim.

— Nem precisa me dizer sua idade. As mulheres não gostam de revelar — as duas riram. — Mas você tem um rosto tão bonito, uma pele tão suave, alva, sedosa.

Eunice sorriu e mostrou os dentes brancos e perfeitos.

— Bondade sua.

— Gostaria de tomar um refresco?

— Adoraria. Não queria chegar em casa neste estado — Eunice ajeitou os cabelos, prendendo-os novamente em coque. — Nem nos apresentamos. Meu nome é Eunice.

— Prazer, querida. Eu sou Eugênia.

— A senhora é daqui da cidade?

— Não. Sou de Uberlândia, depois vivi em Belo Horizonte. Casei-me, mudei para cá, tive uma filha... — Eugênia consultou o relógio. — Aderbal, meu marido,

virá me buscar daqui a pouco. Moramos num sítio aqui pertinho da cidade. Não gostaria de passar a tarde conosco? Aderbal vai precisar voltar à cidade para pegar nossa afilhada, que está estudando.

— Sabe que seria uma ótima ideia?

— Importa-se de andar em uma caminhonete velha? Você tem jeito e porte de moça fina.

Eunice riu.

— Fui criada e educada no luxo, dona Eugênia. Entretanto, minha família perdeu tudo e tivemos de recomeçar do zero. Como vê, estou trabalhando. Eu moro no casarão perto da praça.

Eugênia colocou o dedo no queixo.

— Espere um pouco... Você é filha da dona Leonor?

— Sou. Por quê? A senhora a conhece?

— Não, mas é uma grande coincidência!

— O quê?

— A minha afilhada está estudando com sua mãe!

— Não me diga! A jovem que ia começar a ter aulas de etiqueta hoje é sua afilhada?

— Sim. A Melissa.

— Nossa, mas este mundo é muito pequeno...

Saíram da igreja feito duas comadres, amigas de longa data. Aderbal já esperava Eugênia na esquina. Quando a viu, reconheceu a moça. Espantou-se. Eugênia fez uma expressão com os lábios que ele já conhecia e apresentou:

— Aderbal, esta é Eunice, filha de dona Leonor.

— Prazer. Nossa afilhada está estudando com sua mãe.

— Dona Eugênia me falou. Que coincidência!

— Eunice vai almoçar conosco, querido.

Aderbal nada entendeu. Iria fazer uma pergunta, mas Eugênia foi rápida e o beliscou no braço. Ele entendeu o

recado e fechou o bico. Eunice nada percebeu e entrou feliz na caminhonete. Aderbal deu partida e seguiram para o sítio.

Chegaram. Eugênia foi mostrar o jardim e a horta para Eunice.

Lina perguntou a Aderbal:

— Quem é aquela moça?

— Filha da dona Leonor.

— A mesma dona Leonor que está dando aulas para a Melissa?

— É.

— Por que ela está aqui?

— Não faço a mínima ideia, Lina. Pergunte a Eugênia.

Aderbal falou e voltou à caminhonete. Precisava retornar à cidade. Despediu-se da esposa e das moças com um aceno e acelerou.

Lina deu de ombros. Estava cansada, com enjoo. Eugênia entrou na cozinha e apresentou Eunice a Lina. Elas se cumprimentaram, e Lina sentiu mais cansaço ainda.

Eugênia olhou ao redor. Lina não tinha feito absolutamente nada.

— O que ficou fazendo enquanto estávamos fora?

— Hã? O quê?

— Lina, o que está acontecendo?

— O... quê?

Eunice sentiu um frio na espinha e percebeu a presença de um espírito. Apressou-se em dizer:

— Dona Eugênia, a senhora é católica, né?

— Sou.

— Por acaso, acredita em espíritos?

— Por que está me perguntando isso?

Antes de Eunice responder, Lina desfaleceu.

Por sorte, Neide tinha acabado de chegar. Enquanto Eunice batia levemente no rosto de Lina para que acordasse, Eugênia declarou, aflita:

— Ela desmaiou de repente.

— Ela já vai se levantar — afirmou Neide, voz firme. Em seguida, olhou para a frente, fixou um ponto e ordenou: — Afaste-se dela imediatamente!

Uma luz saiu do peito de Neide e juntou-se a outra luz que vinha do alto, cruzando o teto da cozinha, formando uma bola de luz que ofuscava a visão do espírito preso a Lina. Ele deu um salto e rilhou os dentes:

— Esta luz me queima, mas não vai durar muito tempo. Daqui a pouco eu volto, maldita! — resmungou e disparou para fora.

A luz foi se desvanecendo, Lina abriu os olhos e Eunice a apoiou sobre as pernas.

— Como se sente?

— Estou um pouco tonta, sentindo mal-estar.

— Você se alimentou pouco no café da manhã. Comeu quase nada.

— Não é isso, dona Eugênia. Estou sentindo essa moleza desde que saíram. Quando fui apanhar os raminhos de alecrim na horta, comecei a passar mal.

Neide e Eunice trocaram um olhar significativo. Eugênia prosseguiu, ainda sem entender:

— Será que é porque as regras vieram? É natural que sinta indisposição *nesses* dias — enfatizou.

— Não. Não é isso. Antes, à noite, eu sonhava com uma mulher bonita, que me visitava e me falava belas palavras. De uns tempos para cá, não me recordo do que sonho e acordo com quebradeira pelo corpo todo. Hoje até acordei bem, mas depois que peguei o alecrim, senti uma moleza esquisita. É como se o meu corpo fosse tomado por uma força estranha, pesada.

— Acho que um bom chá de capim-santo vai ajudar.

Eugênia levantou-se, saiu da cozinha e atravessou o barracão, passando pelo espírito desorientado. Sentiu

um calafrio, passou as mãos pelos braços, fez sinal negativo com a cabeça.

— Impressão minha. Tudo bobagem.

Alcançou a horta e apanhou um punhado de folhas para o chá. Enquanto isso, a dor de cabeça de Lina aumentava. Ela não percebia, mas o espírito de Olério, do lado de fora, tentava lhe sugar as energias vitais.

— Já disse — vociferou ele, colérico. — Você vai vir para cá. Vai ficar doente e vai morrer. E sabe quem vai ser o anjo da morte que vai lhe dar as boas-vindas? Eu! — Olério soltou uma gargalhada que ecoou pelo ambiente. Lina não escutou a gargalhada, mas sentiu o mal-estar aumentar. Eunice percebeu a energia, e Neide *ouviu* a risada sinistra.

— Estou surpresa de vê-la aqui, Eunice.

— Depois conversamos, Neide. Não imagina o que me aconteceu hoje. Mas, agora, precisamos ajudar esta menina.

— O que eu tenho? — indagou Lina, confusa.

— Nada de mais, meu bem — acalmou Neide. — Vamos fazer uma oração juntas?

— Vamos.

As três deram-se as mãos e fizeram uma prece. A conexão energética entre Olério e Lina fora novamente interrompida. Ele gritou lá de fora:

— Malditas!

E, antes de dar nova investida, sentiu uma força sugá-lo para baixo da terra. Olério nem teve tempo de gritar por socorro. Sumiu.

Neide, em pensamento, agradeceu ao guardião que acabava de chegar.

— Esse é o meu trabalho — respondeu ele, voz soturna, batendo continência. — Estarei aqui vigilante. Se precisar de mais alguma coisa, é só chamar pelos guardiões.

— Obrigada.

Eugênia entrou com as folhas nas mãos, e elas terminaram a oração. Lina estava mais corada.

— Como se sente? — perguntou Eunice.

— Bem melhor. Pelo menos não estou mais enjoada.

Eugênia colocou a chaleira com água para ferver.

— Deite-se um pouco na cama — sugeriu.

— Isso mesmo — reforçou Neide. — Vou lhe aplicar um passe.

Eugênia levantou o sobrolho, mas nada disse. Neide pediu:

— Eunice, preciso de você.

— De mim?

— Sim. Tem uma boa mediunidade.

— Sofri tanto com a obsessão...

— Por isso mesmo. Aprendeu bastante. Leu, entendeu e está mais forte. Você é médium de incorporação.

— Eu?!

— Sim. Não se espante. Todos nós somos.

Eugênia prestava atenção e mordiscava os lábios, curiosa.

— Não acham melhor levar a menina até o quarto? O chá está quase pronto.

— Vamos — disse Neide.

Lina saiu amparada por ela e Eunice.

Eugênia já havia dado abertura para o conhecimento espiritual, mas estava achando tudo muito fantasioso. Claro que, depois da morte de Estela, passara a questionar a vida e a morte. Não aceitava mais determinados conceitos e queria entender o porquê de sua filha não estar mais convivendo com ela e o marido. Uma lágrima escorreu pelo canto do olho. A saudade veio forte.

— Como é duro ficar longe de você, filha. Como dói.

Uma brisa suave tocou-lhe o rosto. Estela, em espírito, sussurrou-lhe:

— A certeza de que a vida continua depois da morte é o melhor remédio para quem perdeu alguém que ama.

Era como se Eugênia estivesse conversando consigo mesma:

— Eu não consigo aceitar.

— Mamãe, não aceitar só traz dor e sofrimento. A morte é irreversível. Todos nós passaremos por ela. Faz parte da vida no planeta. Todos os seres vivos vão ter de passar pela morte, não tem como escapar. A morte só fecha um ciclo e inicia outro melhor. Não se esqueça: aceitar o que não se pode mudar traz calma e renovação, serena o coração.

— Estou cansada de chorar.

— Não chore. Pense em mim com alegria. Eu estou bem. Só estou em outra dimensão. Aqui é o nosso verdadeiro mundo. Depois de um tempo, quando seu espírito estiver amadurecido e tiver passado pelas experiências que desejou, você voltará para cá e poderemos nos reencontrar. E estaremos mais fortes, mais lúcidas, mais felizes, porque avançamos etapas, conseguimos vencer e nos desfazer de crenças, dissabores, inimizades que somente atrapalhavam o nosso crescimento.

Eugênia acalmou-se e lembrou-se de Estela com alegria. Imediatamente, viu-a pequenina, brincando ali na cozinha, arrastando uma boneca pelos braços, rindo, enchendo a casa de alegria. Eugênia sorriu.

— Fomos tão felizes!

— Ainda somos. A morte não é o fim. A vida continua, mamãe. Agora vá viver, cuidar mais de si, enfrentar seus medos, vencer suas fraquezas, aprender a ser feliz. É para isso que reencarnou.

Estela a beijou e instintivamente Eugênia levou a mão até a testa.

— Eu ainda a amo, minha filha — declarou, num murmúrio.

— Eu também a amo, minha amiga.

Estela despediu-se e, rodopiando o vestido florido, saiu cantarolando. Atravessou a cozinha, piscou graciosamente para o guardião e sumiu no horizonte.

O guardião sorriu, mas logo voltou a ficar sério. Dois sentinelas brotaram do solo com Olério. Ele estava algemado e berrava feito um louco:

— Não podem me prender. É desumano!

— Olha só, chefe — disse um, com voz anasalada, bem fanho. — O pobrezinho aqui está se passando por vítima.

O guardião ordenou:

— Podem levá-lo para dentro. A sessão vai começar.

— Que sessão? — indagou Olério, apreensivo.

— Vamos — tornou o de voz anasalada. — Hora de espetáculo!

27

Aderbal entrou no quarto. Uma enfermeira terminava de fazer os curativos em Hermes.

— Pronto. Voltarei mais tarde. Com licença.

Ela saiu, e Aderbal aproximou-se da cama.

— Como está, meu amigo? Passou o susto?

— Sim. O Mendes está lá no meio dos escombros, e o Reginaldo foi dar apoio à família do Elias. Vou custear velório, tudo.

— Foi uma tragédia.

— A gente se recupera.

— Está com uma cara...

— É a queimadura. Pelo jeito, vai ter de se acostumar com esse novo rosto — desdenhou Hermes.

— Ora, isso tem conserto. Você poderá fazer uma cirurgia, um remendo. Há bons cirurgiões em Belo Horizonte. Mas noto diferença em seu olhar.

— Se eu contar, promete que manterá segredo?

— O que foi? Somos amigos. E eu sou de dar com a língua nos dentes?

Hermes fez sinal, e Aderbal apanhou uma cadeira. Sentou-se ao lado da cama.

— Conte-me. O que aconteceu?

— Reencontrei a mulher da minha vida. Lembra que lhe falei um pouco sobre ela outro dia?

— Aquela por quem você quase deixou Doroteia?

— Essa mesma.

— Nossa! Ela apareceu aqui? Está internada no hospital?

— Trabalha aqui no hospital.

— Que coincidência, Hermes! Como você nunca a viu antes? Ela não era de São Paulo?

— Era. Eu fiz de tudo para esquecê-la, procurei ocultar o que ia em meu coração. Juro que várias vezes tive vontade de ir atrás dela. Fiquei temeroso. Já havia causado muita desgraça na vida dessa moça. Então não a procurei. E hoje cedo, quando a vi, senti um choque, fiquei sem ação. Ainda bem que estava deitado porque, se estivesse em pé, talvez as pernas falseassem e eu caísse no chão.

— Ela ainda mexe com você?

— Nossa! E como! Foi como se o tempo não tivesse passado. O meu amor por ela parece que está mais forte. Não tenho dúvida: Eunice é a mulher da minha vida.

Conversaram bastante. Hermes contou tudo, desde quando conhecera Eunice em São Paulo, quando era médico. Falou sobre a paixão, o envolvimento, a tentativa de separação e a doença da esposa, o rompimento com Eunice.

— Foi tudo muito ruim. Eunice não acreditou em mim. Disse que eu estava mentindo, que inventei a doença de Doroteia.

— Ela soube que você ficou viúvo?

— Sim. Ocorre que eu não queria mais me dar a chance de ser feliz. Acreditava que eu tinha matado Doroteia.

— Como assim?

— Doroteia foi definhando, e eu me senti culpado. Depois que ela morreu, fiquei com crise de consciência. Eu afastei Eunice da minha vida. Fui um tolo, isso sim. Logo depois do nosso rompimento, ela, muito magoada e ferida em seus sentimentos, pediu demissão do hospital e envolveu-se com um professor. Eu não quis mais atrapalhar. Achei que ela havia encontrado a felicidade. Eu também larguei tudo, achei melhor esquecer e vim para cá. Nunca mais nos vimos. Até hoje.

— E, ao vê-lo hoje, qual foi a reação de Eunice?

— Não foi das melhores. Ao me ver, deu um passo para trás, deixou cair a gaze, o vidro de mercúrio. Saiu feito louca. Parecia ter visto uma assombração.

— Vai ver ainda está magoada com você.

— Eu gostaria tanto de explicar tudo o que aconteceu comigo, falar do meu remorso...

— Bom, a minha afilhada está tendo aulas de etiqueta com dona Leonor, mãe de Eunice.

— Será que poderia interceder por mim, Aderbal? Eu tenho tido uma vida tão triste nos últimos anos, tão sem sal... agora que revi Eunice, descobri por que minha vida andava tão sem sentido, por que os dias eram sem graça e arrastados.

— Você ainda a ama!

— Sim.

— Hermes, meu amigo, eu torço por sua felicidade. Conte comigo para ajudá-lo no que for preciso.

— Obrigado, Aderbal. É um bom amigo.

***

No casarão, Melissa passou um dia adorável. No começo, ficara tímida, mas Leonor, com jeito doce e voz cadenciada, aproximou-as e, aos poucos, Melissa foi se soltando, a ponto de desejar não mais ir embora dali.

Ela sorvia cada palavra de Leonor, observava atentamente seus gestos elegantes, sua postura sempre ereta, a tonalidade da voz. Começou a aprender etiqueta, boas maneiras e até um pouco de inglês. Leonor lhe dava um livro e orientava:

— Isso. Coloque-o sobre a cabeça. Ande com elegância, sem deixá-lo cair.

Melissa tentava, tentava. O livro escorregava e caía.

— Difícil.

— Mas não impossível. Você pode.

— Tem razão — ela respondia e começava tudo de novo. Voltava à ponta da sala e colocava o livro sobre a cabeça.

— Mais uma vez. Isso. Olhe o andar, seja elegante. Olhe para a frente. Seja graciosa.

E assim passaram a manhã. Ao meio-dia e meia, em ponto, Ione as chamou para o almoço. Era bem trivial, básico, pois não havia dinheiro para misturas, digamos, mais elaboradas ou sofisticadas. Mesmo assim, Ione colocou a toalha de linho branco sobre a mesa, utilizou a louça inglesa e os talheres de prata. As taças para água eram de cristal. Tudo finíssimo.

— Perdemos o dinheiro, mas jamais perderemos a sofisticação — ressaltou Leonor, com certo ar zombeteiro.

— Estou adorando, dona Leonor. É um mundo novo para mim.

— O nosso espírito gosta das coisas belas. Tudo o que é bonito vibra em nossa alma.

— Tem razão.

— Neste primeiro dia, vamos aprender sobre os grandes compositores de música clássica.

— Por quê?

— Para apurar os ouvidos. A boa música também acalenta a alma. As notas musicais, quando bem combinadas, produzem indescritível sensação de bem-estar. A música, assim como as artes em geral, é um alimento para o espírito. Sem arte e beleza, o espírito endurece.

— Gosto das músicas cantadas, como samba-canção e marchinhas de carnaval.

— A música, cantada ou apenas tocada, faz bem, pois o que importa é a melodia. Eu tenho preferência por sinfonias ou óperas. Sou fã de um violino.

Almoçaram, e Leonor indicava o jeito certo de segurar os talheres, a maneira correta de levar o talher à boca, como se servir de maneira elegante, como colocar o guardanapo sobre o colo etc. Melissa nem comeu direito. Prestou atenção em tudo, em cada detalhe, fascinada com tanta elegância, bom gosto, delicadeza e beleza. Nunca vira uma mesa tão bem-arrumada em toda a vida.

— Na minha casa sempre usamos toalha de plástico e pratos feios, rachados. Os copos eram de geleia. Não havia graça alguma.

— Não importa se o copo era de geleia ou de cristal, mas se a mesa estava bem-arrumada. Só isso. É sempre nos detalhes que precisamos pôr atenção. É uma florzinha aqui, um arranjo ali, uma toalha bonita, coisinhas simples. As pessoas acreditam que é necessário muito dinheiro para chegar à sofisticação. Não. Muito pelo contrário. A sofisticação está nos pequenos detalhes, nas pequenas coisas. São elas que fazem a diferença. Nunca se esqueça disso.

— Pode deixar, dona Leonor. Jamais me esquecerei.

Terminaram a refeição, levantaram-se, e Leonor foi até a vitrola. Colocou um disco e logo o som delicado

encheu o ambiente. Leonor indicou o sofá à frente e fez sinal para Melissa se sentar. Em seguida orientou:

— Feche os olhos e escute.

Melissa assentiu. Sentou-se, acomodou-se entre duas almofadas, fechou os olhos.

— Não pense em nada. Deixe a música envolvê-la.

Melissa sentiu um arrepio prazeroso pelo corpo. Sorriu e, ao término da música, abriu os olhos embaciados.

— Que sensação maravilhosa! Que música linda!

— Sabia que você ia gostar.

— Senti como se ela estivesse vibrando por todo o meu corpo, proporcionando-me indescritível sensação de bem-estar.

— Quem é o compositor?

— Hum, dona Leonor. Eu li naquela coleção que a senhora me mostrou logo cedo, mas agora não me recordo. Mal comecei e já recebi tanta informação! Espere... deixe-me lembrar.

— Ele nasceu na cidade de Eisenach, na Turíngia.

Melissa espremeu os olhos para se lembrar.

— É um compositor alemão. Johann Sebastian Bach. Acertei?

— Sim. Parabéns!

— Que som precioso! Como pode... uma música tão antiga tocar meu coração?

— Porque a música, a poesia e outras formas de expressão artística, como a pintura, por exemplo, não têm idade.

— A senhora conheceu Eisenach?

— Sim. Emílio gostava de história e queria conhecer a cidade onde Martinho Lutero passara a infância, embora não tivesse nascido lá.

— Quero aprender muito, mas muito mais. E conhecer o mundo todo. Quero ir a Eisenach, Frankfurt, Berlim...

— Viajará e aprenderá o que for preciso. Cá entre nós, tem certeza de que quer mesmo ser miss ou manequim?

— Por que a pergunta, dona Leonor?

— Porque eu quero saber se você *acha* que quer ou porque sua alma *anseia* verdadeiramente por isso.

— Não sei como refletir a respeito.

— Pois reflita. Há outras maneiras de você se destacar nesse mundo do glamour. Pode se tornar manequim, desfilar para os grandes costureiros.

— Nunca pensei nessa possibilidade.

— Pois pense. Obviamente, ao se tornar uma miss, vencer um concurso de beleza, naturalmente as portas do glamour se abrirão para você. Contudo, será que é isso mesmo o que quer? Será que não se apegou a esse desejo para fugir da vida que tinha?

Melissa lembrou-se da mãe, do padrasto, das situações humilhantes por que passara nas mãos de Jurandir. Mordiscou os lábios nervosa.

— Não sei, dona Leonor. Nunca pensei nisso.

— Ou nunca quis pensar.

— Por favor — ela implorou —, não quero parar de aprender. Mesmo que consulte meu coração e não queira ser miss, estou adorando este dia. Estar ao seu lado me causa tremendo bem — finalizou, emocionada.

Leonor sorriu e abraçou-a com ternura:

— Não vou deixar de ensiná-la. Pode ter certeza. Também gostei muito de sua companhia. Não pensei que fosse gostar tanto de ensinar. No meio desta mudança pela qual estou passando, a sua presença também me acalma e me faz esquecer os problemas.

Melissa abraçou-a forte.

— Obrigada, dona Leonor. Confesso que nunca pensei realmente se queria ser miss. Foi uma maneira

de sonhar, pensar em sair de casa e viver no mundo mágico dos artistas, dos famosos, de viajar pelo mundo.

— Não precisa ser miss para conhecer o mundo.

— Não?

— Não. Basta estudar, aprender, esforçar-se para ser independente. Nunca deixe de ser independente. Se eu tivesse aprendido essa lição antes, com certeza não estaria vivendo nessa penúria.

— A senhora nunca trabalhou?

— Não. No meu tempo, as mulheres eram criadas unicamente para se casar e ter filhos.

— E estudar?

— Estudar o necessário para ler nos saraus. Ou estudar piano para entreter os convidados após um jantar. Mais nada. Claro que eu tive conhecidas que avançaram e seguiram outros caminhos. Eu escolhi, como a maioria, me casar, ter filhos, ser mãe e esposa.

— E perdeu quase toda a fortuna.

Leonor sorriu resignada.

— Perdi, mas estou viva e nunca me senti tão útil na vida. É bom usar os potenciais latentes da alma. Eu não sabia que tinha facilidade para ensinar.

— A senhora é uma professora nata. Deveria abrir uma escola.

— Abrir uma escola? — Leonor riu.

— Sim. Não uma escola convencional, mas uma escola que pudesse ensinar etiqueta, boas maneiras. Infelizmente, só meninas ricas têm direito a aprender, ou já nascem com essas regras. Nós, que não temos acesso a essas coisas, ficamos a ver navios.

Leonor sorriu.

— Vou pensar com carinho na sua ideia.

— Ainda é jovem.

— Obrigada pela delicadeza.

— E pode ter novamente um mundo mágico a seus pés.

— Eu vivi no mundo mágico. Hoje quero viver no mundo real, mas com leveza e magia. Se quer saber, é você quem faz o mundo mágico. Sua vida pode ser maravilhosa, mesmo sem o espocar das luzes das câmeras. Você não precisa ser famosa para ser feliz.

— Eu me sinto feliz em estar ao seu lado e viver com meus padrinhos. Adoro a Lina.

— Você precisa trazer essa menina aqui qualquer dia.

— Posso mesmo?

— Pode.

— Nossa, Lina vai adorar. Ela queria vir hoje, mas era a primeira aula, primeiro encontro, achei melhor não trazê-la.

— Traga-a quando quiser.

Continuaram a conversa animadas. O resto da tarde, passaram com a leitura do livro de etiquetas de Amy Vanderbilt. Leonor fez a leitura e a tradução de alguns trechos. Melissa absorvia cada ensinamento sem piscar, tamanho interesse.

Passava das cinco da tarde quando Solange entrou na sala. Leonor fez as apresentações:

— Solange, esta é Melissa, minha primeira aluna de etiqueta — ela sorriu e beijou Melissa no rosto. — Melissa, esta é minha caçula, Solange.

— Como vai?

— Muito bem. Nossa — Solange tirou o casaquinho. — Hoje foi um dia cansativo na escola. Estou exausta — ela se jogou no sofá e perguntou: — Onde está Eunice?

— Já deveria ter chegado — observou Leonor.

— Tio Aderbal já deveria estar aqui. O dia voou.

— Passou rápido — considerou Leonor.

— E agora, como faço?

— Semana que vem, mesmo horário.

— Sim, mas como presto o serviço? Não fiquei de pagar com trabalho? — interrogou Melissa.

— Isso veremos na semana que vem. Ainda estou pensando em que função você vai se encaixar melhor.

Ione entrou na sala:

— Seu Aderbal está estacionando o veículo na porta.

— Faça-o entrar — pediu Leonor.

— Não será necessário. Eu já estou de saída — avisou Melissa.

— Ele vai entrar. Tem alguma coisa estranha.

— Por que diz isso, Ione? — indagou Solange.

— Porque a Eunice veio junto com ele e está dentro da caminhonete.

As três olharam-se sem nada entender.

28

Eugênia recuperou-se da emoção. Recompôs-se, despejou o chá em uma xícara e caminhou em direção ao quarto. Bateu e entrou.

— Pronto. Beba este chá. Cuidado, está bem quente!

Lina acomodou-se na cama e apanhou a xícara fumegante com as duas mãos.

— Cuidado, já disse. Está muito quente, querida.

Ela fez sim com a cabeça e bebericou.

— Está com expressão diferente, dona Eugênia.

— Depois quero conversar com você, Neide, sobre o que me aconteceu na cozinha.

Neide já sabia e sorriu.

— Sim, senhora. Depois que tratarmos de Lina, conversaremos.

Eugênia pousou a mão sobre a testa da menina.

— Está um pouco quente. Acho que está com febre.

— A sensação de mal-estar ainda persiste — ajuntou Eunice.

— Vamos ter de iniciar a sessão — considerou Neide.

— Não estou entendendo — observou Eugênia.

— Sabe, dona Eugênia, a Eunice é médium de incorporação.

— Ainda não entendo bem dessas coisas.

— Ela tem a capacidade de emprestar, digamos, o corpo para que os espíritos possam se manifestar.

Eugênia arregalou os olhos. Se fosse em outros tempos, teria feito o sinal da cruz e colocado todas para correrem dali. Mas seu espírito já fora sensibilizado pela visita da filha, mesmo que Eugênia, conscientemente, não tivesse notado. Ela só estranhou e indagou:

— O que isso tem a ver com Lina, pelo amor de Deus?

— Acontece — interveio Eunice, voz suave, porém firme — que Lina está sendo assediada por um espírito. Eu sei bem o que ela está passando! É por isso que não está bem.

— Como é possível? Ela é só uma mocinha!

— O corpo físico é de uma mocinha, mas o espírito é eterno. Sabe-se quantas vezes ela já reencarnou? Impossível precisar. Contudo, há um espírito de homem que a atormenta.

— Minha Nossa Senhora da Conceição! O que fazer? Uma sessão de exorcismo?

— Não é necessário, dona Eugênia — tornou Eunice. — Só precisamos estar neste quarto, e a senhora pode participar, se quiser.

Eugênia sentiu uma compulsão, e a boca falou sem pensar:

— Quero. Eu fico. O que tenho de fazer?

— Rezar. Isso a senhora sabe fazer bem, não sabe?

— E como sei!

— Pois, então, quando eu fizer um sinal, a senhora vai fechar os olhos e rezar com fé. Muita fé.

— Está bem. Contem comigo.

— Deixemos a luzinha do abajur acesa — pediu Neide, enquanto fechava as cortinas e deixava o quarto com pouca luminosidade.

— Dona Eugênia, pode trazer uma cadeira da cozinha?

— Sim.

Ela saiu e voltou rapidinho. Eunice pegou a cadeira, colocou-a próximo dos pés da cama e sentou-se. Neide foi até Lina e disse:

— Feche os olhos, querida.

A menina obedeceu e ela lhe aplicou um passe magnético de limpeza. O corpinho de Lina estremecia e o suor escorria em sua fronte. Neide pediu:

— Por favor, dona Eugênia, feche os olhos e reze com toda sua fé. Sinta-se envolvida pelas mãos de Nossa Senhora da Conceição e comece a rezar. Agora!

Eugênia fez sim com a cabeça. Ficou ali perto, olhos fechados, segurando um terço. Rezava com fervor. Uma luz azulada tomou conta do ambiente, e os sentinelas entraram com Olério no quarto. Enquanto isso, Eunice começou a remexer-se na cadeira, nervosa.

— Eu até podia seguir com o Tenório — Olério tagarelava. — Ele caiu na conversa fiada dos espíritos da luz e seguiu com eles. Eu, não. Quero acertar minhas contas com você.

Lina imediatamente lembrou-se de quando a dupla atacou-a e a sua família. Sentiu um calafrio pelo corpo. O rosto de Olério apareceu na sua frente. Ela iria gritar, mas a imagem se desfez e ela desfaleceu.

Neide sentiu a presença dos espíritos. Empertigou o corpo. Olério olhou para elas e quis gritar, mas não conseguia subir o tom de voz.

— O que acontece aqui?

— Você não quer falar, não quer dizer ao mundo que foi injustiçado? Pois chegou a hora.

— Não estou entendendo.

— Vai falar, por meio desta moça sentada nesta cadeira — apontou.

— Como? Não estou entendendo.

— Veja.

Naturalmente aproximaram o espírito de Olério, e ele ficou a alguns centímetros de Eunice. Alguns fios energéticos foram ligados do corpo dele ao dela. E, conforme ele mexia a boca, ela também mexia.

— O que é isso? Feitiçaria?

— Mais ou menos.

— Ei.

Neide terminou o passe, e Lina adormeceu por instantes. Ela sorriu e fechou os olhos. Fez uma prece, pediu ajuda aos espíritos de luz e colocou-se em pé, atrás da cadeira. Colocou a mão esquerda na testa de Eunice. Ela imediatamente repetiu o que Olério disse:

— Ei.

Olério estava estupefato.

— O que deseja?

Eunice começou a falar palavras ininteligíveis. A voz ficou rouca e grossa:

— O que é isso? — indagou, assustada.

— Precisei que você se ligasse ao corpo de Eunice para conversarmos.

— Nunca fiz isso. Eu falo e ela — apontou Olério para Eunice — reproduz o que eu digo.

— É o que chamamos de incorporação. Eunice está sendo veículo para você se manifestar no mundo dos vivos.

— Não quero me manifestar.

— Ao menos vai me escutar. Não queremos mais você por aqui.

— Eu entro e saio a hora que bem entender.

— Algemado e com dois sentinelas ao seu lado?

— Como sabe? Você não está aqui.

— Mas tenho a capacidade de ver o seu mundo. Você não tem mais o poder que tinha, Olério.

— E como sabe meu nome? O que é isso? Que invasão é essa?

Neide sorriu.

— Você vem me falar em invasão? Logo você, que entra aqui e faz o que bem entende?

— Faço mesmo. Essa daí — apontou para Lina — não é flor que se cheire. É o capeta.

— A partir de hoje, não vai mais ser assim. Está preso.

Eunice permaneceu quieta na cadeira por um tempo. Depois a respiração ficou ofegante.

— Quem são esses aqui, afinal?

— Amigos da luz que conhecem muito bem as trevas.

— Eles me metem medo. Os olhos são de fogo. E tem um guardião lá fora, de dois metros, que me mete mais medo ainda.

— Pois é. Eles vão proteger esta casa da invasão de espíritos perturbadores como você. Não poderá mais se aproximar de Lina.

— Isso não é justo.

— Por quê?

— Ela tirou a minha vida.

— Você fala como se ela tivesse agido de propósito.

— Ela me matou, friamente.

— Por que ela fez o que fez?

Ele não respondeu. Neide perguntou novamente.

— Vamos, Olério. É hora da verdade. Por que Lina o matou? O que você fez para terminar sua vida daquela forma?

Eunice ficou murmurando palavras ininteligíveis. Até que, por fim, respondeu:

— Eu só queria me divertir.

— Queria divertir-se à custa de uma menina! E depois de ter matado a família dela. Acho que você também não foi tão santinho assim.

O espírito de Maruska entrou no quarto, aproximou-se de Neide e a intuiu. Neide começou a falar:

— Houve um tempo em que vocês eram amigos. A cobiça, a inveja e a intriga contaminaram suas vidas, e tudo mudou. Deram ouvidos aos outros, esqueceram-se de confiar na intuição, na voz do coração. Minaram os laços de amizade e os transformaram em nós profundos de mágoas e ódios, muito difíceis de serem desatados. Às vezes, são necessárias vidas e mais vidas para que esses nós daninhos deixem o espírito em paz. O orgulho ferido exige que façamos mais do que podemos fazer, corrompendo a nossa moral. É hora de deixar essa pretensão de lado, porquanto ela só revela nossa fraqueza e indica o alto grau de nossa vaidade.

Houve uma pausa, e Neide prosseguiu:

— Precisa rever sua vida passada. Por que nasceu no sertão? Por que tinha sede de matar?

— Estou confuso. Não consigo pensar em nada.

— Pense.

— Estou me sentindo fraco. As ideias estão embaralhadas.

A voz de Eunice denotava cansaço. Neide prosseguiu:

— Por que não segue com essa mulher? — apontou para Maruska.

— Não a conheço. Também não quero ficar algemado.

— Nós tiramos as algemas. É só prometer não perturbar mais a Lina.

Olério estava cansado, profundamente cansado. As imagens à sua frente estavam confusas. Ele via cenas da última vida misturadas às da vida anterior. Seu espírito, moribundo e maltrapilho, não tinha mais forças para

lutar. Além do mais, havia os dois sentinelas, com aqueles olhos de fogo, que o encaravam de forma assustadora.

Ele hesitou, e Neide prosseguiu:

— Siga com ela. É uma amiga da luz. Vai levar você para um lugar de descanso e reflexão.

— Estou muito fraco. Muito fraco. Quero seguir. Acho que vou...

Os sentinelas imediatamente tiraram as algemas de Olério. Ele passou as mãos pelos pulsos, adormecidos e avermelhados, quase sangrando. Vencido pelo cansaço e pela confusão mental, seguiu com Maruska.

Os sentinelas espalmaram as mãos e delas saíram flocos coloridos que harmonizaram o ambiente. Em seguida, despediram-se de Neide e saíram, indo ao encontro do guardião, lá fora.

Eunice suspirou e lentamente abriu os olhos. Neide estava com um copo de água na mão. Entregou-o a ela.

— Beba.

Eunice apanhou o copo e sorveu o líquido aos poucos.

— Estou bem. No começo, pensei que fosse explodir, tamanha a raiva do sujeito. Depois senti dois espíritos amigos, que me transmitiram força e sustentação. A energia deles me fez muito bem.

— Eu também os percebi. Fui intuída por uma mulher muito bonita. Não me lembro ao certo o que disse a ele...

Eunice cutucou Neide e fez sinal com o queixo. Ela olhou, e Eugênia continuava de olhos fechados, orando. Neide sorriu e aproximou-se.

— Obrigada, dona Eugênia.

Ela abriu os olhos e indagou:

— Aconteceu alguma coisa? Mal comecei a rezar.

— A senhora está assim faz um bom tempo.

— Não percebi. Senti uma brisa leve tocar meu rosto e rezei com tanta fé que nem parecia estar no quarto. Eu me senti numa sala azul, agradável...

— A sua oração foi de grande valia para o evento. Ajudou a manter o ambiente com equilíbrio para realizar essa conversa.

— Deu tudo certo?

Neide fez sinal para Eugênia, que a acompanhou. Lina estava deitada, o semblante sereno.

Eugênia aproximou a mão da testa dela.

— Está sem febre.

— E provavelmente o mal-estar também passou.

Eunice levantou-se e sorriu:

— A senhora tem muitos amigos do outro lado.

Eugênia sorriu emocionada.

— É?

Eunice permaneceu com os olhos abaixados, envergonhada. Não sabia se falava. Eugênia indagou:

— O que é?

— Bom, é que, antes de fazer esta sessão aqui, a sua filha Estela passou para uma visita.

Eugênia levou a mão ao peito. Os olhos marejaram.

— Era o que eu queria conversar com você, Neide!

— Eu sei, dona Eugênia. Deixe Eunice falar.

Eunice prosseguiu:

— Sua filha estava com um vestido florido, muito feliz. Mandou dizer que a morte não existe, que a vida continua. E que muito a ama. E lhe deu um beijo na testa.

Eugênia emocionou-se de verdade. Levou a mão à testa.

— Minha Estela! Eu não estou louca. Quando fiz o chá para Lina, senti mesmo que tinha sido beijada. Lembrei-me tanto de minha filha. Então ela esteve aqui. Eu não tive alucinação?

— Não, não teve, dona Eugênia. O espírito de Estela esteve aqui, sim.

— Ela está bem — ajuntou Neide.

— Queria tanto sonhar com ela. Por que não consigo?

— Se ela aparecesse aqui, agora, a senhora conseguiria controlar as emoções? Seria capaz de manter o equilíbrio emocional?

Eugênia foi sincera:

— Confesso que não. Se Estela aparecesse aqui neste exato momento, eu me atiraria a seus pés, ou grudaria nela e não a deixaria mais partir. Acho que meu coração não aguentaria.

— Por isso mesmo o espírito dela não pode aparecer para a senhora. Ainda não está preparada para encontros com sua filha.

— Nem em sonho?

— Não. O contato de nós, encarnados, com os espíritos amigos só pode ser feito mediante boa dose de equilíbrio emocional. Ou, como foi feito hoje, sem que a senhora tivesse noção do que ocorrera. Sem equilíbrio não há ligação, ou seja, não há condições de estabelecer um contato direto.

— Por que a senhora não lê o livro que eu dei a Melissa? — sugeriu Neide.

— *O Livro dos Espíritos*?

— Sim.

— Vi Melissa lendo-o com interesse.

— Aproveite e leia também. Tenho certeza de que ele vai lhe trazer muitas respostas sensatas e deixar seu coração mais leve.

— Prometo que vou ler. O que aconteceu hoje aqui foi mágico.

— Foi obra divina — tornou Eunice. — Prova de que estamos ligados a outras dimensões deste vasto universo.

— Estudar e entender essas dimensões clareiam nossa mente e nos despertam para as verdades da vida — emendou Neide.

— É verdade. Eu aqui, presa a meus conceitos tão tacanhos. Ignorante de tudo.

— De forma alguma — refutou Eunice. — Se a senhora não estivesse aqui nos ajudando com suas orações, não teríamos ambiente adequado para fazer o que nos propusemos. Não importam as suas crenças, mas o poder da sua fé.

— A fé é a força que alimenta o espírito. Se conseguirmos manter a fé em Deus atrelada à sinceridade e pureza de nosso coração, afastamos com facilidade todos os obstáculos que impedem o progresso e a felicidade.

Eugênia emocionou-se novamente. Limpou uma lágrima do olho com a mão. Pensou em Estela e logo a imagem da filha apareceu, sorrindo, feliz. Ela fechou os olhos e declarou:

— Eu a amo muito.

— Vamos até a cozinha para um café? — convidou Neide. — Hoje não vou dar aula para Lina. — O seu corpo precisa de repouso. Ela estava sendo assediada por um espírito em desequilíbrio. Amanhã retomaremos as lições.

— Era um espírito mau?

— Não, dona Eugênia. Era um espírito perdido, atormentado por suas culpas e desejando vingança para não enxergar os próprios desatinos. Tenho certeza de que não vai mais perturbar Lina.

— Coitadinha. Tão jovem.

— Ninguém é vítima no mundo. Eu havia alertado Lina para pensar só no bem, em coisas boas. Mas hoje, que Melissa passou a frequentar a casa de dona Leonor, Lina ficou triste, amuada.

— Não notei.

— Mas ficou. Baixou o seu nível energético, e esse espírito pôde se aproximar dela. Ela sente muito a falta de Melissa, porque eram muito ligadas em outra vida — esclareceu Neide.

Eugênia indagou:

— Quando?

— Quando o quê?

— Que outra vida?

— Adoraria aprender a fazer aquele bolo de coco com leite condensado — desconversou Neide.

Eunice aproximou-se de Lina e a beijou na testa. A menina virou de lado e continuou dormindo.

Saíram do quarto e foram para a cozinha.

— Agora quero saber o que você está fazendo aqui! — perguntou Neide, curiosa.

— Hoje está sendo mesmo um dia mágico — tornou Eunice.

— Nós nos encontramos na igreja. Foi lá que conheci dona Eugênia.

— Não foi trabalhar? — estranhou Neide.

— Fui. É que... — Eunice não sabia como começar.

Eugênia percebeu a dificuldade e interveio:

— Ela teve um mal-estar. Foi para a igreja e nos encontramos lá.

— Minha intuição diz que não foi bem isso o que aconteceu, mas, se não quer falar, tudo bem.

Eunice sentia segurança em se abrir com Neide. Desde o dia em que lhe dera o ramalhete de flores, sentira nela uma grande amiga.

— Nós chegamos a conversar sobre minha obsessão, lembra-se?

— Sim.

— Pois bem, eu reencontrei meu primeiro amor.

— Primeiro ou único?

Eunice enrubesceu. Eugênia balançou a cabeça.

— O que foi que disse?

Eunice contou em poucas palavras o namoro com Hermes, poupando-lhe os detalhes, obviamente. Eugênia a olhou admirada.

— Você e Hermes! Quem diria. Eu o achava tão triste, nunca poderia imaginar que ele tivesse se apaixonado dessa forma.

— De que adianta? Ele deve ter se casado de novo. Deve estar vivendo a vida dele, cheio de filhos. Eu não posso e não quero cair de novo nessa armadilha...

— Por quê? Ainda gosta dele?

— O pior é que, ao vê-lo hoje, senti como se o tempo não tivesse passado. Meu coração até tremeu de alegria.

— É mesmo, Eunice? — Eugênia trocou um olhar malicioso com Neide.

— Por que estão falando dessa maneira? Estão tripudiando sobre mim? Pois podem. Eu mereço.

— Não é isso — Neide aproximou-se e passou o braço nos ombros dela. — Aqui não julgamos nem criticamos ninguém. Respeitamos e valorizamos os sentimentos de cada um.

— Mas eu vi a maneira como dona Eugênia olhou para você. Juro que vou lutar contra esse sentimento. Não vou atrás do Hermes, não vou arruinar outro casamento, não vou...

Neide pousou delicadamente o dedo nos lábios dela.

— Shhh... Calma! Não precisa lutar contra nada.

— Não?

Eugênia aproximou-se e elucidou, com voz amável:

— Depois que a esposa de Hermes morreu, ele nunca mais se envolveu com mulher alguma.

Eunice sentiu o corpo todo amolecer. Ao mesmo tempo que as pernas ficaram bambas, o coração parecia querer saltar pela boca. Ela chorou. Muito. Mas chorou de alegria.

Era perto das cinco da tarde quando Neide foi para o barracão atender as pessoas. Aderbal foi buscar Melissa e levou Eunice para casa, feliz da vida e leve como uma pluma.

29

Algumas semanas se passaram. Depois de muita insistência, Aderbal consultou um médico. Fez alguns exames, ignorou outros e passou a tomar remédio para o coração.

— Hora do remédio — anunciou Eugênia.

— Qual nada! A máquina aqui está boa. Frescura do doutor. Ele precisava me receitar alguma coisa. Quem entra num consultório sempre sai com uma receita. É batata!

— Deixe de ser ranzinza, querido. Tanto o médico como nós queremos que você fique bom e permaneça ao nosso lado por muito tempo.

Ele sorriu e fez que sim.

— Está bem. Me dê o comprimido.

Aderbal engoliu o comprimido. Em seguida Eugênia lhe meteu uma colher de óleo de fígado de bacalhau. Ele fez uma careta.

— Que nojo! Deus me livre.

— É para o seu bem. Precisa se fortalecer.

— Vocês estão exagerando. Foram só umas pontadinhas no peito, mais nada.

— E daí que foram algumas pontadas? O natural é não sentir nada disso.

Ele se levantou e avisou:

— A caminhonete precisa de reparos. Vou comprar lubrificante. Precisa de algo?

— Não.

— Melissa vem para casa neste fim de semana?

— Também não.

Aderbal fez um gesto de contrariedade.

— Não gosto de Melissa enfiada naquela casa.

— Ela gosta, querido. Dona Leonor insistiu para que Melissa ficasse mais tempo lá no casarão.

— Eu sei. Ela adora aquela mulher, aquela casa. Ione é uma pessoa de confiança.

— Assim como Eunice e Solange.

— Mesmo assim não gosto. Nós somos a família dela, oras.

— Está ficando rabugento.

— Mulheres, mulheres — ele levou as mãos à cabeça.

Eugênia fingiu um sorriso e desconversou:

— Eu me lembrei! Preciso de fermento fresco para fazer o pão doce.

— Eu passo na oficina e depois no mercadinho. Mais alguma coisa?

— Não, meu querido. Agora vá com Deus.

Eugênia o beijou no rosto e voltou para a cozinha. Lina mexia na panela.

— Vou sentir falta da Melissa neste fim de semana. Por que ela tem de ficar lá?

— Dona Leonor gosta muito da companhia dela.

— Nós também.

— Sim, minha querida. É que Melissa está aprendendo bastante, assim como você está aprendendo com a Neide. Já está quase apta a concluir o ginásio, se quer saber.

— Tenho me esforçado, estudado bastante.

— Fico feliz que goste de estudar.

— Ela está diferente.

— Quem?

— Melissa. Não tem reparado?

— Em quê?

— No jeito dela. Mudou. Ela anda diferente, começa a falar diferente. Disse que precisa *encostar* a voz.

— Não seria *impostar*? — questionou rindo.

— Não me recordo agora. É para falar mais bonito, com dicção.

— Melissa está se tornando uma mulher. Quando você chegar aos dezoito anos, vai sentir essas vontades.

— É. Pode ser.

Lina continuou mexendo o caldo na panela. Tirou a colher de pau, pingou uma gota sobre a mão e provou.

— Está ficando ótimo.

— Você aprendeu a cozinhar com facilidade. Tem dom.

— É? O que é dom?

— É a habilidade que a pessoa tem de desenvolver determinadas tarefas de maneira especial, natural.

— É um presente de Deus?

Eugênia concordou:

— Sim. Um presente divino.

— Aprendi muito com a senhora.

— O que você quer ser quando se tornar mulher feita?

Lina mexeu um pouco mais o caldo e retirou a panela do fogão. Pegou um pano e cobriu a panela.

— Agora é só esperar mais uns minutos. Depois coloco o queijo ralado.

— E qual é a resposta?

Lina meneou a cabeça.

— Nunca pensei nisso.

— Nunca se viu lá na frente, adulta, casada, com filhos?

— Não. Nunca pensei em nada. Depois de tudo que passei, prefiro não fazer planos.

— Fazer planos é bom.

— Não sei. Prefiro viver dia após dia. Está tão bom assim.

— Eu e Aderbal não estaremos eternamente ao seu lado. Precisa pensar em uma profissão, algo que lhe garanta um bom sustento no amanhã, em se casar...

— Casar?

— É. Ter um marido, constituir família.

Lina mexeu a cabeça para os lados.

— Não sei. Acho que não quero.

— Quem sabe se tornar dona de um negócio próprio?

— Isso sim. Pode ser — respondeu sem muita convicção.

— Poderá se tornar uma mulher rica.

Ela deu de ombros.

— Não creio. Quero uma vida simples, sem pensar no futuro. Se tiver o suficiente para viver hoje, já me basta.

— Precisa ter ambição. Precisa desejar coisas que nunca teve.

— Por quê?

Eugênia não sabia o que responder. Lina fez outra pergunta:

— A senhora não é feliz com a vida que leva?

— Claro que sou.

— Não leva uma vida simples?

— De certa forma, levo. Vivo sem luxos, mas sou uma mulher feliz.

— Então a riqueza não traz, necessariamente, felicidade. Para que ir atrás dela?

Eugênia pensou e desconversou, porque não sabia o que responder:

— Vamos tirar o pano da panela e despejar o queijo ralado?

Aderbal comprou o óleo lubrificante, passou no mercadinho para comprar o fermento. Na saída, deu de cara com Ione.

— Olá, seu Aderbal.

— Como vai, Ione?

— Bem.

— E Melissa?

— Está ótima. Por que não passa mais tarde para dar um oizinho para ela?

— Não sei. Não quero atrapalhar.

— O senhor nunca atrapalha.

— Agora ela só quer saber de dona Leonor e...

Ione o interrompeu:

— Senti uma pontinha de ciúmes.

— Não. Imagine.

— Senti sim. O senhor pode ficar tranquilo. Ninguém está roubando a sua afilhada. Melissa é praticamente adulta, está desabrochando para a vida. É natural que queira aprender, estudar, crescer. Logo vai conhecer um rapaz, namorar, casar e viver a vida dela. O mesmo vai ocorrer com sua filha.

Aderbal não raciocinou:

— Filha... Que filha?

— Melissa fala sempre de sua filha. Lina é o nome dela, certo?

Aderbal coçou a cabeça. Fazia tempo que havia deixado esse assunto de lado. E Melissa já ventilava que Lina era filha dele! Meio constrangido, respondeu:

— É, eles crescem, casam e se vão.

— O mesmo vai acontecer com dona Leonor. Eunice está se acertando com Hermes. Solange e Daniel logo vão conhecer seus pares. E nós vamos ficar para cuidar das crianças que virão.

Aderbal sorriu e despediu-se. Dobrou a esquina e disse para si:

— Preciso conversar com Eugênia sobre Lina. Não podemos mais adiar. Sou a favor de passar a certidão de nascimento de Estela para a menina. E ponto final. Dessa forma, resolvemos o nosso problema e eu me sinto menos culpado... fui omisso, ao menos poderia ter ajudado a pobrezinha...

Aderbal sentiu uma fisgada no peito. Fechou os olhos e respirou fundo. Consultou o relógio. Era hora de tomar outro comprimido para o coração. Fez um gesto vago com a mão, depois apalpou o bolso do paletó. Apanhou a caixinha de remédio. Entrou num bar, pediu um copo d'água.

— Uma grande bobagem! Gastar dinheiro com remédio. Quem diz que esta coisinha tão pequena vai melhorar meu coração? Quem garante? — questionou, encarando o comprimido.

Jogou o remédio fora e trocou o copo de água por uma garrafa de cerveja.

— E veja também um prato de ovos coloridos.

— Mais alguma coisa? — indagou o atendente.

— Um sanduíche de pernil — apontou para o pedaço de carne boiando em uma travessa cheia de óleo. — Bem grande, caprichado.

— Com ou sem pimenta?

— Com bastante pimenta. Por favor.

Aderbal comeu com gosto, tomou toda a cerveja, passou a língua pelos lábios, exalou um suspiro de satisfação e voltou para casa feliz.

30

Passava das oito da manhã quando um carro preto e empoeirado encostou na calçada. Ione estava arrumando os quartos e afastou a cortina da janela com uma das mãos. De esguelha, viu a silhueta de um rapaz e metade do corpo de outro, encurvado, no bagageiro.

— Uai! Dois homens?

Ela abriu um largo sorriso quando o que estava em pé virou-se para o portão.

— Daniel! Ele chegou.

Correu até o quarto e bateu levemente na porta.

— Dona Leonor?

— Entre. A porta está destrancada.

Ione entrou. Leonor terminava de se arrumar. Estava sentada sobre graciosa banqueta, acabando de ajeitar o coque. Apanhou um grampo sobre a penteadeira e, sem tirar os olhos do espelho, indagou:

— O que foi?

— Ele chegou!

— Sim. Escutei barulho de um veículo estacionando. Como estou? — ela perguntou e voltou o rosto para Ione.

— Como sempre, admirável, dona Leonor. Impecável.

— Obrigada.

Ela se levantou e quis saber:

— E as meninas?

— Solange e Eunice já acordaram, tomaram café e saíram para o trabalho.

— Melissa já acordou?

— Sim. Está fazendo o toalete.

— Está certo. Vamos descer e recepcioná-lo.

Ione pigarreou.

— O que foi?

— Tem mais um moço com Daniel.

— É? — estranhou Leonor. — Daniel teria me informado.

Leonor deu de ombros. Terminou de se arrumar, borrifou uma colônia de aroma agradável e desceram. Encontraram Daniel depositando duas malas sobre o chão do hall. Estava mais bonito, mais magro, mais elegante. Ele as observou e abriu os braços:

— Mamãe! Quanta saudade!

— Como está lindo! — Leonor murmurou e correu para abraçá-lo.

Ione, logo atrás, foi na direção das malas. Daniel a segurou pelo braço.

— Eu não ganho um abraço?

— Claro, meu menino — Ione o abraçou com carinho. — Como tem passado?

— Muito bem. Quer dizer, morrendo de saudades da sua comida. Tirando isso, até que passei bem.

— Bem se vê como está mais magro — resmungou Ione.

— Só almoçava em restaurantes, Ione. Não comi um prato de arroz com feijão como o seu.

Ela corou de prazer.

— Pois saiba que hoje vai comer arroz e feijão caprichados, com bife e batatas fritas.

— Assim você vai me acostumar mal de novo.

— Ione não via a hora de você chegar, meu querido.

Daniel abraçou a mãe com carinho.

— Saudades de você, mamãe. Muitas.

— Eu também senti sua falta. Mas tenho feito tantas coisas!

— Cadê as meninas?

— Trabalhando. Solange está na escola, e Eunice trabalha no hospital. O salário não é lá grande coisa, mas ajuda bem nas despesas.

— E as aulas de etiqueta?

Leonor rodou os olhos nas órbitas, contente.

— Não tem ideia do bem que me fez. Se eu soubesse como era bom, já teria dado aulas há mais tempo.

— Que bom, mamãe! Noto que está mais remoçada, o semblante está menos cansado. Está muito bonita.

— Obrigada. Melissa tem sido uma ótima companhia.

— É? — ele perguntou sem muito entusiasmo.

Ione pegou uma mala, e Daniel a censurou:

— Não. Estão pesadas. Eu e Luís Sérgio vamos levá-las. Fique tranquila.

Leonor o abraçou novamente e o beijou na bochecha.

— Você também está com ótima aparência.

— Tenho boas novidades para lhe contar.

— Foi chamado para trabalhar em qual agência?

Daniel a cortou com amabilidade:

— Perto do centro da cidade. Depois lhe conto melhor isso.

— Você trouxe companhia? Por que não me informou antes?

— Eu ia avisá-la, mas Luís Sérgio resolveu vir de última hora e...

— Como está sua amizade com ele?

— Está tudo ótimo. Luís Sérgio não é o monstro que Solange pinta.

— Sei disso.

— Tem um probleminha, mamãe.

— Qual é?

— A noiva dele veio conosco.

Leonor levantou o sobrolho.

— Como?!

— É. Rosana é muito ciumenta e não desgruda nem da sombra do Luís Sérgio. Veio junto. Não pude evitar. Peço perdão por não ter tido tempo de avisar.

— Não, tudo bem. Posso acomodá-la no quarto de Eunice, sem problemas.

— Eu sabia que a senhora não iria se incomodar — ele diminuiu o tom de voz: — Rosana é pedante e fútil. Espero que mostre a ela quem manda nesta casa.

Leonor deixou um brilho de malícia passar pelos olhos.

— Deixe comigo. Saberei como agir, caso ela passe dos limites — Leonor fez uma expressão séria.

Daniel perguntou:

— O que foi, mamãe?

— Quem não vai gostar nada disso é Solange.

— Pensei nisso a viagem toda. Não sei como será esse reencontro, depois de tanto tempo. E ainda mais com a Rosana junto dele.

Leonor deu de ombros. Luís Sérgio e Rosana entraram na sala. Luís Sérgio era um rapaz atraente, simpático. Cumprimentou Leonor com deferência. Ela se lembrava vagamente dele. Era muito parecido com o pai, que Leonor conhecera nos tempos de juventude.

— Como vai?

— Muito bem, dona Leonor. Desculpe-me invadir sua casa de supetão.

— Seja bem-vindo.

— Obrigado.

Logo atrás estava Rosana. Estatura média, cabelos penteados à moda. Era bonitinha, mas tinha cara enjoada. Ela fez uma mesura, evitou o contato e fez um aceno a distância:

— Transpirei um pouco durante a viagem. Nada de toques.

Ela virou-se para Ione:

— Oi, queridinha. Pegue a minha mala e minha frasqueira. Estão no bagageiro — apontou para fora.

— Já disse que vou pegá-las — asseverou Daniel.

— E a empregada serve para quê? — o tom de Rosana era seco e carregado de arrogância, aliás, uma de suas marcas registradas. — Para decorar o ambiente?

Ione interveio:

— Não tem problema, Daniel, eu estou ficando velha, mas ainda estou forte. E pronta para bater com vara de marmelo em mocinhas desobedientes.

Ele riu e Rosana meneou a cabeça.

— Estão dando asas para cobra. Um dia a cobra vai voar.

— Não implique, Rosana. Por favor.

— Na minha casa quem dá as ordens sou eu — interveio Leonor, ar sério. — Você acabou de chegar, mocinha. Será que não tem modos? Ponha-se no seu lugar, ou vá para um hotel. Aqui não é a sua casa. Fui clara?

Daniel e Luís Sérgio trocaram um olhar admirado.

— Tem razão, dona Leonor, desculpe-me a intromissão — Rosana queria explodir de ódio, mas conteve-se e engoliu a raiva.

— Vamos levar as malas para os quartos — sugeriu Daniel, escondendo o riso.

— Concordo — disse Luís Sérgio, meio sem graça.

— Vou trocar de roupa. Está quente — replicou Rosana. — Por favor, Daniel, mostre-me em qual quarto vou ficar.

— Vai ficar no quarto de Eunice, minha irmã mais velha, e...

Leonor percebeu o ar de desdém de Rosana e meneou a cabeça para os lados.

Os rapazes pegaram as malas, e os três subiram. Ione fechou a porta.

— Quer que eu ponha a mesa para o café?

— Por favor — pediu Leonor. — Pode colocar mesa para cinco.

— Sim, senhora.

No quarto, Rosana tirou as luvas e o casquete. Colocou-os sobre o aparador e olhou ao redor.

— Esta casa cheira decadência. Que horror! Onde fui me meter? Também, o que não faço para me casar? Luís Sérgio tem que ser mantido na rédea curta — resmungou, enquanto trocava o vestido por outro, mais adequado ao clima.

Naquela mesma manhã, Lina despertou com um sorriso estampado nos lábios. Havia sonhado e lembrava-se com riqueza de detalhes de muito do que se passara naquele encontro durante a madrugada.

Ao deitar-se, fez sua oração costumeira e logo adormeceu. Sonhou com Maruska. Estavam na varanda da casa. Notou que havia flores, muitas flores ao redor.

— Não há tantas flores aqui — observou.

— É diferente. Estamos em outra dimensão — avisou Maruska. — Aqui podemos criar o ambiente da maneira que quisermos.

— É fantástico.

— É preciso boa dose de equilíbrio para que isso aconteça. Pensamentos em desarmonia criam um caos ao redor.

— Tento disciplinar a mente para o bem, mas há vezes em que ainda me recordo de Olério e sinto raiva. Do Tenório, já não sinto tanta raiva assim.

— Tenório seguiu para tratamento no astral, por isso não sente quase nada. Olério também foi para um posto de socorro aqui no astral, mas sente dificuldade em desvencilhar-se dos últimos acontecimentos na Terra. Ele ainda vibra numa faixa negativa muito forte, e você, quando não está bem, acaba captando-a.

— Sei.

— Foi preciso fazer uma doutrinação, lembra-se?

— Não.

— Você passou mal, ardeu em febre. Tivemos de trazer Neide e Eunice para ajudar, além de contar com as orações de Eugênia. Também tivemos amigos guardiões que nos ajudaram. Não foi fácil.

— Quanto trabalho!

— Não tem ideia de como deu trabalho. Olério melhorou um pouco, mas precisa do seu perdão para continuar sua trajetória.

— Ele tentou abusar de mim. Ele é quem deveria me perdoar.

Maruska riu.

— Ah, o orgulho! Como ainda vivemos presos no orgulho. Um bichinho terrível e invisível, que arranha o coração, nubla a mente e machuca a alma. Quantos mataram, morreram e sofreram por conta do orgulho?

— Eu me sinto mal. Não me recordo de Olério em outra vida.

— Não importa se você e Olério viveram próximos ou compartilharam encarnações. O que interessa são as experiências pelas quais nosso espírito exige passar. Você, como disse antes, deu muita atenção ao comentário maledicente das pessoas. Nunca escutou o coração e, por esse motivo, cometeu loucuras e crueldades.

— Não me recordo.

Maruska levantou a mão e encostou o polegar e o indicador na testa de Lina.

— E agora, quais cenas vêm à mente?

Lina estremeceu. Viu diante de si um garoto magro, doente, roupas rotas, mãos e pés amarrados, implorando perdão. Ela mesma não sabia se era homem ou mulher. Só enxergava o rapaz diante de si e gritava com um prazer mórbido:

— Merece morrer. Não tem perdão.

— Por favor, lady Cromwell, não faça isso. Juro inocência. Não fui eu.

— Não quero saber. Foi condenado. Merece morrer na fogueira.

— Fogo não!

Ela esbravejou:

— Fogo sim! Quem sabe o fogo não limpe sua alma conspurcada de pecados?

Um grito de horror ecoou no ar. Lina estremeceu novamente e nova cena apareceu. Era a mesma que se repetira tempos atrás. Ela estava diante de um palacete em chamas. Havia gritos de socorro vindos de dentro. Ao seu lado, havia uma mulher que a instigava:

— Não dê ouvidos. Eu e meu marido fizemos o que mandou. Agora suma daqui.

Arrependida e com desejo de ajudar e salvar a pobre alma, Lina, agora uma moça pertencente à alta aristocracia

russa, mantinha-se imóvel, enquanto os gritos de socorro aumentavam conforme as labaredas engoliam o palacete.

Lina estremeceu novamente. Maruska afastou o polegar.

— O que me diz?

— Que cenas são essas? — indagou, estupefata.

— Cenas de suas vidas passadas.

— Não pode ser. Eu não sou má.

— Não é. Sua essência é boa. Mas seu espírito, inseguro e coberto de recalques, prefere escutar a voz do mundo em vez da voz do espírito. Você cometeu crueldades com pessoas que, obviamente, também atraíram situações desagradáveis em suas vidas.

— Então eu não tenho culpa. Se elas precisavam passar por essas experiências, que mal eu cometi?

— Todos.

Lina arregalou os olhos.

— Como assim? Se a vida fez essas pessoas passarem por situações tão ruins, por que eu tenho de ser responsabilizada? Você mesma não me disse que não há vítimas no mundo?

— Não há vítimas. Contudo, conforme nossa consciência se alarga e entendemos melhor os mecanismos da vida, perdemos a proteção divina. Deus só nos dá proteção quando não sabemos lidar com determinada situação. Se aprendemos, a vida não protege mais. Você teve a oportunidade de reavaliar posturas inadequadas na encarnação em que mandou aquele garoto para a fogueira. Reencarnou, e a vida novamente criou situação semelhante para que você pudesse mudar, escolher diferente. Você permitiu que aquela moça também morresse queimada.

Lina levou a mão aos olhos. Sentiu-os molhados.

— Errei. Cometi desatinos. Mereci e mereço ser punida.

— Na vida não há punição, mas tudo no mundo físico e astral ocorre por ação e reação. Se você faz, deverá arcar com o resultado das escolhas. Não importa se elas são boas ou ruins. Cada um colhe aquilo que efetivamente plantou.

— E agora?

— Vai passar por situação semelhante novamente. As situações se repetem na vida para que possamos escolher diferente, causando o menor dano possível a nós e aos outros ao redor.

— Outra pessoa vai ser queimada?

— Não necessariamente. Tudo depende da real necessidade do seu espírito.

— E qual é essa necessidade?

— Só você saberá, pois está em sua essência o que é melhor para seu progresso no caminho da luz.

— Tenho medo.

Maruska abraçou-a com carinho.

— Não precisa ter medo. Como disse, é só escutar a voz do coração, seguir os sensos da sua alma. A alma sabe o que é melhor para nós, ela sempre dá a resposta certa, indica a melhor solução, o melhor caminho que devemos seguir. Nascemos para viver e espalhar o bem em nós e para o mundo. Vivendo e praticando o bem, abrimos espaço para a real felicidade. Esta é a lição que você precisa aprender: ligar-se ao bem, conectar-se com os sensos da alma.

— Como?

— Primeiro, feche os olhos e coloque a mão no peito.

Lina fechou os olhos e levou a mão direita ao peito.

— Isso. Sinta seu coração. Ninguém sente o coração. Precisa sentir, saber que *tem*, de fato, uma alma aí dentro.

Lina sentia o pulsar do coração. Maruska prosseguiu:

— Depois que você sente, precisa aprender a não julgar, não condenar, não falar mal de si, de nada nem de ninguém.

— É muito difícil.

— Por isso a vida nos concede a bênção da reencarnação. Para que possamos entender, por meio das mais variadas experiências, o real valor do bem. Sem experiência, nosso espírito não sabe discernir o certo do errado, o bom do ruim. Fica preso nas ilusões.

Lina mexeu a cabeça para cima e para baixo.

— Acho que entendi um pouco.

Maruska sorriu.

— Imagine uma criança que não tem noção de que uma tomada provoca choque. Por mais que a mãe tente impedir essa criança de encostar os dedinhos na tomada, a criança só vai mesmo dar a devida atenção quando enfiar o dedo na tomada e levar um choque. Depois dessa experiência desagradável, ela nunca mais vai encostar os dedos em uma tomada. O que quero dizer? A vida ensina por meio de experiências. Ou seja, não adianta a mãe falar. A criança, às vezes, precisa sentir uma dorzinha para entender que aquilo não lhe faz bem.

— Entendi melhor — Lina sorriu.

— Você é uma obra de Deus. Uma moça linda, saudável, com um bom coração. Só não pode dar atenção aos comentários do mundo. Seja sua amiga, seja dona de suas vontades.

— Prometo que vou tentar.

Maruska fitou o horizonte.

— Está amanhecendo. Preciso voltar à minha cidade.

— Obrigada pela visita.

— Quando for possível, voltarei a visitá-la.

Abraçaram-se, e Maruska caminhou com Lina até a cama. A menina encaixou o perispírito no corpo deitado sobre a cama e adormeceu. Maruska fez uma breve prece de agradecimento à vida e partiu.

31

Rosana trocou de roupa. Desistiu do vestido e preferiu usar uma blusa de algodão e uma calça comprida larga. Calçou sandálias de salto. Amarrou um lenço no pescoço, colocou um par de óculos escuros estilo gatinho e saiu do quarto. Estava louca de curiosidade para saber quem era a ilustre aluna que dormia no quarto em frente.

A curiosidade durou pouco. Melissa abriu a porta de supetão e quase deram um encontrão. Arregalou os olhos.

— Olá.

Rosana a mediu de cima a baixo. Espremeu os olhos. Sentiu insegurança e ciúme de Melissa. Afinal, era uma moça bonita. Ela levantou o queixo e apresentou-se:

— Olá, queridinha. Tudo bem?

— Quem é você?

Rosana riu com desdém.

— Quem sou eu? Você realmente não conhece nada de sociedade.

Melissa a observou e não se lembrou de seu rosto. Não se recordava de ter visto aquele semblante em nenhuma revista de moda, mas foi educada.

— Prazer em conhecê-la — Melissa estendeu a mão.

Rosana permaneceu no mesmo lugar, deixando a mão de Melissa solta no ar. Balançou a cabeça.

— Você é a doméstica que tenta aprender alguma coisa de etiqueta?

— Estou na casa de dona Leonor. Devo satisfações somente a ela — Melissa respondeu e saiu pelo corredor.

Rosana bufou de ódio. Seu rosto ficou vermelho. Ela estugou o passo e cravou as unhas no braço de Melissa.

— Escute aqui, queridinha — Rosana tinha um péssimo hábito de chamar as pessoas de que não gostava de *queridinha* ou *queridinho.*

Melissa bateu a mão no braço dela:

— Quem mandou encostar o dedo em mim, *queridinha*? — enfatizou e tascou-lhe um beliscão.

Rosana deu um grito de dor.

— O que é isso?! Quem pensa que é?

— Isso é para você não me amolar.

— Vou falar com dona Leonor.

— Pois vá — Melissa esticou o dedo. — Fique na sua, garota. Não mexa comigo. Já tive de lidar com tipos bem piores que o seu — ela falou e lembrou-se de Jurandir. — Se aproximar-se de mim mais uma vez, juro que arranco esses pelos espalhados pelo seu rosto.

Rosana passou a mão no rosto.

— Não tenho pelos no rosto!

— Vai catar coquinho no mato. Quando meu sangue sobe pelas veias, eu não me responsabilizo pelos meus atos.

Rosana fingiu chorar, e Ione apareceu na ponta da escada.

— O que foi?

Antes de Rosana falar, Melissa se antecipou:

— Essa tosca quer me dar ordens, arranhou meu braço. Pensa que é o quê?

Ione sentiu o peito explodir de alegria. Queria rir a valer, mas conteve-se. Caminhou até Rosana.

— Está bem?

— Estava. Essa daí — apontou — acabou com meu dia.

— O café está servido.

— Não vou me sentar com essazinha.

— Problema seu — Melissa deu de ombros. — Estou morrendo de fome.

— Luís Sérgio já está na copa — redarguiu Ione. — Tem certeza de que não vai descer?

Rosana olhou para Melissa e sentiu ciúme. Melissa percebeu e encarou Ione:

— Quem é Luís Sérgio? — indagou, bem mole, fazendo beicinho, de propósito.

Antes de Ione responder, Rosana deu uma fungada, balançou os cabelos, apertou o nó do lenço, ajeitou os óculos escuros e desceu. Ione passou por Melissa e piscou:

— É isso aí, minha menina. Não deixe que a riquinha metida a besta monte em você.

— E ela pensa que eu sou mula? Ela que venha com mais gracinhas para cima de mim. Eu juro que parto para cima. Sem dó nem piedade.

Ione riu satisfeita e desceram para o café.

Melissa entrou na copa e saudou:

— Bom dia, dona Leonor.

— Bom dia, Melissa. Dormiu bem?

— Muito bem.

Luís Sérgio levantou-se e a cumprimentou:

— Prazer. Luís Sérgio.

Antes de Melissa responder, Rosana entrou rápido na copa e frisou, afetada:

— Meu noivo.

Melissa deu uma risadinha e sentou-se. Rosana sentou-se também e só observava.

"E não é que ela aprendeu direitinho a ter boas maneiras?", pensou, enciumada.

Leonor quebrou o silêncio.

— Hoje não teremos aula.

— Por que não? — quis saber Melissa, enquanto cortava delicadamente uma fatia de queijo branco.

— Daniel chegou de viagem e estou com visitas. Quero que você fique conosco.

Luís Sérgio interveio:

— Podemos passear. Quero dar umas voltas, conhecer a cidade.

— Faremos isso em dez minutos. Não deve ter nada para conhecer. A cidade tem o tamanho de um ovo — desdenhou Rosana.

— Como não? — retrucou Melissa e, voltando-se para Luís Sérgio, perguntou com entusiasmo: — Gosta de arquitetura?

— Aprecio.

— Precisa conhecer prédios antigos, a fonte na Praça Tiradentes, a Igreja Matriz, da Imaculada Conceição.

— Há muito o que conhecer — ele considerou.

Rosana sentiu nova pontada de ciúme. Não quis deixar barato:

— Queridinha, você deixou de falar o principal, que a cidade é conhecida pela extração e lapidação de pedras preciosas.

Melissa ignorou o comentário.

— Gosta de cinema, Luís Sérgio?

— Gosto sim.

— Podemos ir ao Cineteatro Vitória.

Rosana grunhiu. Levantou-se.

— Aonde vai? — indagou Leonor.

— Estou indisposta — e, encarando o noivo, exigiu: — Luís Sérgio, vamos até a varanda? Preciso de ar fresco.

Ele fez sim com a cabeça e saiu praticamente arrastado por ela. Leonor meneou a cabeça e sorriu:

— Você deixa Rosana desconfortável.

— Eu?

— É. Está na cara que ela é muito insegura e sente muito ciúme do noivo.

— Pobre Luís Sérgio.

— Uma pena. Pobre moço, mesmo.

— Ele é tão atraente. Poderia ter a moça que quisesse.

— Achou ele bonito? — interrogou Leonor.

— Ela pode ficar tranquila. Não senti absolutamente nada ao vê-lo. Se quer saber, sinto pena dele. Isso sim.

— Rosana demonstra ser uma pessoa manipuladora, fria e possessiva. Luís Sérgio não tem jeito de ser igual a ela.

— Os opostos também se atraem. Fazer o quê?

Riram e Leonor pediu:

— Poderia ir chamar Daniel para mim?

— Onde está seu filho?

— No escritório, consultando alguns documentos.

— Claro. Praticamente terminei meu café.

— Não. Vá chamá-lo e volte para nos fazer companhia.

— Tem certeza, dona Leonor? Não quer que eu ajude Ione na cozinha para adiantar o almoço?

— De forma alguma. Quero que passe o fim de semana como se fosse alguém da família, uma hóspede. Nada de aulas, nada de lidas domésticas.

— Está bem. Se a senhora pede, é uma ordem.

Melissa levantou-se e girou nos calcanhares. Foi até o escritório. Bateu na porta com delicadeza. Ouviu lá de dentro:

— Entre.

Ela correu as portas. Daniel estava sentado, cotovelos sobre a escrivaninha, concentrado na leitura de um documento. Sem tirar os olhos do que lia, disse:

— Ione, daqui a pouco vou tomar o café. Só mais dez minutos.

— Desculpe-me — tornou Melissa, voz suave. — Eu não sou a Ione.

Ele levantou lentamente o rosto e, ao vê-la, sentiu um tremor, um choquinho pelo corpo todo. Não conseguia articular som. Melissa aproximou-se e perguntou:

— Aconteceu alguma coisa?

— O quê?

— Você está pálido. Não está passando bem?

Ele se remexeu na cadeira e ajeitou o corpo. Abriu um sorriso contagiante.

— Não. Eu pensei que fosse Ione e...

Melissa estendeu a mão:

— Prazer. Eu sou Melissa, a aluna-hóspede de sua mãe.

Ele se levantou de chofre e a cumprimentou:

— Prazer. Daniel.

Melissa notou a mão suada.

— Está sempre com essa cara assustada?

Ele riu e procurou ser o mais natural possível:

— Não. Desculpe-me. É uma moça encantadora.

— Obrigada.

— Mamãe comentou por alto, em uma carta, que você deseja ser miss. É verdade?

— Sim.

— Por quê?

Ela deu de ombros.

— Porque gosto. Quero participar desses concursos de beleza para ter a chance de viajar, conhecer pessoas diferentes, outros países, outras culturas. O mundo é fascinante. Adoro minha cidade, mas quero conhecer o mundo.

— Não precisa ser miss para conhecer o mundo.

— Por ora, quero participar de concursos de beleza. Depois que experimentar, verei se quero seguir ou não.

— É determinada.

— Bastante.

— Namora?

Melissa notou o interesse. Respondeu de maneira descontraída:

— Não. Não tenho namorado.

Daniel abriu um sorriso imenso e nada disse. Ela prosseguiu:

— Sua mãe pediu que eu viesse chamá-lo para o café. Não podemos demorar.

— Tem razão. Vamos, por favor.

Ele fez um gesto educado com a mão, e Melissa foi na frente. Ao chegarem à copa, Leonor notou o contentamento estampado no rosto do filho. Ela sorriu interiormente, e perguntou, simpática:

— Agora você conhece Melissa, em carne e osso.

— Eu sou de verdade — ela brincou.

— Mamãe fez muitos comentários positivos a seu respeito nas correspondências que trocamos.

Ela encarou Leonor:

— A senhora nunca me disse nada.

— Você é uma garota especial. Sabe que, nesse tempo de convivência, acabei por me afeiçoar a você. É como se fosse mais uma filha.

Melissa corou e agradeceu, comovida.

— Obrigada.

— E é muito bonita — ajuntou Daniel.

— Ela vai ganhar qualquer concurso de beleza — afirmou Leonor.

— É o que mais desejo!

— E se aparecer um príncipe no meio do caminho? — quis saber Daniel.

Leonor percebeu a intenção do filho.

“Meu Deus, ele está indo mais rápido do que eu poderia imaginar”, pensou, animada.

Melissa bebericou o café com leite e, ao pousar delicadamente a xícara sobre o pires, considerou:

— Primeiro, não acredito em príncipes.

Daniel fez um muxoxo:

— Não acredita no amor?

— Claro! Acredito, sim. Mas não tenho sonhos infantis de que vou conhecer um príncipe encantado.

— Não é sonho. Toda mulher quer conhecer um homem e se apaixonar, se casar, constituir família.

— Nem toda mulher pensa assim.

— Uma pena! — volveu, cabisbaixo. — Depois que se tornar miss, não vai querer se casar? Nunca?

— Não sei. Ainda preciso ganhar um concurso, sentir a emoção — Melissa fitou um ponto indefinido na copa. — Depois que realizar esse sonho, quem sabe eu não me apaixone?

— Ah, então pensa em conhecer um homem.

— Claro. Entretanto, no momento, esta não é a minha prioridade.

— Ao contrário de Rosana — retrucou Leonor.

Pela primeira vez na vida, Daniel desejou que uma moça pensasse como a noiva de seu amigo.

— Rosana é vidrada no Luís Sérgio. Apaixonou-se.

Melissa iria retrucar, dizer que não, mas não achou de bom-tom fazer um comentário desse tipo. Limitou-se a dizer:

— Cada um com seus sonhos.

— É — tornou ele, novamente cabisbaixo. — Cada um com seus sonhos.

— Você namora? — perguntou Melissa.

— Ele estava de enrosco com a filha dos Prates, família tradicional de São Paulo — disse Leonor, contrafeita.

— Não, mamãe. Pode esquecer. Estou completamente solteiro — disparou, olhando de esguelha para Melissa.

Ela riu e, instantes depois, Rosana entrou na copa, apática.

— Vamos dar um passeio.

— Também quero ir — tornou Daniel. — Estou com saudades de caminhar pelas ruas de Teófilo Otoni.

— Por que não convida Melissa? — sugeriu Leonor.

Rosana revirou os olhos e bufou. Daniel animou-se:

— Vamos?

— Não sei. Preciso me arrumar.

— Está ótima assim.

— Não.

Leonor acrescentou:

— Use aquele vestido estampado, com a fita de gorgorão.

Rosana interveio, irritada:

— Se não trabalha e não tem dinheiro, como é que pode ter um vestido desses?

— Elementar, queridinha — Melissa desdenhou, com graça. — A minha madrinha costura muito bem e me fez o vestido de lonita.

Rosana trincou os dentes e nada disse. Melissa tornou:

— Vou subir e me trocar. Desço em quinze minutos.

32

No sítio, tudo seguia a rotina. Lina deu de comer às galinhas, ajudou na preparação do almoço e foi para o barracão. Eugênia apareceu e a puxou pelo braço:

— Venha.

— O que foi, dona Eugênia?

— Nada. Hoje você vai descansar.

— Não. Tem muita coisa para fazer.

— Negativo. Vamos almoçar e, mais tarde, você vai me ajudar a arrumar de vez o guarda-roupa de Estela.

— É?

— Sim.

— Se a senhora insiste...

Lina acompanhou-a. Aderbal encostou a caminhonete. Desceu pálido, corpo alquebrado. Eugênia correu até ele.

— O que aconteceu, querido?

— Nada — ele desconversou. — Estou um pouco cansado.

— Tomou seus remédios?

— Tomei — mentiu.

— Se tomou os remédios e sente dor, precisamos ir ao médico.

— Não vou conseguir dirigir.

Eugênia mordiscou os lábios, nervosa.

— Eu bem que deveria ter aprendido a dirigir. E agora?

— Agora nada — ele pousou a mão sobre a dela, tentando acalmá-la. — Não fique preocupada. Preciso descansar. Logo passa.

Aderbal caminhou com dificuldade até o quarto. Deitou-se na cama. Eugênia cerrou as cortinas, e o quarto ficou na penumbra.

— Vou fazer um chá de capim-santo.

— Não precisa, minha querida. É só eu descansar. Passa.

— Deixarei a porta entreaberta. Qualquer coisa, por favor, me chame.

— Pode deixar.

Aderbal virou a cabeça para o lado e, mesmo com dor e formigamento pelo corpo, adormeceu. Eugênia foi até a cozinha.

— Seu Aderbal não está nada bem, né? — perguntou Lina.

— Não, querida. Não está.

— Quer que eu passe na casa de Neide e pegue a bicicleta emprestada? Posso ir até a cidade, chamar o doutor Almeida.

— Não é má ideia.

— A cidade é perto, dona Eugênia, e eu sei pedalar muito bem.

— Aprendeu como? Onde? — indagou desconfiada.

— A Neide me ensinou.

— Ela teria que lhe dar aulas.

— Eu fiz aula de bicicleta também.

Eugênia abaixou o rosto para rir. Estava cada vez mais encantada com Lina.

— Faça isso agora, Lina. Não gostei da cara do Aderbal.

— Ele está sentindo muita dor, não?

Eugênia fez sim com a cabeça.

— Pode deixar. Vou imediatamente.

Lina fechou a torneira, enxugou as mãos e tirou o avental. Calçou as sandálias e correu até a chácara de Neide, ali perto. Pegou a bicicleta emprestada e foi para a cidade.

Melissa desceu as escadas, e Daniel não conteve a admiração.

— Está radiante! — elogiou, olhos brilhantes de emoção.

Ela desceu os degraus com elegância, já praticando o que Leonor lhe ensinara. Luís Sérgio saiu da saleta e abriu a boca.

— Uau! Que espetáculo!

Rosana veio logo atrás e o cutucou com força:

— Que espetáculo é esse? De circo?

Ele pigarreou e abaixou os olhos, sem encará-la:

— Só estava admirando.

— Pode admirar de boca fechada. Aliás, em boca fechada não entra mosquito. Sábio ditado.

— Olhar não arranca pedaço.

— Mas a minha mordida pode arrancar, Luís Sérgio — vociferou Rosana. — Muito engraçadinho para o meu gosto.

Ele fungou e engoliu a contrariedade. Daniel percebeu. "Por que será que ele aguenta os impropérios de Rosana?", pensou.

Melissa desceu o último degrau. Sorriu.

— Não precisa dar pito no seu noivo.

— Ninguém me diz o que eu tenho ou não tenho de fazer — rebateu, nervosa.

— Por que você é tão insegura?

— O que foi que disse? — indagou, irritada.

— Isso mesmo — redarguiu Melissa. E repetiu: — Por que tanta insegurança? Acha que vou me atirar nos braços do seu noivo só porque ele me fez um elogio?

Rosana iria responder, todavia, Daniel deu o braço para Melissa e falou baixinho, enquanto caminhavam para a saída:

— Não ligue. Rosana é possessiva.

— Que horror! Não gosto desse tipo de comportamento.

— Você não é possessiva?

— Não.

— E se gostasse de alguém?

— Também não agiria assim — respondeu Melissa, com naturalidade. — Quem ama liberta, jamais prende.

— Você é muito diferente das garotas que conheci até hoje. Geralmente querem namorar, prender a gente, botar uma coleira no pescoço, como a Rosana faz com o Luís Sérgio.

— Eu jamais faria isso. Aposto que você deve ser bem disputado.

Ele riu.

— Depois que o mundo soube que estávamos praticamente falidos, os interesses foram minguando.

— Acho ótimo.

— O quê?

— Que não haja interesseiras rondando você.

— Espere um pouco. Você está querendo dizer que sou interessante?

— E não é? — ela devolveu a pergunta.

Daniel não soube o que responder. Sentiu um calor invadir o peito e abriu um lindo sorriso, mostrando os dentes brancos e perfeitos. Caminharam até a calçada onde estava o carro. Rosana puxou Luís Sérgio pelo braço.

— Pare de me testar na frente dos outros.

— Eu gosto de deixar você nervosa.

— Olha o meu estado. Imagine o que pode acontecer. Não posso tomar susto nem passar nervoso.

Ele balançou a cabeça.

— Só estava admirando a moça. Ela é bonita, não podemos negar. E está muito bem-vestida. Só isso.

— Você tem de ter olhos só para mim — exigiu Rosana.

— Olhar não mata, meu bem. Só estou admirando.

— Eu o conheço muito bem, Luís Sérgio — ela abaixou a voz. — Se eu não tivesse engravidado, você teria me largado, como fez com tantas outras.

— Sou homem de palavra — ele devolveu, contrariado. — Se aconteceu, paciência. Eu me comprometi a casar. Portanto, pare de ficar nervosinha quando elogio uma mulher.

— Pois bem...

Luís Sérgio a cortou e apontou para o casal à frente:

— E tem mais. Não percebeu que Daniel está caidinho por Melissa?

— Será?

— Não vá me dizer que não percebeu? Um está interessado no outro. Veja.

Rosana ficou pensativa. Passou a prestar atenção... e não é que Luís Sérgio estava certo? Melissa e Daniel estavam trocando olhares enamorados.

"Uma a menos para me dar dor de cabeça", pensou, enquanto entrava no veículo e acomodava-se no banco da frente, ao lado do noivo.

Durante o trajeto, Melissa observou que Rosana estava mais calma, mostrando amabilidade, sendo cordial. Luís Sérgio estacionou o carro. Desceram e foram para a confeitaria. As meninas pediram milk-shake, os rapazes preferiram guaraná.

Rosana puxou o assunto:

— Luís Sérgio arrendou um escritório de contabilidade e uma corretora de seguros.

— Também não é assim — respondeu ele.

— Tudo isso? — perguntou Melissa.

— Oportunidade de bons negócios, apenas — tornou ele, envergonhado.

— Luís Sérgio é um homem de sorte — interveio Daniel. — E um bom amigo.

— Amigos sempre fomos.

— E você me mostrou que é meu amigo de verdade. Depois que ficamos sem um tostão, você foi o único que não nos deu as costas.

— Porque nunca fui seu amigo por conta de sobrenome ou fortuna. Para mim, você sempre foi o "meu amigo Daniel". Nunca me importei se você tinha dinheiro ou não. E, além do mais, venho de uma família sem sobrenome importante.

— E qual é o problema? — indagou Melissa.

— As pessoas dão muito valor ao sobrenome, sobretudo em São Paulo. Daniel nunca se importou. Sempre me aceitou pelo que sou, nunca se importou com o fato de eu ser filho de imigrantes. Isso é que é amigo de verdade. Por isso — Luís Sérgio estava emocionado — sempre estarei ao lado dele e vou ajudá-lo no que for preciso. Daniel é mais que um amigo. É um irmão.

— Obrigado, amigão — devolveu Daniel, também emocionado. — Também gosto muito de você. Sabe que pode contar comigo para o que der e vier.

Rosana não estava gostando da melação. Bebericou do seu milk-shake, fez barulho com o canudinho, de maneira proposital, e retrucou:

— Luís Sérgio é tão generoso e bom que está de compromisso sério comigo.

— Se fosse outro — ajuntou Melissa —, você já teria sido descartada — e, antes que Rosana retrucasse, ela tornou: — Tem gosto para tudo, não é mesmo, Luís Sérgio?

— Eu gosto da Rosana — ele disse, sem muita convicção. — E minha mãe a adora.

Daniel sorriu:

— Difícil alguém se dar bem com sua mãe. Aquela mulher é muito dura.

— Igual a mim — rebateu Rosana. — Por isso nos damos bem.

— Você é de onde? — quis saber Luís Sérgio.

— Nasci em Belo Horizonte — respondeu Melissa. — Faz um tempo que deixei os meus pais e vim morar com meus padrinhos. São pessoas simples, levam uma vida bem tranquila.

— Por que não vive com sua família? — indagou Rosana, maliciosa. — Algum problema?

Melissa procurou manter ar natural. Susteve a respiração e respondeu:

— Mamãe ficou viúva muito cedo, antes de eu nascer. Quando eu era pequena, ela conheceu outro homem, se casaram e há pouco tempo ela teve uma filhinha. Eu não me senti fazendo parte dessa nova família.

Rosana fez um muxoxo e voltou à sua bebida.

— Seus padrinhos moram num sítio, não? — era a vez de Daniel.

— Aqui perto — ela apontou. — Podemos marcar um passeio. O lugar é lindo. Cheio de árvores, pássaros, flores... e tem uma pequena cachoeira nos fundos.

— Não gosto de mato — retrucou Rosana. — Sou bem urbana.

— Vai ser gostoso conhecer o sítio — animou-se Luís Sérgio. — Eu gosto de mato.

— Eu também — ajuntou Daniel.

Rosana deu de ombros.

— Está certo. Se todos decidem pelo sim, de que adianta eu dizer não?

Melissa manteve-se calada. Apanhou o canudinho e bebericou seu milk-shake. Daniel bebeu um gole de guaraná e piscou para ela. Luís Sérgio percebeu o clima de romance e sugeriu:

— Que tal irmos ao cinema?

— Ótima ideia! — tornou Daniel, animado.

— Adoro cinema — disse Melissa.

— Aprecio com moderação — respondeu Rosana.

— Como, com moderação? Não entendi.

— Não gosto de filme nacional, queridinha — esclareceu Rosana, já dominada pela arrogância.

— Pois fique sabendo que justamente nesta semana trouxeram filme novo do Mazzaropi.

— Adoro os filmes dele! — exclamou Daniel.

— Se todos decidem pelo sim...

— De que adiante dizer não? — Rosana fez um muxoxo.

Caíram na gargalhada, e Rosana não achou graça nenhuma. Levantaram-se e caminharam na direção do cinema. Daniel e Melissa iam na frente, sorridentes e falantes. Mais atrás, Luís Sérgio arrastava Rosana, emburrada e com uma tromba enorme.

33

Enquanto Luís Sérgio comprava os ingressos na bilheteria, Melissa voltou o rosto para o lado oposto e viu Lina pedalando na rua.

— O que Lina faz aqui? — indagou para si, franzindo o cenho.

— Quem? — perguntou Daniel.

Melissa apontou, e Rosana quis saber:

— Conhece?

— É a menina que mora conosco no sítio.

Melissa afastou-se do grupo e a chamou. Lina reduziu a velocidade e parou na guia.

— O que foi?

— Seu Aderbal não está bem — respondeu ofegante.

— Está com dores?

— Sim. Dona Eugênia está aflita. Pediu para eu localizar o doutor Almeida.

— O consultório dele é logo ali.

— Não podemos perder tempo.

— É tão grave, Lina?

— Acho que sim.

Melissa foi até o grupo.

— Desculpem-me, mas não poderei ficar com vocês no cinema.

— O que aconteceu? — indagou Daniel.

— Meu padrinho está passando mal. Vamos chamar o doutor Almeida.

— Eu o conheço. É um médico conceituado — considerou Daniel.

— Podemos ir até o consultório dele agora?

Rosana não estava com vontade de participar. Todavia, ficara feliz por não ter de assistir ao filme nacional. Viu o rosto de Melissa contrair-se e disse:

— Eu e Luís Sérgio ficaremos aqui. Vou avisá-lo para devolver os ingressos.

— Está certo — respondeu Daniel.

Ele e Melissa estugaram o passo. Antes de acompanhá-los, Lina pediu a Rosana:

— Poderia tomar conta da bicicleta para mim? Depois venho buscá-la.

— Pode deixar, queridinha — assentiu Rosana contrafeita. — Tomarei conta — ela falou e nem prestou atenção na bicicleta. — Que levem esta latinha velha embora daqui! É um favor que fazem — murmurou, num misto de riso e descaso, e voltou à bilheteria.

Luís Sérgio batia um papo descontraído com a vendedora. Rosana bufou, correu até ele e o beliscou:

— Que conversa tão animada é essa? — perguntou indignada.

— Que conversa?

— Não me faça de tonta, Luís Sérgio. Eu vi a maneira como você estava conversando com essa aí. O que deu em você? Resolveu virar um pervertido?

— Essa aí, não. Tenho nome. Sou casada — a moça mostrou o anel no dedo.

— Sem-vergonha! — exclamou e puxou Luís Sérgio para um canto. — Devolva os ingressos.

— Por quê? O que eu fiz de errado? Eu não estava paquerando a vendedora e...

— Quieto, Luís Sérgio! Parece que o tio, padrinho, sei lá o quê da Melissa está passando mal e foram buscar um médico. A sessão caipira foi suspensa. Devolva os ingressos para a oferecida da bilheteria.

— Ela não é oferecida. É uma vendedora simpática. Só isso.

— Simpática, sei.

— Pare com seus ataques de ciúme.

— Você vai ver o que eu faço aqui. Boto fogo neste cinema. Sabe do que sou capaz, Luís Sérgio.

— Eu sei... — ele anuiu, desalentado.

O rapaz caminhou de volta à bilheteria e, gentilmente, explicou à vendedora o motivo da devolução. A moça, solícita, fez a troca, devolveu o dinheiro e, quando ele virou de costas, a vendedora fez uma careta para Rosana.

— Feia!

— É você — gritou Rosana, descendo as escadas. — Feia e pobre.

— Pare com isso, Rosana. Olha a compostura.

— Argh!

— Eu não fiz nada.

— Você se faz de besta, de bobo. É dissimulado, mas eu bem sei que você olha de canto de olho para as mulheres. Não pode ver um rabo de saia.

— Não é bem assim.

— É sim — ela alteou a voz.

— Vai querer brigar?

— E se quiser? — desafiou, nervosa.

— Está bem. Se quiser, podemos terminar tudo agora. Já não chega o nosso descuido? Não quero que se torne uma mulher desconfiada e amargurada.

Rosana levou as mãos ao rosto.

— É muita pressão. Sinto-me uma leviana. Jamais deveria ter me deitado com você.

— Ei! Não fique assim — considerou Luís Sérgio. — Venha cá.

Ela se aproximou e ele a abraçou.

— Perdi a virgindade, tornei-me uma mulher desonrada. Culpo-me todos os dias por ter me deitado com você. Jamais deveria ceder à tentação.

— Calma. Não fique descontrolada.

— Deveria... tirar.

Ele ruborizou.

— Não diga isso! Sabe que sou contra. Você está gerando um filho nosso.

Rosana sabia que Luís Sérgio vinha de uma formação católica e era naturalmente contrário ao aborto. Ela falava por falar, só para mexer com os brios dele, para parecer vítima da situação, uma pobre coitada, indefesa. Ele não percebia que ela falava só para provocá-lo.

"Eu vou ter que pôr no mundo este infeliz que cresce dentro de mim. Paciência. Tudo faço e farei para ter você junto de mim", pensou Rosana, fria.

Luís Sérgio não percebia o jogo dela e caía feito um patinho. Abraçava-a e pedia para ela ter calma. Ele fora o primeiro e único homem de Rosana e se sentia responsável em desposá-la. Era uma questão de honra, coisa típica da educação que recebera, além de outro pequeno detalhe...

— Não fique assim. Vamos nos casar e teremos nosso filho. Tudo vai se resolver.

— Obrigada — ela falou e enterrou a cabeça no ombro dele.

Luís Sérgio sorriu, contrafeito. O pequeno detalhe que o prendia a Rosana: ele estava sendo ameaçado pelo

pai e pelo tio. Se não parasse com a vida de prazeres, com os jogos, as bebidas e as mulheres, não lhe dariam o dinheiro para comprar o escritório de contabilidade e o de seguros. Ele queria muito ter seu próprio negócio, porém não tinha um tostão. Rosana aparecera em sua vida em boa hora, mas não era a mulher que Luís Sérgio idealizara ter ao seu lado.

Rosana, mais serena, passou pela bicicleta largada na praça e sorriu:

— Ainda não roubaram? Adoraria ver a cara de desespero daquela fedelha! — disse para si, bem baixinho, enquanto se recompunha nos braços de Luís Sérgio.

Ele, por sua vez, não prestara atenção no que Rosana dissera nem na bicicleta ali abandonada. Seus olhos fixavam-se em cada moça bonita que atravessava a calçada.

Doutor Almeida os atendeu e declarou, ar severo:

— Se dona Eugênia pediu que viessem me chamar, é porque Aderbal deve estar muito mal.

— Está, sim, doutor — observou Lina. — Muito mal.

— Precisamos ir de carro — ele disse.

— Podemos usar o carro de Luís Sérgio — interveio Daniel.

— Está certo. Vou pegar minha maleta e saímos em cinco minutos.

— Sim, senhor.

Daniel foi até Luís Sérgio pedir o carro emprestado. Enquanto isso, na porta do consultório, Melissa abraçou Lina.

— Estou com uma sensação ruim, um aperto no peito.

— Eu também. O que é isso?

— Não sei, querida. Mas não é bom sinal.

— Acha que o seu Aderbal... — ela não conseguiu terminar a frase.

Lina a censurou:

— Não diga nada. Agora não é hora de dizer nada. Vamos rezar.

— Está certo.

Luís Sérgio entregou a chave do carro para Daniel.

— Não se preocupe conosco. Eu e Rosana voltaremos a pé. Afinal, a casa de vocês fica só a algumas quadras de distância.

— Obrigado, meu amigo — tornou Daniel. — As meninas estão lá na porta do consultório desorientadas. Preciso acompanhá-las. E não podemos perder tempo.

— Tudo bem. Podem ir.

Luís Sérgio enlaçou Rosana, rodaram nos calcanhares e saíram em direção à casa de Leonor. Daniel chegou com as chaves. Doutor Almeida saiu carregando a maleta médica.

— Vamos, doutor. O carro está logo ali — apontou.

Entraram no veículo. Doutor Almeida foi na frente. As meninas sentaram-se atrás, mãos dadas. Fecharam os olhos e rezaram. Enquanto isso, Almeida indicava o caminho do sítio para Daniel.

Chegaram e, tão logo Daniel estacionou, Eugênia correu até o portão.

— Doutor, por favor. Ele está com a respiração ofegante e suando em bicas.

— Calma, dona Eugênia. Deixe-me vê-lo, por favor.

Ela abriu caminho, e Almeida entrou. Foi direto para o quarto. Melissa saiu do carro e, chorosa, abraçou Eugênia.

— Oh, tia! Como ele está?

— Nada bem, minha querida.

— Eu deveria estar aqui. Não podia ter ficado tanto tempo na casa de dona Leonor.

— E de que adiantaria? Graças a Deus, você estava lá. Caso contrário, como doutor Almeida chegaria tão rápido?

— Ela tem razão — observou Lina.

Melissa apresentou Daniel.

— Tia, esse é o Daniel, filho da dona Leonor.

— Olá.

— Olá, dona Eugênia — ele apertou a mão dela com delicadeza. — Sinto muito nos conhecermos num momento tão aflitivo.

— Vamos, entrem.

Lina avisou:

— Depois vou até a casa de Neide dizer que amanhã devolvo a bicicleta. Deixei com aquela moça, a...

— Rosana — completou Daniel.

— É. Acho que é. Pedi para ela tomar conta para mim.

Entraram na casa e Eugênia foi direto para o quarto.

— E então, doutor?

— Ele precisa ser internado. Imediatamente.

— Posso ajudá-lo a carregar o paciente até o carro — ofereceu-se Daniel.

— Por favor, meu jovem. Vou precisar da sua ajuda. Estou ficando velho e não tenho tanta força para carregar um touro feito Aderbal.

— Eu ajudo, sem problemas.

— Vai dar tudo certo, querido — disse Eugênia a Aderbal.

Ele fez sim com a cabeça. Melissa quis ir junto.

— Não, querida. Você e Lina ficam aqui.

— Eu vou com a senhora — pediu Lina. — Daí aproveito e pego a bicicleta de volta.

— E vai voltar sozinha?

— Não tem problema.

— Vamos logo — tornou Almeida. — O tempo urge e precisamos chegar o mais rápido possível ao hospital — e, virando-se para Daniel, prosseguiu: — Precisamos carregá-lo. Já!

— Sim, senhor.

Lina tranquilizou Melissa:

— Eu volto rápido. Vamos ficar juntas.

— Está bem.

Aderbal pediu para ficar a sós com Eugênia.

— Não temos tempo — doutor Almeida foi categórico.

— Preciso só de um dedinho de prosa com ela, doutor. Por favor.

— Está bem. Seja rápido.

Saíram do quarto, e Eugênia encostou a porta. Correu até a cama.

— O que foi, querido?

— Aconteça o que acontecer, você precisa ter uma conversa com Lina.

— Isso agora, Aderbal?

— Por favor — ele levou a mão ao peito.

— Não fique assim — ela estava chorosa.

— Precisamos contar, Eugênia. Ela merece saber.

— Não. Para quê?

— Porque é a verdade. A verdade deve ser dita.

— Quando você voltar do hospital, conversaremos melhor. Agora precisa tratar da saúde.

— Não. Eu não posso morrer com isso entalado na garganta.

— Você não vai morrer!

— Eugênia, Lina precisa saber que você é prima distante de Bibiana, que você sabia de uma possível joia escondida na casa dela. Eu fui até lá, procurei, segui a família de Lina, vi aqueles homens matarem os pais e o irmãozinho dela e não pude fazer nada... — Aderbal

falava entre soluços: — Não posso mais compactuar com esse silêncio. É ele que está me matando.

— O que poderia fazer? Como iria salvá-la? Eles eram assassinos!

— Eu sei, mas poderia ter chamado a polícia, ter feito alguma coisa. O fato é que não fiz absolutamente nada, entende? Deixei a menina à míngua, na mão daqueles matadores frios e cruéis. Eles poderiam tê-la matado, Eugênia, ou feito coisa muito pior.

— Não mataram! Você a seguiu, fingiu estar à toa na estrada, trouxe-a para cá. Acabei me afeiçoando a ela. Lina ganhou um lar, uma família. Acabamos lhe fazendo um bem. Nunca quisemos lhe fazer mal.

— Precisamos ser claros, transparentes. Ela tem de saber a verdade. E, em troca, vamos lhe dar a certidão de nascimento de Estela. É o meu último desejo...

A pontada agora veio forte e fatal. Aderbal levou a mão ao peito e deu um grito de dor. Arregalou os olhos, que ficaram estáticos fitando o nada. As mãos caíram pesadas sobre a cama. Eugênia deu um grito:

— Não! Por favor, Aderbal. Não morra!

Daniel e doutor Almeida entraram no quarto. Almeida afastou Eugênia, que chorava convulsivamente. Daniel a abraçou, e Almeida constatou: Aderbal estava morto.

34

Passada uma semana do enterro de Aderbal, Melissa decidiu permanecer no sítio.

— Não, querida. Você tem que seguir sua vida. Fique no casarão.

— Não, senhora — protestou. — Agora somos nós três.

— Tem o sonho de ser miss ou manequim. Estava se dando tão bem com dona Leonor.

— Agora precisamos estar juntas — ressaltou Melissa.

— Não quero que emperre sua vida por minha causa.

— Não estou fazendo nada que não queira, tia. Estou decidida.

Eugênia a beijou no rosto, comovida.

— Obrigada pelo carinho.

— Onde coloco as roupas do seu Aderbal que estavam para passar? — indagou Lina.

— Não precisa passá-las — interveio Eugênia. — Vamos doá-las. Vou levá-las para o barracão da Neide. Tem muitos homens que mal têm o que vestir. As roupas serão bem-vindas.

Lina deu de ombros e as separou em um canto. Dobrou-as com jeito. Eugênia a encarou.

"Será que conversamos?", se perguntou. "Precisamos conversar."

Ela entregou a colher de pau para Melissa:

— Vá mexendo até atingir o caldo. Depois, mexa mais cinco minutos e desligue.

— Sim, senhora.

Eugênia caminhou a passos vagarosos até Lina. Respirou fundo e considerou:

— Precisamos conversar.

— Diga, dona Eugênia.

— Conversa particular.

— Fiz algo errado?

— Não. Só quero conversar. Está muito ocupada?

— Não muito.

— Vamos para o seu quarto.

Lina achou aquilo tudo muito sério para o gosto dela. Sentiu leve desconforto.

— Está bem.

Ela largou os afazeres, tirou o avental e o dependurou atrás da porta. Em seguida, acompanhou Eugênia até o quarto. Assim que entraram, Eugênia fechou a porta e apontou para a cama:

— Sente-se, por favor.

— Por que tanto mistério?

— Quero que escute tudo, de uma só vez e, por favor, não me interrompa. Se quiser, poderá me cravar de perguntas no final. No entanto, deixe-me falar tudo.

Lina assentiu e Eugênia começou:

— Há muitos anos, minha família dividiu-se. Uma parte tentou a sorte no Nordeste, e a outra parte quis ficar por estas bandas, entre Minas Gerais e Goiás, em busca de ouro e pedras preciosas.

Lina ouvia com atenção.

— Depois de certo tempo, um tio-avô meu instalou-se no Ceará, em uma cidade pequena, e por lá ficou até o fim de seus dias. Casou-se e teve filhos. Uma de suas filhas chamava-se Bibiana.

Lina deu um salto da cama e levou a mão à boca, surpresa:

— Bibiana? Dona Bibiana?

— Sim.

Um brilho de emoção perpassou os olhos de Lina.

— A senhora é parente de dona Bibiana!

— Sou. Prima de segundo grau.

— Que mundo pequeno!

— Nem tanto. Trocávamos cartas e, num determinado momento, Bibiana, já com idade, confidenciou-me que o pai dela havia encontrado, muitos anos atrás, uma pedra preciosa. Era uma pedrinha bruta, que poderia valer um bom dinheiro, que ela guardava com muito carinho porque era a única lembrança que sobrara do pai.

— E?

— Ocorre que eu fiquei com aquilo aqui, na cabeça — Eugênia levou o dedo até a têmpora —, matutando, sem esquecer. Quando um primo distante nos avisou que Bibiana havia falecido, imediatamente lembrei-me da pedra e fiz Aderbal ir até o Ceará, lá no sertão, à procura dela.

Lina começou, instintivamente, a juntar os pontos. De repente, começou a sentir que ela não estava naquela casa por coincidência. Aderbal e Eugênia estavam de olho nela! Era isso!

— Seu Aderbal... painho me disse que havia um homem na cidade, com um veículo... agora estou me lembrando... à procura da casa de Bibiana. Então era o seu Aderbal que tinha ido lá.

— Era sim, querida. Aderbal foi até lá, mas não encontrou nada.

— E depois ele voltou para cá? Foi isso?

— Não — Eugênia estava envergonhada. — Aderbal achou que você pudesse ter pegado a pedra. Ele a viu entrar na casa de Bibiana e a seguiu até lhe dar carona no Jequitinhonha.

Lina tentou concatenar os pensamentos. Os olhos giraram nas órbitas.

— Espere um pouco... Quer dizer que... seu Aderbal viu os assassinos de minha família?

— Viu.

— Ele viu aqueles homens matarem meus pais e meu irmão?

— Sim — a voz de Eugênia saiu tremida.

— E não fez nada?

— Ele teve medo, Lina. Como poderia desafiar dois matadores?

— Poderia ter ido à polícia, poderia ter dado um tiro, poderia ter passado com essa lata velha sobre eles, poderia ter feito tanta coisa...

— Eu sei, meu bem. Ele pediu, pouco antes de morrer, para eu lhe contar tudo o que estou contando.

— Por quê? — a voz de Lina saiu engasgada. — Porque, se ele não pedisse, a senhora não ia me falar nada? É isso?

— Não!

— Se seu Aderbal não pedisse para revelar-me esse odioso segredo em seu leito de morte, a senhora continuaria calada? É isso?

Eugênia não respondeu. As lágrimas começaram a descer.

— Seu silêncio já diz tudo.

Lina sentia o ar faltar. A vontade que tinha era de avançar sobre Eugênia e lhe dar uns bons sopapos.

— Como pôde ele, um homem maduro, pai de família, deixar uma moça como eu, indefesa, nas mãos daqueles trogloditas? Eles queriam me violentar! Eles poderiam ter me matado!

— Mas não mataram — emendou Eugênia chorosa. — Não mataram. Você está aqui. Veio para nossa casa, foi acolhida, amada, ganhou um lar, um pai, uma mãe e até uma irmã. Melissa a adora.

— Não adianta querer que eu fique contente por ter ganhado essas migalhas. Vocês estão tentando aliviar o remorso, isso sim. Estão tentando aplacar a culpa que têm. Deve ter sido por isso que seu Aderbal morreu.

Eugênia a encarou com olhos injetados de fúria.

— Não fale assim de meu marido. Respeite a memória dele!

Lina riu com desdém.

— Respeito? Depois do que me foi revelado? Eu não tenho respeito por nenhum de vocês.

— Por favor, Lina. Entenda.

Lina foi até o guarda-roupa, escancarou a porta e abriu uma gaveta. Meteu a mão no fundo e de lá tirou o saquinho de couro. Arrancou a pedra brilhante e cristalina, e atirou no colo de Eugênia.

— É isso o que queria, não é? Pois tome. Fique com sua pedra preciosa, com sua joia.

Eugênia pegou a pedra e chorou mais ainda.

— Então você a tinha desde sempre!

— Era só ter me pedido. Nunca comentaram nada comigo.

— Como você descobriu? Quem lhe contou sobre a pedra?

— Dona Bibiana. Quer dizer, o espírito dela.

Eugênia não entendeu.

— Eu sonhei com dona Bibiana, e ela me falou sobre a pedra — explicou Lina, irritada. — Jamais iria

imaginar que vocês eram tão gananciosos. Vai ver que é por isso que Deus levou sua filha.

Eugênia não se conteve. Levantou-se e o tapa foi forte: plaft! Lina levou a mão ao rosto.

— Ardeu. E juro que me deu vontade de revidar. Respeito os mais velhos, mas não sou covarde, não assisto ao assassinato de uma família de braços cruzados — ela falou, apanhou uma sacola e meteu algumas peças de roupa dentro.

— O que está fazendo?

— Vou-me embora daqui.

— Não faça isso, por favor — suplicou Eugênia. — Eu vou lhe dar a certidão de nascimento de Estela, assim como a cédula de identidade. Logo Estela completaria dezoito anos. Você poderá ser livre e independente, ir para onde quiser.

— Não quero viver com os documentos de uma morta.

— É o mínimo que posso fazer para me redimir. E era o desejo de Aderbal. Por favor, você está com a cabeça quente, Lina.

— Está fervendo, isso sim.

Melissa entrou no quarto.

— Que gritaria é essa?

— Nada, querida — tornou Eugênia.

Ela viu a sacola e o rosto transfigurado de Lina, além dos olhos inchados de Eugênia.

— O que está acontecendo?

— Pergunte à sua madrinha — provocou Lina. — Estou de saída.

— Aonde vai?

— Passar uma longa temporada com a Neide.

Ela girou nos calcanhares e bateu a porta. Melissa abaixou-se e perguntou, fitando Eugênia:

— Tia, o que aconteceu?

— Tudo, minha filha. Tudo! — e desatou a chorar.

35

Lina jogou a sacola no chão e bateu palmas no cercadinho que dava para o barracão. Não era dia de trabalhos espirituais, mas havia uma luzinha acesa. Uma mocinha atendeu:

— Oi.

— Eu queria falar com a Neide — pediu Lina.

— É para atendimento?

— Não. Sou amiga dela. Meu nome é Lina.

— Ah, você é a aluna que mora no sítio da dona Eugênia?

— Eu mesma.

— Entre, por favor.

Lina agradeceu e entrou. Neide estava no fundo do barracão, terminando de acender velas para seus guias e fazendo orações. Lina ficou só observando. Assim que Neide terminou, abriu um sorriso maroto:

— Estava esperando você!

— É?

— Sim.

Neide aproximou-se e beijou-a no rosto.

— Vai passar uns tempos comigo, né?

— Como sabe?

Ela apontou para a sacola.

— Além do mais, a sua mentora já tinha passado por aqui e me informado.

— Mentora?

— É. Uma espécie de anjo da guarda. Ela veio conversar comigo. É uma russa, linda.

Lina sentiu um estremecimento pelo corpo. Lembrava-se vagamente dos seus sonhos com Maruska. Mas era tudo muito vago, muito fragmentado. Ela não estava em condições emocionais de reagir positivamente. Estava fula da vida, isso sim.

— Por que será que esse anjo da guarda não me preveniu dos traidores? Poderia ter me afastado deles.

— Anjo da guarda não faz o nosso trabalho. Eles só nos orientam, inspiram, mais nada.

— Grande coisa!

— É uma grande coisa, sim. Se você estiver bem, conectada com a sua essência, vai conseguir captar o que esse espírito amigo tem a lhe dizer.

Lina fez um gesto vago com as mãos. Estava cansada. Deixou-se cair sobre uma cadeira e confessou:

— Estou muito triste.

— Ainda está com a sensação de ter sido traída?

— Não, pior. Apunhalada pelas costas.

— Não vejo motivo para tanto drama.

— Porque não é você quem está passando por isso.

— Venha comigo. Aqui não é local para esse tipo de conversa.

Lina girou os olhos nas órbitas. Não queria levantar-se dali, não queria fazer mais nada. Estava realmente triste e desiludida. Gostava muito de Eugênia e Aderbal. E adorava Melissa. Tomara a decisão de rompimento num

impulso, mas não era do tipo que voltava atrás. Seu orgulho jamais a faria voltar e rever os fatos.

Neide a puxou pelo braço e caminharam pelo quintalzão até chegarem a um quartinho de terra batida, com uma mesinha de madeira, algumas figuras de santos, velas coloridas e um quadro enorme de Nossa Senhora pendurado atrás da mesa.

— Que quartinho bonito!

— É bem simples — tornou Neide. — Contudo, a energia é maravilhosa. É aqui que atendo, faço as consultas, recebo meus guias para passar as orientações de cura.

— Interessante.

— Você já tem inteligência para aprender e lidar com essas energias, conhecer melhor sobre o mundo espiritual.

— Não sei.

— Não é obrigada, mas a vida espiritual é tão rica, tão bonita. Conhecê-la abre nossa consciência, amplia nosso grau de lucidez e melhora os sensos de nossa alma, ajudando-nos a fazer escolhas mais acertadas, errando menos. Afinal, queremos viver sem sofrer. E, para viver sem sofrer, é necessário usar a inteligência e conectar-se com as forças espirituais superiores.

— Não sei se conseguiria.

— Claro que consegue. Tudo é uma questão de treino e habilidade.

— Agora estou nervosa e irritada.

— De nada adianta estar nesse extremo. Precisa parar e refletir.

— Refletir sobre o quê? Fui traída.

— Está olhando a situação por um único ângulo.

— E por acaso existe outro ângulo que eu deva ver?

— Sim. Toda história tem duas versões.

— Eles só queriam a pedra preciosa, a joia.

— Agora entendi... você está assim porque se sentiu desprezada.

— Hã?

— É. Eles não queriam você, de jeito algum. Queriam a joia, a pedra preciosa. Você era um nada para eles.

Lina sentiu um ódio surdo brotar no peito. Neide prosseguiu:

— Como é sentir-se um nada, um ser insignificante?

— Não é bem assim...

— Vamos. Feche os olhos. Sente-se nessa cadeira — apontou. — Você agora assume que é um nada, um zero à esquerda. Como seu corpo reage?

Lina sentiu profundo incômodo. A respiração, entrecortada num primeiro momento, tornou-se mais ofegante, e ela explodiu num grito de raiva:

— Sei que não tenho valor, mas podiam ter consideração por mim. Era só isso que eu queria.

— Ora, como queria que tivessem consideração, se você mesma jamais se colocou em primeiro lugar?

— Porque isso é errado — Lina abriu os olhos, enxugou as lágrimas, parecia estar um pouco mais calma. — Sempre me disseram que os outros vêm em primeiro lugar.

— Está errado. Se você não se valorizar, quem vai lhe dar o devido valor?

Ela não soube responder. Abaixou a cabeça, pensativa. Neide estava com a modulação de voz firme. Era nítido que estava com a companhia de um de seus guias. Continuou:

— Como pode exigir dos outros algo que você mesma não se dá?

— Acho que não sou digna de nada.

— Enquanto pensar dessa forma, não terá nada na vida, nem mesmo um nome.

— Tenho um nome. Eu me chamo Lina.

— Prove — Neide provocou. — Onde está o documento de identidade? Você nem existe para o mundo.

Lina não sabia o que dizer. As palavras de Neide — ou do guia, quem quer que fosse — eram muito duras, porém necessárias para começar a arrancá-la desse mar de ilusões, dessa bolha de plástico que havia criado para não ter contato com a realidade. O mundo era amplo, grande, rico, e havia muita coisa para fazer, muito para aprender. Lina aceitara viver em um mundinho que seu espírito recusava aceitar. O seu espírito queria mais, muito mais. Estava na hora de ela mudar. Antes de ela responder, Neide a tranquilizou:

— Passará um bom tempo aqui. Eu procurarei ajudá-la no que for possível. Conte comigo e com nossos amigos espirituais.

Lina levantou-se e abraçou-a emocionada.

— Obrigada. Eu não quero mais voltar para o sítio de dona Eugênia. Não quero.

Solange chegou em casa e, mais uma vez, estava difícil encarar Luís Sérgio. Ela procurava entrar pelos fundos, passava pela cozinha, tirava os sapatos e subia devagarinho. Naquela tarde teve o desprazer de cruzar com Rosana descendo as escadas.

— Oi, queridinha.

— Oi.

— Por que você sempre entra pelos fundos? — indagou, provocativa.

— Não gosto de aparecer.

— Sei. Luís Sérgio falou de você.

Solange sentiu as faces arderem.

— Falou? O quê?

— Que você ficava grudada no pé dele.

— Nunca fiquei grudada no pé de ninguém — a voz de Solange não era das melhores.

— Não é o que soube. E, de mais a mais, você não faz o tipo dele nem aqui nem na China.

— Pode me dar licença? Estou atrasada.

— Para quê? Tem compromisso?

— Estou na minha casa. Saia da minha frente.

Solange a empurrou com força, e Rosana teve de se equilibrar no corrimão para não cair.

— Grossa! Família grossa.

— O que foi? — quis saber Luís Sérgio.

— A tonta da Solange acabou de chegar.

— Ahã.

— Como ahã, Luís Sérgio?

— Nada.

— Se eu perceber você de olho nela, já sabe.

— Ela não faz meu tipo, você sabe. Por que tanta implicância?

Rosana fez beicinho.

— Deve ser o meu estado — e passou a mão no ventre. — Precisamos correr com os preparativos. Logo essa barriga começa a crescer e todos vão notar.

— Vamos embora neste fim de semana.

— Não aguento mais ficar aqui. Já estou até o pescoço com esta cidade. Quero ir embora amanhã. Pode ser?

— Está bem. Amanhã.

Rosana subiu para se trocar. Não via a hora de voltar para São Paulo e cuidar dos preparativos do casamento.

A tarde em que Aderbal dera carona para Eunice e levara Melissa embora para casa ainda causava frêmitos de emoção em Eunice. Ela se lembraria do episódio por muitos e muitos anos, com riqueza de detalhes, desde o momento em que subira os degraus do jardim até entrar

na sala e contar, emocionada, à mãe e à irmã o acontecimento inusitado daquele dia.

— Parece filme! — Leonor empolgou-se.

— Pois é, mamãe. Pensei que fosse ter um ataque, que fosse sofrer de novo. Mas, quando dona Eugênia me disse que Hermes está viúvo, não tem filhos e nunca mais se interessou por mulher nenhuma, eu fiquei com esperanças.

— Isso é muito bom. Torço para que tudo dê certo. Agora que tantos anos se passaram, vocês estão mais experientes, podem viver um amor maduro, pleno, sem os arroubos da paixão — tornou Leonor, contente.

— Não sei — observou Solange. — Será?

— Por que diz isso? — indagou Eunice.

— Não sei. Será mesmo que Hermes ainda gosta de você?

— Fiquei com essa dúvida me corroendo por dentro. Mas quando seu Aderbal chegou, comentou que foi visitar Hermes no hospital. Quando eu soube que Hermes falou, com todas as letras, que nunca me esqueceu, não tive dúvidas de que ainda vale a pena tentar.

— Melhor terem uma conversa. Não sei se ele ainda pensa como anos atrás.

— Você está muito amarga, Solange.

— É. Também acho — anuiu Leonor.

Solange não respondeu. Levantou-se e subiu.

— O que deu nela, mamãe?

— Não sei. Sua irmã anda estranha ultimamente. Tem conversado pouco, se alimentado muito mal. Viu como emagreceu?

— É. Tenho notado que ela está mais triste. Antes, Solange era a alegria da casa, trazia os livros espíritas, os romances, falava com empolgação sobre o mundo espiritual... O que será?

— Não sei. Para mim, ela está assim por conta daquele "não" que recebeu de Luís Sérgio.

— Será? Ainda?

— Sim. Creio que Solange ainda não se libertou disso.

— E quando vai se libertar?

— Não sei. Confesso que não sei.

No quarto, Solange olhava-se no espelho e percebia o quanto havia emagrecido. Deu de ombros.

— De que adianta manter um corpo bonito? Ninguém quer saber de mim. Luís Sérgio não quis saber de mim. Os homens não querem saber de mim. Até Eunice, que ficou dez anos presa num quarto, está tendo a chance de ser feliz. Só eu que não consigo ter essa chance. Isso é injusto.

36

Na manhã seguinte, antes de cruzar os portões da escola, Solange encontrou Neide nos corredores.

— Como vai?

— Faz tempo que não nos vemos. Desde a morte de seu Aderbal — disse Solange, procurando ser breve e desvencilhar-se de Neide.

A bem da verdade, Solange procurava evitar encontrar Neide pelos corredores da escola. Tinha medo de ouvir um sermão, uma advertência, um puxão de orelhas do "lado de lá", ou algo do gênero. Nesse dia, porém, não teve como escapar. Antes de dar tchau, Neide declarou:

— Não precisa fugir de mim. Eu não mordo e sou muito reservada. Não gosto de importunar as pessoas. Jamais pararia você para dar sermões ou algo do gênero.

Solange sentiu o rosto arder. Mordiscou os lábios, apreensiva:

— Imagine! Eu?!

— Não precisa fazer cenas comigo. Em todo caso, de hoje em diante, pode ter certeza de que não vou mais parar para conversarmos. Vou cumprimentá-la a distância.

— Nunca disse nada, Neide — balbuciou num fio de voz.

— Nem precisava. Eu leio os pensamentos, esqueceu?

Solange a puxou pelo braço e a levou até um canto do pátio, antes de cruzarem os portões.

— Mil desculpas. Não quis ser indelicada. É que, depois daquela nossa conversa sobre Luís Sérgio, fiquei mexida. E, agora que ele está lá em casa, tenho a impressão de que tudo voltou. Eu não consegui me desvencilhar do passado. Parece que ainda estou presa...

— Está presa em sua mente.

— Como assim?

— O seu problema não é Luís Sérgio, Rosana ou quem quer que seja, mas a sua cabecinha — Neide apontou para a testa.

— Luís Sérgio mexe comigo, sabe? Toda vez que o vejo lembro-me de ele me falando aquele não, e a Rosana, agora, toda metida, com aquele ar triunfal e...

Neide a cortou sem cerimônia.

— Pare com essa conversa que não vai nos levar a lugar nenhum. Você precisa, antes de mais nada, aceitar que somos livres para escolher amigos, amantes, parceiros, companheiros, maridos, profissões, alimentos, ou seja, temos o poder de escolha, podemos escolher o que quiser, a hora que quiser e como quiser. Se Luís Sérgio decidiu que você não era a mulher ideal para ele, vamos bater palmas à sinceridade dele.

— Mas a Rosana não tem nada a ver com ele. É fútil, manipuladora, fria, vai fazê-lo sofrer.

— Está com dor de cotovelo.

— Assim você me ofende.

— Está cheia de orgulho. Todo orgulhoso se ofende. Se fosse humilde e estivesse de bem consigo mesma, cuidando da sua vida, valorizando o que sente, dando

atenção aos seus gostos e preenchendo as próprias necessidades, jamais teria tempo para apontar o lado negativo dos outros, ou comparar-se aos outros, o que é pior.

— Comparar-se é saudável.

— Quem disse? Um louco, talvez! Comparar-se é o mesmo que negar Deus.

Solange estremeceu. Neide continuou:

— Óbvio do óbvio! Se Deus nos fez todos semelhantes, mas com corpos, rostos, ideias e habilidades diferentes, como poderemos nos comparar? Isso é insano, é desumano. Todo aquele que se compara está negando a essência divina em si e se afasta cada vez mais da sua verdadeira espiritualidade.

Solange não sabia o que dizer.

— Bom... eu...

— Você não tem problemas com Luís Sérgio, com Rosana, com ninguém. O seu problema é consigo mesma. Aceite-se do jeito que é.

— Eu me aceito.

— Não. Não se aceita. Você, Solange, tem um lado ousado, tem um espírito vanguardista, moderno, muito à frente do convencional. Está presa a padrões de comportamento que não têm nada a ver com a sua realidade espiritual. Eu disse *sua* — enfatizou. — Seu guia, aqui do meu lado, está me dizendo que você veio ao mundo para experimentar, viver novas aventuras, abrir-se ao novo, conhecer, amar, mostrar às pessoas que o diferente também funciona, também pode dar certo.

Solange sentiu um estremecimento agradável pelo corpo, logo depois uma sensação de leveza, como se uma couraça tivesse sido arrancada, e ela pudesse seguir livre pelo mundo, pela vida, leve, solta, cheia de ousadia, dirigindo o próprio destino de acordo com o que sentia, não com o que pensava. O peito ficou mais leve, a emoção veio

forte, e o pranto também. Ela caiu de joelhos e chorou, chorou como havia muito tempo não chorava.

Neide passou as mãos nos cabelos sedosos de Solange e acrescentou, numa voz amável:

— Isso, Solange. Siga seu rumo, vá viver do seu jeito. A vida no planeta é muito curta, passa muito rápido. Não perca a oportunidade de arriscar, experimentar, atirar-se ao novo. O espírito adora o novo.

Solange recompôs-se. Levantou-se e, limpando as lágrimas com as costas das mãos, olhos inchados, disse firme:

— Tenha certeza de uma coisa, Neide.

— O que é?

— Nunca mais, nesta vida, eu vou deixar de fazer o que a minha alma anseia. Nunca mais, nem que eu tenha que ignorar completamente todas as convenções da sociedade. Eu não nasci para seguir padrões sociais rígidos. Nasci para seguir as minhas próprias regras, respeitando a mim e aos outros, claro, mas, acima de tudo, vim para ser feliz. O meu compromisso nesta encarnação é comigo e não com o mundo.

— Entende agora por que o "não" de Luís Sérgio a incomodava sobremaneira?

Solange fez sim com a cabeça.

— Tem razão. O "não" que escutei dele jamais me machucou ou me fez mal. Na verdade, o "não" de Luís Sérgio representava tudo o que eu negava para mim mesma: minhas vontades, minhas qualidades e, principalmente, as aspirações de minha alma. Nunca mais vou dizer "não" para mim, porque eu não quero viver assim, dando suporte aos outros sem antes dar suporte a mim.

— Só você pode tomar conta de si mesma.

— Você abriu meus olhos, minha mente, meu coração — Solange abraçou-a com carinho — Obrigada!

— Confie no senso de sua alma — finalizou Neide. — Você vai vencer!

Penha e Jurandir saíram do cartório com a escritura definitiva devidamente registrada.

— Nem acredito que temos um imóvel em nosso nome — exultou Penha, feliz da vida.

— E nunca mais pagaremos aluguel — acrescentou Jurandir. — Agora temos nosso próprio negócio. Vou fazer aquele botequim render muito dinheiro. Você vai ver, meu amor. Vou trabalhar dia e noite, faça chuva ou faça sol. Não terei um dia de descanso sequer.

— Também não exagere. Moramos perto da praia. Quero que você tenha uma vida mais tranquila. Lembre-se do seu problema nas costas. Não quero um marido doente.

Jurandir fez um gesto vago com as mãos. Fingira durante tantos anos e agora não via mais necessidade nem sentia vontade de usar desculpas esfarrapadas para não trabalhar. Era outro homem, ou pelo menos acreditava que se tornara outro.

— Imagine, Penha. Agora temos nossa casa, nosso bar, nossa filha pequena, uma vida boa pela frente. A doença ficou lá em Belo Horizonte.

— Nem me fale mais o nome daquela cidade. Faz eu me recordar de Melissa, filha ingrata!

— Tem certeza de que não quer mesmo voltar a falar com ela?

— De jeito nenhum. Melissa foi uma ingrata. Eu a criei com tanto sacrifício... O que ela e Eugênia fizeram comigo não tem perdão. E, de mais a mais, elas tentaram envenenar nosso casamento, inventando aquelas histórias escabrosas sobre você e Melissa.

Jurandir engoliu em seco. O rosto ficou vermelho, contudo, Penha não notou. Ela continuou:

— Elas foram ordinárias, venais. A minha própria filha teve o desplante de inventar uma barbaridade daquelas! Eu nem consigo imaginar. Fico até com enjoo.

Penha parou de falar e apoiou-se no braço de Jurandir. Fizeram sinal para um táxi e logo estavam na esquina onde ficava o bar.

Era uma rua movimentada, mas sem muito comércio. Os vizinhos conheciam uns aos outros, e uma das vizinhas tomava conta de Telma. O assobradado era bem construído. O imóvel, na parte de cima, tinha uma sala, cozinha, banheiro, dois quartos e um bom quintal. Penha colocara ali alguns vasos, fizera um pequeno jardim. Com parte do dinheiro que a tia deixara na Caixa, redecoraram os cômodos.

— Quero tudo do bom e do melhor — ela exigiu.

Jurandir foi às lojas, negociou os preços com os vendedores. Compraram geladeira, televisor e um móvel com toca-discos e rádio embutidos. Penha colocava os discos de samba-canção, bossa-nova, cantarolava pela casa, alegrando o ambiente. A pequena Telma crescia feliz e, aos dois aninhos, já cantarolava as músicas em voga. Os vizinhos adoravam ir até a casa de Penha para ver a pequena Telma cantar. Era um acontecimento.

Tudo corria às mil maravilhas. O botequim prosperava, Jurandir era benquisto na redondeza, Penha era a esposa exemplar e mãe perfeita. Telma era uma menina encantadora e a filha que muitos desejariam ter no seio familiar: bonita, rechonchuda, sempre alegre, educadinha e simpática. Um doce de criatura.

Foi no aniversário de três aninhos de Telma que algo de estranho ocorreu. Depois da festinha, as crianças e suas mães foram embora. Penha foi recolher os restos

de doces e salgados da mesa, retirar os pratinhos, copinhos, línguas de sogra e chapeuzinhos quando tropeçou e derrubou um copo ainda cheio de guaraná sobre o corpinho de Telma.

— Meu bebê, desculpe.

Ela correu até a cozinha, apanhou um pano e voltou para limpar a filha. Telma sorriu e, enquanto passava a mão pelo vestido molhado, balbuciou:

— Mamãe, caiu *gualaná*.

Penha riu, e Jurandir foi até a sala.

— O que foi?

— Comecei a limpar a bagunça da festinha e não notei um copo cheio de guaraná. Acabei derrubando-o sobre Telma.

— Não acha melhor tirar o vestidinho? Eu dou um banho nela.

— Sabe que tem razão? De nada vai adiantar eu tentar secar. Eu dei um banho de guaraná na menina.

Telma continuava rindo.

— Papai, mamãe, caiu *gualaná*!

Penha tirou o vestidinho de Telma, e Jurandir pegou a menina no colo.

— Venha. Papai vai lhe dar um banho bem quentinho.

— Vou levar o vestido lá no tanque e deixar de molho — tornou Penha, levantando-se e saindo para o quintal.

Telma passou os bracinhos pelo pescoço do pai. Entraram no banheiro. Jurandir ligou o chuveiro, puxou a mangueirinha. Ela se soltou da ducha e Jurandir ficou todo ensopado.

— Papai molhado!

— É. Papai se molhou todo.

Jurandir tirou a camisa, a calça e ficou de cueca. Sentou Telma no chão, embaixo do chuveiro, e passou a esfregar o

corpinho dela com sabonete. Telma, inocentemente, esticou a mãozinha e tocou nas genitálias de Jurandir...

A compulsão veio de maneira incontrolável. O corpo de Jurandir estremeceu da cabeça aos pés. Ele sentiu um excitamento sem igual. Olhou para a filha, mas não via nada à sua frente. Levantou-se, trancou a porta do banheiro. Abaixou a cueca, entrou no reservado do box e sentou Telma em seu colo. Em seguida, fechou a cortina de plástico e sabe lá deus o que Jurandir fez com a filha.

Penha não notou nada de estranho. Entretida com a limpeza e com a música alta tocando no aparelho de som, só foi perceber que havia alguma coisa, digamos, um tanto esquisita, quando, meia hora depois, notou que Jurandir e Telma ainda estavam no banho.

Bateu na porta, girou a maçaneta e estranhou a porta trancada.

— Jurandir! — exclamou, numa voz alteada.

— Estamos de saída. Acredita que, não sei como, a porta emperrou aqui por dentro?

— Hã?

— É. Fiquei chamando você, já faz quase meia hora. Você estava cantando junto com o disco. Creio que não tenha me escutado.

— Oh, querido! Tem razão.

— Bati tanto na porta. Preciso que me ajude. Pegue a chave de fenda na última gaveta da pia da cozinha.

Penha correu até a cozinha e Jurandir passou o dedo sobre a cabeça de Telma.

— Papai vai brincar muito com você. Só que não pode contar para ninguém.

— Não contar.

— Não pode. É segredo. É uma brincadeira de papai com Telma.

— Tá bom — respondeu, de maneira inocente, sem ter a mínima noção do que o pai fizera com ela.

Penha voltou com a chave de fenda.

— Estou com ela aqui, meu amor.

— Passe-a pela janelinha aí do quintal.

— É alta.

— Use uma cadeira.

— Está bem.

Penha deu a volta, foi até o quintal, encostou uma cadeira na parede, subiu e entregou a chave de fenda pelo basculante. Jurandir apanhou a ferramenta e fingiu que mexia na fechadura. Depois de uma cena, girou o trinco e abriu.

Jurandir sorriu e entregou a menina, enrolada numa toalha. Penha pegou-a nos braços e Telma sorria, mas seu corpinho todo tremia. Tremia sem parar.

— Ela está tremendo.

— Não notei nada de anormal durante o banho — alegou ele, cínico.

Penha colocou a mão sobre a testa da menina.

— Meu Deus! — exclamou. — Telminha está ardendo em febre.

37

Melissa bem que tentou persuadir Lina a voltar a viver com ela e Eugênia no sítio, mas em vão. Lina não quis dar o braço a torcer. Ela tentou durante um ano, dois anos. E o discurso não mudava muito. Era basicamente o mesmo.

— Vamos, tudo será diferente. Madrinha está arrependida.

— Não quero saber.

— São quase três anos, Lina. Já não deu para refletir bastante sobre o ocorrido, esfriar a cabeça?

— Para mim, podem passar dez anos. Acabou.

— Tia Eugênia disse que vai lhe devolver a pedra preciosa.

Lina deu de ombros.

— Pois que fique com a joia rara. Dona Eugênia não armou tudo para tê-la? Pois bem. Agora a tem.

— Não diga isso. Ela não armou nada. Acho que foi tudo uma grande má interpretação, isso sim.

— Porque, para você, preocupada em ser miss e manequim, tanto faz ou tanto fez.

— Assim você me ofende — a voz de Melissa era de indignação.

Lina abraçou-a.

— Desculpe-me, Melissa. Eu ainda fico fora de mim com esse assunto.

— Por que não passa uma borracha sobre isso? Já foi.

— Porque não consigo.

— Não consegue ou não quer?

— É a mesma coisa.

— Não é. Você não perdoa Eugênia, tampouco Aderbal. Vai morrer acreditando que eles a fizeram de otária.

— E não fizeram?

— Não acredito. Já disse. Mas é o meu modo de ver. Ninguém vai mudar o seu. Ninguém muda ninguém. Você terá de mudar sua maneira de enxergar essa situação por si só.

— Difícil.

— Lina, vamos esquecer. Eu e Daniel estamos pensando em nos casar.

— Sério? Já?

— Estamos namorando há quase três anos. É tempo.

— E o sonho de ser miss?

Melissa riu.

— Tenho algo a lhe confessar. Mas só posso dizer a você, que é amiga de verdade.

Lina sentiu-se valorizada. Esboçou um sorriso e indagou, curiosa:

— O que é? Diga!

— Semana passada, uma equipe de fotógrafos da revista *Manchete* esteve na cidade para uma matéria. Um fotógrafo estava clicando pontos lá na cidade e eu apareci em uma das fotos. Fui convidada para fotografar para uma revista de moda.

— Fotografar?

— É. Vestir roupas de costureiros famosos e fotografar fazendo poses — Melissa começou a fazer trejeitos, e Lina achou graça.

— Você leva jeito.

— Claro que levo.

— E Daniel?

— O que tem ele?

— Não se incomoda?

— Nem um pouco. Muito pelo contrário. Ele me apoia totalmente.

— Você desejava tanto ser miss...

— É. Desejava — concordou Melissa. — No entanto, hoje, refletindo melhor, penso que era porque eu via na miss o requinte, o glamour, a vida que eu adoraria ter longe de Belo Horizonte, longe daquela família...

Melissa demonstrou uma ponta de decepção. Lina abraçou-a novamente.

— Não pense neles. Faz tempo.

— É. Faz tempo — Melissa recuperou o sorriso. — Vamos noivar, marcar a data do casamento para daqui a três meses e nos mudar para São Paulo. Depois vou fazer as fotos e sabe-se lá o que vai acontecer.

— Não vou mais vê-la?

— Claro que vai. É só ir me visitar. Não é nenhum mistério ir daqui até São Paulo.

— Eu sei, é que estou acostumada com você por perto. É minha única amiga. Você e Neide.

— Só tem um probleminha, Lina.

— Qual é?

— Você precisa ir atrás de sua certidão de nascimento. Sem documentos, jamais poderá sair daqui. Nunca poderá viajar, sair do Estado.

— Não fale assim.

— É verdade. Você sabe disso.

— É, eu sei. A Neide já me preveniu.

— Precisa pensar nesse assunto com carinho.

— Vou pensar — Lina não queria pensar e mudou o rumo da conversa: — Vai ter festa de noivado?

— Vai. Dona Leonor vai fazer um jantar. Algo bem simples, só para a família. Mas eu já disse que você faz parte da minha família.

— Eu vou — afirmou emocionada.

— Então prepare-se, porque tia Eugênia também vai. Vocês vão ter que conviver.

Lina fez um muxoxo. Não tinha escapatória. Para ocultar a contrariedade, perguntou, sem maldade:

— Nunca mais teve notícias de sua mãe, nem daquele infeliz do Jurandir?

Melissa levantou as mãos para o alto.

— Graças a Deus! Sumiram. Não faço a mínima ideia de como estejam.

— Que nunca mais apareçam em seu caminho!

— Por favor! — Melissa bateu três vezes no batente da porta, a fim de espantar o mau agouro. — Nunca mais!

Eugênia contou mais uma vez o dinheiro da venda da caminhonete. Colocou numa caixinha, terminou de fazer o almoço e esperou. O rapaz do cartório veio e, depois de ler o testamento, ele interrogou:

— A senhora tem certeza?

— Tenho. Não tenho parentes.

— Tem uma afilhada. Não é de sangue, mas pelo que consta há um forte laço afetivo entre ambas.

— Sim. Sou muito ligada a Melissa, mas é uma moça que está para se casar. O noivo é um rapaz trabalhador,

esforçado, de boa família. Eles não vão se importar de não receber este pedacinho de terra, que não vale nada.

— Bom, em todo caso, está tudo certo, dona Eugênia.

— E o cartório, como está? Reformado?

— Sim. Já terminamos a reforma. Demorou quase três anos, mas nem parece que pegou fogo. O triste mesmo foi perder tantos registros. Com tempo e perseverança, tudo se consegue.

Ela fez um sim com a cabeça, e o tabelião levantou-se.

— Tem notícias de Hermes? — indagou Eugênia.

— A última notícia que tive, depois que ele vendeu o cartório para o meu pai, foi que se mudou com a esposa para Salvador. Parece que são muito felizes.

Eugênia sorriu, alegre.

— Sempre torci pela felicidade do Hermes. Eu o achava tão triste.

— E ele era, de fato, um homem triste. Até que reencontrou o amor. Dizem que agora é outro, completamente diferente.

O homem ainda tomou um cafezinho e despediu-se de Eugênia. Ela leu o documento mais uma vez e sorriu satisfeita.

— Era isso que eu e meu marido queríamos que fosse feito. Nosso sítio vai para quem merece. É o mínimo que podemos fazer.

Melissa entrou na cozinha sem bater, sem avisar e foi perguntando:

— Falando sozinha, tia?

— Oi, querida — Eugênia dobrou o papel e o colocou em uma gaveta da cozinha. Disfarçou e quis saber, num sorriso: — O que faz por aqui?

— Bateu saudades. Eu queria ficar mais tempo aqui, contudo, agora que estou me preparando para me casar, preciso ficar mais na casa de dona Leonor.

— Sim, está certo.

— Daniel está trabalhando bastante em São Paulo. Conseguiu dois dias de folga. Virá na quinta que vem.

— Estou muito feliz por você, Melissa.

Abraçaram-se.

— Quem era o moço que saiu daqui? Acabei de cruzar com ele lá no cercado.

— É o rapaz do cartório. Veio trazer uns papéis do óbito do seu tio.

— Depois de tanto tempo?

— Burocracia.

— Ah, sim — Melissa estava mais concentrada nos preparativos do jantar de noivado.

— E como estão os preparativos?

— Tudo em ordem, tia.

— Quem vai participar do evento? — interrogou Eugênia.

Melissa serviu-se de café. Sentou-se, colocou a xícara sobre a mesa, demorou a responder.

— Bom, o Luís Sérgio e a Rosana não vêm. A filhinha deles é doentinha, dá muito trabalho.

— Pobrezinha.

— É. O Daniel bem que queria, porque o Luís Sérgio vai ser padrinho de casamento dele. Tem também uma tia distante, não sei se virá.

— A Eunice virá?

— Creio que sim. Ela e o Hermes devem vir. A Solange, a senhora, a Neide — Melissa demorou, bebericou o café e finalizou: — e a Lina.

Eugênia sentiu um desconforto.

— Ela vai?

— Não sei, tia. Eu queria muito que fosse. Lina é como uma irmã.

— Não sei se devo ir.

— Claro que deve ir.

— Ela não me perdoa. Como vai ser? É sua festa de noivado. Não pode haver clima para dissabores.

— Eu sei. Mas creio que podem levantar a bandeira da paz, pelo menos por um tempo.

— Eu não tenho que levantar bandeira nenhuma. Quem está com raiva e não quer saber de conversa, de amizade, é a Lina.

— Tem razão.

Melissa levantou-se e abraçou-a.

— Vamos torcer para que tudo dê certo. Estamos quase no Natal. Queria que o passado fosse esquecido, e a união voltasse entre a gente. Sabe, tia, sinto saudades de quando vivíamos as três aqui, junto do tio Aderbal.

— Eu também sinto saudades — Eugênia deixou uma lágrima escapulir pelo canto do olho. — Lina é turrona. Sente-se injustiçada, traída, sei lá. Parece que estávamos fingindo o tempo todo. E é mentira. Nós gostávamos dela. Eu ainda gosto.

— Diga isso a ela.

— Ela não me escuta. Não quer saber de conversa.

— Vou pensar numa maneira de vocês terem uma conversa conciliadora.

— Eu gostaria — um brilho de emoção perpassou os olhos de Eugênia.

— A senhora vai ver, tia. Tudo vai dar certo.

Elas se abraçaram emocionadas. Depois, Melissa ajudou-a a fazer um caldo. Sentaram-se novamente na cozinha para escutar um programa de músicas quando o repórter interrompeu a programação para falar sobre um terrível incêndio que ocorria num circo. Sabiam que havia mortos, mas não sabiam quantos.

Eugênia levantou-se e desligou o rádio. Melissa passou as mãos pelos braços.

— Nossa, tia, que horror!

— Deus me livre e guarde!

— Vamos fazer uma oração para os envolvidos?

— Vamos sim. É sempre bom mandar vibrações para quem está envolvido numa tragédia desse tipo.

As duas deram-se as mãos e fecharam os olhos. Fizeram uma comovida prece. Melissa sentiu uma emoção muito forte, chorou. Eugênia, depois da oração, fez um chá de cidreira.

— Você se impressionou com a notícia.

— É, tia. Eu me impressionei.

Por ironia do destino, na tarde do noivado, Lina torceu o pé enquanto ajudava Neide na arrumação do barracão. A dor fora tão forte que ela mal conseguia encostar o calcanhar no chão.

Um dos trabalhadores do centro de Neide, que trabalhava no hospital da cidade, foi categórico:

— Vai ter de ficar de molho por uns dias, viu? Repouso total.

— Eu não gosto de ficar parada.

— Pois vai ter de ficar, uai.

— Não vou — Lina falou e tentou colocar o pé no chão. Quase desmaiou, tamanha dor. Era horrível. Ela deu um grito dramático.

— Eu não disse? — insistiu o senhor. — Vai ter de ficar de molho, oras.

— Não tem jeito — observou Neide. — Você estava tão relutante em encontrar-se com dona Eugênia e olha no que deu.

— Nada disso — protestou Lina. — Eu fui virar o móvel — apontou — e torci o pé. Não tem nada a ver.

— Tem tudo a ver. Seu subconsciente fez o trabalho certinho. Olha que bela desculpa para não ir ao noivado. Vai ter de ficar de molho. A não ser que a festa seja transferida para cá.

Lina fez uma careta.

— Hum, engraçadinha. Eu até queria ir.

Neide subiu e desceu o rosto.

— Está certo. Eu vou acreditar em você — disse com fina ironia. — Sabe que a mim não engana.

Lina calou-se naquele momento. Ajeitou-se como pôde numa rede ali perto. Ajudaram-na a deitar-se, colocaram almofadas sob seu tornozelo, passaram uma pomada feita à base de ervas, deixaram-na descansando.

Neide fez as suas orações e sentiu um torpor. Viu dois guias espirituais que a chamavam:

— Precisamos de você.

— Um minuto.

Ela foi para a salinha de orações, acendeu as velas, fez uma prece e ficou à disposição do plano espiritual.

38

Telma continuou ardendo em febre. Não baixava. O médico já tinha ido até a casa de Penha, receitado medicamentos e nada. Levaram a menina ao hospital, e nada também. Penha chegou a pedir ajuda a uma vizinha benzedeira. Numa tarde, a mulher apareceu. Era uma senhora gorda, simpática, cabelos curtos, grisalhos.

Dona Hilda bateu na porta, percebeu energias estranhas. Não disse nada. Subiu as escadas e, ao cruzar a sala, notou Jurandir sentado no sofá, lendo o jornal. Ela sentiu tontura. Era nítida a aura escurecida ao redor dele, assim como as entidades espirituais que o rodeavam, completamente perturbadas e muito ligadas ao sexo.

Hilda respirou fundo, passou pelo corredor e entrou no quarto da menina. Havia uma entidade atrás de Telma, com a mão sobre o coronário dela, sugando-lhe as energias vitais.

"O que está fazendo?", perguntou Hilda em pensamento.

"Alimentando-me das energias vitais da garotinha", respondeu o espírito, também em pensamento.

Hilda já vira de tudo na vida. Aquilo era degradante. Triste mesmo. O espírito era um homem feito, na casa dos trinta anos. Embora soubesse que o corpo físico abriga um espírito que não tem idade, que é eterno, era covardia ele estar ali sugando as energias de uma garotinha de três anos de idade. Mesmo sabendo que Telma era um espírito que vivera muitas vidas e agora estava tendo a oportunidade de uma nova experiência, havia esquecido o passado, portanto, tinha tão somente três anos de idade. Se o espírito continuasse ali, Telma não resistiria.

Hilda meneou a cabeça negativamente e declarou:

— Penha, há um espírito aqui.

— Como?!

— É. Um espírito. Ele está sugando as energias de Telma.

— Aqui é um lar abençoado. Somos uma família católica, fazemos orações todos os dias.

Hilda lembrou-se de Jurandir na sala. Não quis ser crítica nem fazer julgamentos. Apenas pediu:

— Feche os olhos e ore à sua maneira.

— Sim.

Penha fechou os olhos e começou a orar. Logo, de seu peito começou a sair uma luminosidade que foi clareando o ambiente e incomodando o espírito. Ele não gostou daquilo.

— Isso me incomoda, mas logo o outro lá na sala vai começar a ter pensamentos libidinosos e eu vou ganhar força. Aliás, é *ele* que me mantém aqui — ressaltou, triunfante. — Tudo voltará a meu favor.

— É?

— Sim.

— O que disse? — indagou Penha.

— Estou conversando com o espírito — explicou Hilda. — Continue orando com fé. Não ligue para o que eu falar.

Penha assentiu, um tanto temerosa, porém continuou a rezar, com mais força. Não era apreciadora de espiritismo e afins, até tinha certo preconceito, contudo, estava muito preocupada com o estado de saúde da filha. A fama de Hilda na redondeza era de que fazia um bom trabalho de "limpeza" na casa das pessoas, principalmente na casa de pessoas enfermas.

"Pode ajudar minha filhinha a ficar boa", pensou Penha, como uma boa mãe. Jurandir não gostou nem um pouco daquilo, mas preferiu ficar na dele. A culpa o fazia ficar quieto, embora ele fizesse questão de manter um ar de desagrado no rosto.

Telma remexia-se na cama, suava bastante, debatia-se de vez em quando e gemia palavras desconexas. Hilda fez um tipo de mantra, pronunciou umas palavras em uma língua desconhecida, e logo dois espíritos negros, enormes, vestindo tanga e segurando uma lança em uma das mãos, surgiram no quarto. Eram fortes, imponentes, altivos, metiam medo pela força que impunham. Começaram a falar num dialeto africano, originário do Congo.

O espírito ao lado de Telma imediatamente deu um salto para trás e sumiu. Hilda fez um sinal apontando para a sala, e os dois foram para lá. Cada um ficou de um lado de Jurandir e fizeram uma limpeza energética nele. Jurandir começou a bocejar sem motivo, os olhos começaram a lacrimejar, o corpo amoleceu. Perdeu o ânimo, sentiu uma vontade enorme de dormir. Largou o jornal, tirou os sapatos, esticou as pernas e deitou no sofá. Pegou no sono rapidinho.

Assim que adormeceu, Jurandir foi arrancado do corpo pelos dois, digamos, sentinelas do astral. Jurandir viu uma das lanças e assustou-se.

— O que é isso? Pelo amor de Deus!

— Você não tem o direito de pronunciar o nome d'Ele — declarou um dos homens, em português impecável.

— É — tornou o outro. — E se relar de novo o dedo na menina — apontou para os genitais de Jurandir —, arrancamos com esta lança. Sem dó nem piedade. Entendeu?

— Fomos claros? — perguntou o outro.

— Fo... foram sim. Claro que foram — respondeu Jurandir, protegendo o órgão com as mãos.

— Se meter-se de novo com Telma, vai haver intervenção. Feia.

— Não vou mais fazer nada. Juro.

— Vamos ver. Falar agora é fácil. Quero ver depois que voltar para o corpo.

Os dois espíritos falaram, deram as costas e sumiram. Jurandir sentiu muito medo e voltou correndo para o corpo. Acordou de um salto, assustado, suando em bicas.

Penha estava ao seu lado.

— Teve um pesadelo, meu bem. Estava se debatendo no sofá.

— Acho que sim — respondeu, mastigando a pouca saliva, sentindo a boca seca.

Hilda estava à frente dele.

— Eu já vou, Penha.

— Não tenho como agradecer. A febre sumiu como que por encanto.

— Telma está sem febre? — quis saber Jurandir.

— Está, meu bem. Acabou.

— Que bom!

— Voltarei na próxima semana — prometeu Hilda. — Voltaremos para fazer nova limpeza energética.

Jurandir levantou-se e foi um tanto estúpido:

— Muito obrigado, mas não será necessário. Agradecemos a sua ajuda, mas não gostamos de macumba.

— Eu não sou macumbeira. Todos os caminhos levam a Deus.

— O nosso caminho é a igreja. Só a igreja.

— Mas sua filha melhorou com a minha benzedura e...

— E está tudo bem. Muito obrigado. Que Deus a ajude! Passar bem.

Jurandir praticamente empurrou Hilda escada abaixo. Penha nada disse. Ficou quieta no sofá. Jurandir bateu a porta com força, subiu os degraus aos pulos e quis tirar satisfação:

— Que história foi essa de trazer uma mulher metida com essas crendices aqui em nossa casa?

Penha estava envergonhada.

— Foi uma atitude impensada, eu sei, meu amor. Só estava preocupada com nossa bebê. Telminha não melhorava, achei por bem arriscar. Dona Hilda tem fama de curar as pessoas doentes. E Telma está sem febre...

— Não faça mais isso. Não gosto de gente dessa laia dentro da nossa casa.

— Sim, você tem toda razão. Também não gostei da maneira como ela procedeu.

— O que ela fez?

— Disse que estava conversando com um espírito...

Jurandir levou a mão à cabeça.

— Meu Deus! Telma escutou isso?

— Não sei. Estava delirando. Acho que não prestou atenção.

Foram surpreendidos com Telma na ponta do corredor:

— Papai, mamãe...

Os dois viraram, e Penha correu a abraçá-la.

— Querida! Você levantou da cama sozinha?

— Foi. Quer dizer... tinha um moço lá.

Penha olhou para Jurandir. Ele coçou a cabeça. Sentiu raiva de Hilda.

— Está vendo? Agora essa menina vai ficar impressionada.

— O que vamos fazer, meu amor? Estou me sentindo culpada. Afinal, fui eu quem trouxe essa mulher de terreiro para dentro de casa. A culpa foi minha. Estava desesperada, coisa de mãe que quer ver o filho bem!

Jurandir aproximou-se e passou as mãos nas costas dela, enquanto alisava o rostinho de Telma.

— Não fique assim. Deixe-me pensar...

Jurandir andava de um lado para o outro e pensava, matutava, tentava concatenar as ideias.

— Quem está tomando conta do bar? O Elias?

— É. Ele precisa de uns trocados e...

Jurandir teve um lampejo:

— Já sei!

— O quê?

— Vou descer e volto num minuto.

Jurandir calçou os sapatos, desceu as escadas e correu até o bar. Voltou cinco minutos depois, esbaforido, com um sorriso estampado no rosto e com dois ingressos nas mãos.

— O que é isso, meu amor?

— Vamos esquecer essa história de benzedeira e aproveitar que Telma está melhor. Vamos ao circo!

Telma bateu palminhas:

— Palhacinho!

— Sim, meu amor — respondeu Penha. — Palhacinho, picadeiro, elefante. Vamos nos divertir!

— O Aurélio ia levar o filho, mas surgiu um imprevisto e já tinha perguntado se eu queria ir e levar a Telminha.

— Esses ingressos valem ouro — ajuntou Penha. — Não acha melhor vendê-los? A cidade toda quer ir à matinê.

— Não. Quero levar minha família. Hoje é nosso dia. Um dia especial. Vamos nos preparar.

Penha foi arrumar-se e Jurandir também. Vestiram roupas bonitas. Enquanto ela escolhia um vestido leve, pois a tarde estava bem quente, Jurandir foi banhar a pequena Telma. Ele não abusou da menina, mas olhou para a filha com cobiça. Imaginou, depois do espetáculo, já que a menina não tinha mais febre e estava bem, voltar a praticar os tais atos abomináveis.

Jurandir não tinha remendo. Recebera toques da consciência, toques dos espíritos, da vida... contudo, o hábito era maior que a vontade de mudar. Ele precisaria passar por uma grande transformação para refletir e mudar. E, dentro de algumas horas, a transformação chegaria, inexorável, incontrolável.

O circo estava sendo a sensação da cidade. Não se falava em outro assunto. A criançada lotava as matinês. Jurandir entrou carregando Telma nos braços e Penha vinha logo atrás.

— Nós vamos nos sentar bem na frente, querida. Camarote!

Penha exultou de prazer. Eles sentaram quase na boca do picadeiro. Eram os melhores lugares, sem dúvida alguma. Acomodaram-se. O espetáculo começou, e todos divertiram-se a valer.

Ninguém sabe ao certo quem gritou "fogo". Mas gritaram. E, mesmo que ninguém prestasse atenção, logo a lona, feita de algodão revestido de parafina, transformou-se em uma bola de fogo cruel e assassina.

Quem estava nas arquibancadas teve chance de correr e se salvar. Quem estava no camarote não teve essa sorte. Praticamente todas as pessoas agrupadas no camarote foram tragadas pelo fogo.

Infelizmente, nessas situações de pânico, as pessoas entram em histeria e inconscientemente adotam o lema do "salve-se quem puder". Como a maioria do público era composta por crianças, muitas morreram pisoteadas.

Jurandir, ao notar o fogo e a fumaça, viu quando a elefanta saiu em disparada e fez um rombo na tenda, abrindo milagrosamente uma rota de fuga. Ele pulou e tentou puxar Penha e Telma. No corre-corre, Penha foi levada pela multidão ensandecida e apavorada, sendo arrastada e pisoteada até a morte. Jurandir abraçou-se à filha.

— Papai vai salvá-la.

Um pedaço grande de lona caiu sobre eles. Telma teve morte instantânea. Jurandir foi atingido no rosto e em toda a parte esquerda do corpo. A dor foi tão forte que ele perdeu a consciência e apagou.

A tragédia do Gran Circo Norte-Americano — considerado o maior e mais completo circo da América Latina à época — marcou profundamente Niterói e o país naquele fim de dezembro de 1961.

Anos depois, o jornalista Mauro Ventura relataria, em um livro emocionante e detalhado, toda a história sobre o evento, inclusive com depoimentos emocionantes de alguns dos sobreviventes. Sem sombra de dúvidas, as mais de quinhentas mortes naquela tarde de domingo foram um dos espetáculos mais tristes que aconteceram na face da Terra.

39

Não demorou muito para Eunice reencontrar Hermes. Depois que ele recebeu alta do hospital, ela passou a frequentar a casa dele. Saía do seu turno, passava na casa dele, trocava os curativos. E conversavam. Muito.

— Por que não me procurou depois que sua esposa morreu?

— Primeiro porque tive aquela crise de consciência e a expulsei de minha vida.

— Fiquei muito magoada com sua atitude. Não conseguia entender. Logo depois você sumiu, fui cortejada por Paulo, estava carente e deixei-me envolver.

— Então. Este era o outro ponto. Eu até tive uma recaída.

— Como assim, uma recaída? — Eunice não entendeu.

— Um amigo meu me convenceu de que eu estava sendo muito cruel comigo, me punindo, sendo injusto com meus verdadeiros sentimentos, que eu deveria reconsiderar, parar de me atormentar e procurá-la.

— E por que você não me procurou?

— Porque você estava namorando.

— Você soube por meio de quem?

— Encontrei um conhecido do hospital que comentou. Eu não achei justo atrapalhar novamente a sua vida. Daí tive a certeza de que não era para ficarmos juntos. Sofri, chorei, confesso que foi um dos piores momentos de minha vida — Hermes emocionou-se.

Eunice pousou a sua mão sobre a dele e, passada a emoção, ela considerou:

— Antes tivesse me procurado.

— Por quê?

Eunice sentiu um calafrio. Rebateu o pensamento negativo que tentava chegar e se instalar em sua mente.

— Não. Não quero pensar, não quero sentir, não quero nunca mais falar sobre isso. É um assunto que não me pertence mais. Chega!

— Mas...

— Mas nada, Hermes. Estou muito bem resolvida hoje. Sei, pelo menos, o que não quero. Isso está bem claro para mim.

Ele riu, puxou as mãos dela entre as dele e as beijou. Eunice sentiu um estremecimento.

— E sabe o que quer?

Ela não respondeu de pronto.

— Pois eu sei.

— O que é?

Hermes soergueu o corpo na cadeira, aproximou seu rosto do dela, e os lábios encontraram-se. Foi um beijo longo, demorado, apaixonado. Sentiram um calor tomar conta de seus corpos. Com cuidado, para evitar tocar o braço e parte do rosto envolto com as ataduras, levantaram-se e abraçaram-se.

— Hermes, quanto tempo!

— Eunice, como eu sonhava com isso. Não tem ideia de como eu desejava reviver este momento. Achei que nunca mais na vida fosse tê-la em meus braços.

— Eu tenho tanta coisa para dizer e...

— Não diga mais nada.

Ele a beijou com sofreguidão. Em seguida, puxou-a delicadamente pelo braço e foram para o quarto. Despiram-se e entregaram-se a uma noite inesquecível de amor.

Três meses depois, Eunice e Hermes se casariam e viveriam uma linda história de amor, que duraria trinta e nove anos. Hermes morreria primeiro, na véspera do Natal de 1997. Eunice morreria na virada do ano 2000.

Melissa e Daniel casaram-se em Teófilo Otoni, passaram a lua de mel em Poços de Caldas e alugaram um sobradinho de dois quartos no bairro da Vila Mariana, em São Paulo.

Insatisfeito com o trabalho no banco, Daniel confessou à esposa:

— Não aguento mais. Eu não nasci para isso.

— E por que continua lá?

— Porque precisamos pagar nossas contas. Temos aluguel, comida, despesas... Logo vamos ter filhos.

Melissa fez um gesto delicado com a cabeça.

— Podemos esperar para ter nossos filhos.

— Eu sei. Os filhos, podemos esperar, já as contas... vêm todos os meses!

— As fotos na revista deram um bom dinheiro.

— Acha que é a profissão que quer?

— Ser manequim?

— É.

— Por que pergunta, Daniel?

— Porque acho que estamos em um momento de nossa vida que podemos decidir o que queremos, de verdade. Ainda dá tempo de refletir melhor sobre a carreira que desejamos.

Ela pensou e mexeu a cabeça:

— Não. Definitivamente, não quero ser manequim. Passou.

— O que você quer?

— Escrever.

Daniel levantou o sobrolho:

— Escrever? Como assim?

— Escrever artigos. Coluna de revista, de jornal.

— Quer ser jornalista?

— Sim.

— Escrever sobre o quê, meu amor?

— Sobre comportamento feminino. As moças não têm com quem conversar. Elas não podem se abrir com suas mães, tudo é tabu, tudo é preconceito, tudo é feio, tudo é proibido.

— Não estou entendendo...

Melissa respirou fundo, refletiu e sentiu ser aquele o momento certo para uma conversa séria com o marido. Ansiava ter esse diálogo com Daniel. Queria falar sobre sua vida, sobre os abusos dentro de casa, sobre Jurandir, sobre as humilhações...

Tomou coragem e começou a relatar. Foram horas de conversa. Houve choro, emoção, raiva, tristeza, abraços, beijos e admiração. Muita admiração. Quando finalmente Melissa terminou de relatar absolutamente tudo, Daniel a olhou de outra forma:

— Você é muito mais do que a mulher dos meus sonhos. Você é uma guerreira, uma pessoa que não precisaria nem estar comigo.

— Não diga isso, meu amor.

— É a mais pura verdade. Você é forte, Melissa. Tem um espírito que exala firmeza, coragem, decisão, justiça, que luta pela verdade, que se põe em primeiro lugar, que não se deixa corromper.

Ela se emocionou. Daniel prosseguiu:

— Você poderia ter-se feito de vítima, ter aceitado calada os abusos de Jurandir. Poderia nunca ter me contado nada, com medo de eu abandoná-la e não compreendê-la. Eu poderia não aceitar.

— Eu sei, sabia que correrria esse risco.

— Porque você tem um amor muito maior por si. Porque, por mais que me ame, antes de tudo, tem profundo amor e respeito por si mesma. É o que admiro em você. Eu a amo por tudo isso e muito mais.

Abraçaram-se e beijaram-se com amor. Daniel prosseguiu:

— Agora entendo e apoio você para se tornar colunista. Você tem de alertar essas jovens, ser o que sua mãe não foi. Você tem de ser a ouvinte, a conselheira, a orientadora, a amiga. Tem de ser uma espécie de irmã mais velha, a tia que não tem preconceitos, a prima que vai orientar sem julgar, sem criticar.

— Isso — tornou Melissa, olhos brilhantes de emoção. — É o que quero fazer da vida. Orientar essas meninas com uma palavra amiga, com informação, como se fosse aquela amiga com quem elas se sentem seguras, podem se abrir, e em quem podem confiar, sabe?

Daniel tornou, apreensivo:

— No entanto... há algum periódico que aceitaria uma coluna tão "pra frentex" assim?

— Vivemos uma época que cheira a mudanças.

— Você sente isso?

— Você não sente, amor?

— Não sei.

— Não percebe a mudança no comportamento, as meninas usando minissaias?

— Isso ocorre lá em Londres. Será que a moda pega aqui?

— Vai pegar. Eu sinto. Conheci uma colunista muito simpática quando fui ver os negativos para a revista de

moda. Ela me disse que a empresa está para lançar uma revista feminina, quer gente jovem, com novas ideias. Ela me fez um convite. Eu vou tentar, arriscar.

— Pois tente.

— Eu quero que você também tente, Daniel.

— É?

— Sim. Nem que eu tenha de fazer bolo e vender na rua. Não quero vê-lo mais acordar mal-humorado, triste, e sair de casa como se fosse a caminho de enfrentar uma batalha, uma guerra. Você tem muito potencial. É apaixonado por uma sala de aula.

— Luís Sérgio está indo bem com a corretora de seguros. Passou o escritório de contabilidade para a frente e está querendo investir em educação. Está com vontade de montar um cursinho, a fim de preparar alunos para o vestibular, sabe? — Daniel falava e os olhos brilhavam.

Melissa percebeu o entusiasmo e o incentivou.

— Meu amor, chame o Luís Sérgio para conversar.

— Eu não tenho um tostão.

— Sua mãe não quer que você e suas irmãs vendam o casarão de Teófilo Otoni?

— Sim. Mas mamãe precisa de uma casa. Precisamos dividir o dinheiro e dar a parte que é dela por direito. Nada mais justo.

— Tenho certeza de que Eunice não vai querer saber de dinheiro. Ela e Hermes estão vivendo muito bem em Salvador. Solange teve o tal sonho revelador, mudou da água para o vinho e vive com aqueles três amigos. Coisa esquisitíssima.

Daniel não conteve o riso.

— É. Solange ficou maluquinha.

— Maluquinha, mas se encontrou. Está feliz. É o que importa. Tenho certeza de que vai querer só a parte dela. E sua mãe pode comprar um bom sobrado, confortável, com a parte de Eunice. Você usa a sua parte...

Daniel a cortou:

— Eu queria usar a minha parte para comprar a nossa casa, ou dar entrada.

— Nisso pensamos depois. Agora o mais importante é a nossa realização profissional. Depois que estivermos felizes e realizados, depois de correr o mundo, viajar bastante, pensaremos em casa, em filhos. O que me diz?

Ele a beijou com amor e respondeu:

— Você é quem manda! Eu concordo com tudo.

Assim foi. Venderam o casarão. Eunice pegou a sua parte e, generosa, complementou o dinheiro para comprar um confortável sobrado, também na Vila Mariana, para Leonor e Ione.

Leonor aproveitou a bondade da filha e do genro, e não reclamou de ganhar um sobradão de três quartos. Ficou muito feliz. Só ficou atarantada quando Daniel pediu demissão do banco. Aquilo era muito para sua cabeça.

Certo dia, Leonor disse:

— Ione, tive uma ideia.

— Já sei. A senhora vai alugar um dos quartos, né?

— Não. Vamos morar na edícula, lá nos fundos.

— Eu é que vou morar na edícula. A senhora vai viver aqui no sobradão.

— Ione, estamos velhas. Uma precisa ajudar a outra. Já passamos por tantas coisas juntas! E, de mais a mais, a edícula tem dois quartos, um banheiro, uma salinha, uma cozinha.

— Pequena, diga-se de passagem.

— Ideal para nós duas.

— Não tem escadas.

— Melhor ainda porque, nesta idade, qualquer degrau é um vilão!

Ione riu.

— Vamos viver apertadas.

— Qual nada! Nesta idade? Vivemos com pouco. Chega de ostentação.

— E a casa? É grande!

— Vamos transformar em uma escola.

— Escola?

— Sim. Escola de etiqueta!

Ione meneou a cabeça para os lados.

— Só a senhora mesmo...

— Agora que peguei gosto, vou trabalhar até morrer!

Decoraram a edícula com capricho e gosto. Transformaram a casa em graciosa escola e logo pipocaram os alunos. Leonor precisou contratar ajudantes, secretária e duas faxineiras. Foi um sucesso. E ela cumpriu o prometido. Trabalhou até morrer, numa tarde de agosto, quando ainda garoava em São Paulo, em 1977. Ione morreu um ano depois, também de causas naturais.

Luís Sérgio acreditou e apostou no sonho de Daniel. Fizeram sociedade e montaram um cursinho. Logo depois da venda do casarão de Teófilo Otoni, Daniel entrou com a sua parte do dinheiro no negócio e pediu demissão do banco.

O cursinho no começo era algo bem tímido, com meia dúzia de gatos pingados. Daniel não desistia. Acordava com bom humor, saía de casa cantarolando, pegava o ônibus e descia no Vale do Anhangabaú como se estivesse descendo rumo ao paraíso. Logo os alunos começaram a fazer a velha e boa propaganda à base do boca a boca, e o cursinho foi ganhando mais alunos. Muitos passavam nas melhores faculdades, e a credibilidade do cursinho, por conseguinte, se firmava. Em cinco anos, aquele cursinho tinha aluno saindo pelas janelas. E todos

disputavam a tapa as aulas de Daniel. Eram aulas dadas com paixão, com alegria, com vontade, com alma. Daniel encontrara, finalmente, a sua vocação.

O mesmo ocorrera com Melissa. Timidamente, respondera uma pequena "cartinha" para uma leitora que tinha dúvidas sobre menstruação. O assunto não era tão corriqueiro como nos dias atuais, mas Melissa escrevera de maneira tão didática, tão leve, tão agradável, que logo a redação da revista recebera um monte de cartas, de leitoras de várias idades.

Com o despertar da revolução dos costumes, começou a discursar sobre os novos comportamentos da mulher, de maneira franca, direta, natural. De uma coluna mensal, passou a ter uma coluna semanal. Depois pulou para uma coluna diária. Daí veio o convite para escrever para um jornal respeitado, de grande circulação. Em seguida, veio o programa de rádio. Dez anos depois viria o programa de televisão. E Melissa se tornaria uma das figuras mais carismáticas e queridas da mídia.

Com as carreiras consolidadas, consagradas e realizados na profissão, o casal resolveu chamar a cegonha. Primeiro veio Maura, em 1971. Depois, ela engravidou durante os Jogos Olímpicos de 1976 e, enlouquecida com a ginasta de catorze anos que só tirava nota dez e conquistou o mundo, resolveu dar o mesmo nome à segunda filha: Nádia. E, para sua surpresa, batendo os quarenta anos de idade, em 1981, Melissa teve Bruno, uma maravilhosa surpresa para o casal.

Em vez de ser o clássico filho temporão, mimado e estragado pelos pais, Bruno cresceu um menino independente, alegre e espirituoso. Formou-se engenheiro químico, envolveu-se com a extração do pré-sal, casou-se e está louco para ter um bebê.

40

Solange acreditou ter uma espécie de revelação. Sonhou com Jesus abraçando-a e depois lhe oferecendo um pão doce:

— É para você.

— Repartir o pão — murmurou Solange.

— É.

Nesse instante alguém a chacoalhou. Ela abriu os olhos e tateou:

— Onde estou?

— Na festa.

— Que festa?

O rapaz deu um trago longo no cigarro. Soltou a fumaça fazendo círculos e entregou um copo de bebida para ela. Solange soergueu o corpo. As luzes piscavam, a fumaça estava mais parecendo névoa. O som era um twist.

— Gosta de dançar?

— Gosto.

— Venha comigo.

Ele apagou o cigarro, levantou-se e estendeu a mão. Solange abriu bem os olhos e deixou-se conduzir.

O perfume que do rapaz emanava era agradável. Ele era alto, forte, bonito.

— Eu me chamo Valter. E você?

— Solange.

— É amiga da Mara?

— Sou.

— Se é amiga de Mara, também é minha amiga.

A música terminou, e outra, mais lenta, começou. Valter a trouxe junto de si e Solange sentiu um frêmito de emoção. Ficaram abraçados e, quando ele tentou beijá-la, Solange não fez resistência. Acordou, no dia seguinte, deitada sobre um peito cabeludo. Demorou para concatenar as ideias e lembrar-se de que aquele tórax era o de Valter.

Desde que pegara a sua parte da venda da casa, Solange não sabia que rumo dar à sua vida. De uma coisa ela tinha certeza: não queria mais viver em São Paulo. Pediu orientação a Selma:

— O que fazer?

— Na dúvida, não faça nada.

— Eu quero fazer alguma coisa, trabalhar, mas não quero viver aqui.

— Tem medo de encontrar Luís Sérgio? — indagou Selma.

— Não. De modo algum. Luís Sérgio faz parte do passado. Está morto e enterrado. É que eu me sinto deslocada. Eunice casou-se e vive com Hermes em Salvador. Daniel casou-se com Melissa e estão felizes e apaixonados. Mamãe e Ione agora pensam em criar a escola de etiquetas...

— Você poderia participar dessa empreitada.

— Não — Solange fez um gesto com as mãos. — Minha vocação é outra. Meu espírito é livre, não quer ficar amarrado nas convenções sociais. Você bem sabe

que no fundo eu sempre fui diferente, moderna, ousada. Eu só me segurava, não me permitia ousar.

— Então, ouse.

Solange levantou a sobrancelha:

— Como?

Selma foi clara:

— Ouse. Deixe sua alma vir para fora e se expressar. Não tenha medo de ser o que é. Eu sinto, com o perdão da palavra, que você ainda se reprime, tem medo de que os outros falem, comentem, julguem as suas atitudes.

Solange meneou a cabeça, pensativa.

— Tem razão, Selma. Conversei com Neide sobre isso há alguns anos. Eu melhorei bastante, mas ainda tem um resquício de cobrança, sabe? De ser certinha.

— Largue a certinha. Seja a Solange!

Ela sentiu o corpo formigar. Uma emoção diferente.

— Você não nasceu mesmo para ficar aqui.

— Por que, então, disse para eu ficar e montar a escola com mamãe?

Selma piscou o olho.

— Para provocá-la, oras.

— Danada!

— Sei que você não suporta o convencional. Nem o centro espírita serve mais para você.

— Não é isso.

— Claro que é. Eu e Orlando gostamos do nosso trabalho. Nosso centro espírita não é convencional, mas, mesmo assim, não serve para você, porque você é livre, não é e não quer ficar amarrada a nada, nem a ninguém.

— Gostaria de conhecer alguém.

— Mas não da maneira tradicional. Eu não vejo você casada e com filhos, com uma família convencional.

— Não?

— Não.

— E vê como?

— Você terá de descobrir — provocou, maliciosa. E finalizou: — A luz que mora na sua alma vai guiá-la, minha amiga.

Solange refletiu por instantes.

— Tem razão. Em todo caso, isso me aflige sobremaneira.

— Por quê?

— Todo mundo quer viver uma história de amor, quer casar, ter filhos.

— Eu e Orlando não tivemos filhos nem pretendemos tê-los.

— Eu sei, mas casaram de maneira convencional. Eu não gostaria de assinar um papel para provar o meu amor. Às vezes me cobro.

— Pare de se cobrar. Valorize o que sente. Sempre lhe disse isso. Não importa se é certo ou errado. Tem que fazer bem. Para você.

Solange abraçou-a.

— Será que serei feliz?

— Volto a repetir: valorize o que sente. A felicidade começa aí — apontou para o peito de Solange. — O resto é consequência. Não esqueça que os iguais se atraem.

— Pensei que fossem os opostos, como diz o ditado.

— Os iguais sempre se atraem. Pense nisso.

Daquele dia em diante, Solange passou a dar mais atenção aos seus sentimentos. Começou a valorizar o que sentia, por mais estapafúrdio que aquele sentimento pudesse parecer. Passou a espantar aquela voz julgadora e cobradora, e sua alma passou a ter espaço para se expressar.

Foi assim que, num determinado dia, saindo do banco, deu um esbarrão em uma garota muito simpática. Mara era seu nome.

A amizade foi imediata. As duas logo se tornaram amigas inseparáveis. Mara também era espiritualizada, mas não queria se prender a religião que fosse. Fora criada por pais católicos, frequentara a umbanda, o candomblé e depois se envolvera com um rapaz que curtia o Hare Krishna. Cansara-se de rituais, de incensos, de musiquinhas, de Hare Hare, e estava, no momento, concluindo o curso de filosofia da USP.

Mara dividia apartamento com mais dois rapazes, ali perto da faculdade, na rua Major Sertório. Um era Valter, formado em contabilidade, o outro era Arthur, formado pela vida, filho de pai rico, com o único objetivo de torrar a gorda herança que o velho lhe deixara ao morrer, havia dois anos.

Solange conheceu um mundo novo. Mara a levava a tudo quanto era festa, até que resolveu convidá-la para passar uns dias em sua casa.

— Agora que veio em definitivo para São Paulo, vai ficar lá na casa de sua amiga Selma?

— Que foi, está com ciúme?

— Que nada, gata! É que não tem nada a ver. Sua amiga é casadinha, tem marido, eles dirigem um centro espírita, são mais centradinhos.

— E daí?

— Daí que somos mais soltas, né? Meio perdidas na vida. Eu e você somos farinha do mesmo saco, Solange.

— Não estou entendendo...

Mara acendeu um cigarro, tragou e, ao soltar a fumaça, esclareceu:

— Queremos ser livres, independentes, estar fora deste sistema fajuto de crenças impostas pela sociedade para ser assim, ser assado, vestir isso ou aquilo, namorar, noivar, casar... Nosso espírito é livre. Nascemos no planeta para transgredir, para fazer diferente. Tem muita gente vivendo no convencional. Vamos viver a nossa loucura sadia.

— Como?

— Deixe que eu lhe mostro.

Mara foi para cima dela, sem pudor. Solange ficou estática, não moveu um músculo do corpo. Nunca havia sido beijada por uma mulher antes. E não é que gostou? Gostou e aprovou. No dia seguinte, despediu-se de Selma e Orlando, mudou-se para o apartamento de Mara e instalou-se no quarto da amiga.

— Prepare-se que hoje tem festa, e você vai conhecer os rapazes.

A festa começou. Solange viu um, dois, três, dez, vinte, um monte de gente chegar e se espremer no pequeno apartamento de dois quartos. Alguém lhe ofereceu uma pastilha branca, um copo com bebida, e Solange apagou. Sonhou com Jesus lhe dando o pão doce, conheceu Valter e acordou nua sobre o corpo dele.

Mara entrou no quarto e sorriu maliciosa.

— Bom dia!

Solange puxou o lençol e cobriu o corpo, envergonhada. Valter remexeu-se na cama, tateou ao redor, abriu os olhos e sorriu.

— Opa! Bom dia.

— Não é nada do que está pensando — Solange tentou justificar-se.

— Relaxa, gata.

Um rapaz apareceu no corredor e abraçou Mara por trás.

— Oi. Eu sou o Arthur.

Solange deu uma risadinha nervosa.

— Oi.

— Meninos, esta é a Solange, de que tanto falei — apresentou Mara.

— Ah! — Valter ajeitou-se na cama. — Nós nos conhecemos ontem. Dançamos bastante. Ficamos juntos.

Solange não sabia onde enfiar o rosto.

— Você é muito bonita! — elogiou Arthur.

— Eu não disse? — ajuntou Mara.

Solange sentiu comichão.

— O que foi, gata? — indagou Mara.

— Parece que eu os conheço de algum lugar. Os três...

Em seguida, Solange espremeu os olhos, encarou novamente Valter, depois seus olhos pularam para Mara e subiram até Arthur. Será que era possível? Ela estava apaixonada... pelos três!

Mara parecia ter lido seus pensamentos:

— Eu disse que nós éramos diferentes, gata. Nós quatro somos e seremos um quarteto para lá de especial.

— Pode acreditar — assegurou Arthur.

— Não tenha medo, meu amor — tranquilizou Valter.

Arthur encostou a porta e ali começou uma história louquíssima de amor entre os quatro. Solange gostava de Valter que gostava de Mara que gostava de Arthur que gostava de Solange... seguindo a linha da "Quadrilha", do poeta Carlos Drummond de Andrade, só que com um final para lá de feliz.

Em 1968, sentindo cheiro de confusão no ar, os quatro entregaram o apartamento da rua Major Sertório, compraram uma Kombi, pintaram o veículo com flores coloridas e desenhos psicodélicos — era a onda hippie que começava a invadir o planeta.

Solange lembrou-se novamente do sonho, e Mara não teve dúvidas:

— Vamos seguir o sonho da Solange. Vamos embora para a Guanabara!

Rumaram para o Rio de Janeiro. Com as economias de Solange e a grana farta de Arthur, decidiram-se por dois terrenos enormes, a preço de banana, na distante Barra da Tijuca. Valter discutiu:

— Vamos para Trindade, em Paraty.

— Ou para São Tomé das Letras — emendou Arthur.

— Já disse: Guanabara — Solange estava decididíssima! — Eu vi o Cristo Redentor e o Pão de Açúcar. Não posso negar minha intuição.

— Tem razão, gata. É isso aí — concordou Mara.

— Então, sobe esta Kombi até a Barra da Tijuca — orientou Arthur.

Valter fez sim com a cabeça e seguiram viagem. Compraram os terrenos. Um deles transformaram em um sítio, espécie de comunidade alternativa. Ali tudo era permitido, era o local da contracultura, de "paz e amor". Música, muito Raul Seixas e Mutantes, com uma pitada de Novos Baianos. A alimentação natural e orgânica tornou-se indispensável à sobrevivência deles. Envolveram-se nos estudos do budismo, do hinduísmo e do xamanismo. Pregavam o amor livre e a não violência como lemas de vida. Optaram por não ter filhos. E a comunidade recebeu o sugestivo nome de Sociedade Alternativa.

Cinco anos depois da ida para o Rio de Janeiro, Solange, Valter, Mara e Arthur selaram a união com um guru espiritual e uma festa que durou um fim de semana inteiro. Eunice e Hermes foram à celebração e divertiram-se a valer. Daniel, Melissa e a pequena Maura também. Selma e Orlando não puderam comparecer porque o centro crescera bastante, e eles tinham muita gente para atender. Leonor recusou-se a ir. Achava aquilo tudo moderno demais para a sua cabeça.

O desbunde passou, a onda hippie também. As costeletas, as barbas e os bigodes sumiram do mapa, a discoteca se foi, Jane Fonda com suas polainas e polichinelos também. O tempo voou. O grupo se mantinha firme e forte, e cada vez mais unido.

Solange viajou para os Estados Unidos, conheceu as técnicas de condicionamento físico desenvolvidas por Joseph Pilates e gostou do que viu. Depois viajou até Esalen, na Califórnia, e deparou-se com ioga, meditação, técnicas de respiração e outros exercícios que ela acreditou serem interessantes para o futuro — dela e da humanidade, que a cada ano tinha chances de viver mais, igual à pilha Duracell.

Solange voltou com uma ideia boa na cabeça e a transmitiu aos companheiros. Todos ficaram empolgados com a novidade. Fecharam a tal sociedade, que não era mais tão alternativa assim, cortaram os cabelos, largaram as batas coloridas e trocaram o guarda-roupa por roupas claras, discretas, leves e confortáveis à idade que avançava. Adotaram o uso de velas aromatizantes, chás brancos, verdes, amarelos e optaram por um cardápio de alimentação saudável, sem radicalismos.

O "Espaço de ginástica corporal, mental e espiritual", tímido no começo, transformou-se num lugar disputado. Depois veio a ampliação do espaço, a Barra cresceu, venderam o segundo terreno por milhões. Hoje, senhores setentões de cabelos grisalhos, continuam os quatro morando juntos, dormindo juntos, levando a vida do jeito deles, com as regras deles, vivendo a felicidade segundo o sistema de crença deles. São muito felizes.

41

Luís Sérgio prosperara nos negócios. O escritório de contabilidade crescera sobremaneira, tornara-se atraente, e ele o vendera para uma empresa americana que queria fixar-se no país. Teve um bom lucro.

O cursinho em sociedade com Daniel prosperava a olhos vistos e ele estava feliz. Daniel o auxiliara bastante, confiara nele quando mais precisara, e agora ele retribuía a ajuda. Contratara um administrador de empresas competente que cuidava de toda a parte administrativa e financeira do negócio, deixando Daniel à vontade para planejar as aulas, programar o conteúdo das matérias e contratar os professores.

Também estava feliz com a companhia de seguros, pois vendera parte dela para um banco, e a companhia tornara-se bem sólida, atraindo mais clientes. Alugara um andar inteiro em um prédio moderno que fora entregue havia dois anos. O escritório, antes espremido em duas salas escuras no centro antigo da cidade, agora estava ali, em um andar alto voltado para o Vale do Anhangabaú.

Luís Sérgio só estava infeliz no casamento. A cada ano, a relação com Rosana afundava mais. Parecia entrar num buraco sem fim, num poço que não tinha fundo. Não havia salvação.

Então, por que ele não se separava? O problema era a filha. Quer dizer, Amelinha não era um problema, mas a menina, de saúde frágil desde que nascera, inspirava cuidados e entrava em crise respiratória sempre que Luís Sérgio brigava com Rosana e ameaçava abandonar o lar. Se cogitava ir embora com Amelinha, Rosana dizia que iria se matar, e a menina passava mal do mesmo jeito. Era um horror.

Condoído com a situação da filha, aguentava calado. Entretanto, estava a ponto de explodir. Frequentava o centro de Orlando e pedia orientação, orava, tomava passe, e a resposta era sempre a mesma:

— Confie na vida. Ela sempre sabe o que faz, não é mesmo?

No entanto, Luís Sérgio começava a meter um dos pés na revolta e o outro na falta de fé. Também pudera. Rosana transformara-se em uma mulher chata, insuportavelmente ranzinza e cruel. Muito cruel. Desde que Amélia viera ao mundo, soubera que Luís Sérgio a deixaria a qualquer momento, num piscar de olhos. Ela sentia, como toda mulher sente, que ele não a amava mais, ou, pior, que ele nunca a amara de fato.

Os poucos casais conhecidos estavam se separando. Era o tal do desbunde, da revolução dos costumes, da década da contestação. Rosana não estava gostando nada daquele "avanço" das ideias, considerava um absurdo as pessoas terem tanta liberdade assim para fazer o que bem entendessem.

Em todo caso, quando o médico entrou no quarto cabisbaixo, triste, cheio de dedos, e diagnosticou

que Amelinha tinha os pulmões bem fraquinhos e dependeria de um tubo de oxigênio para sobreviver, Rosana, em vez de sentir tristeza, intimamente vibrou de contentamento.

"Deus ouviu as minhas preces", disse em pensamento. "Essa criança vai ser a tábua de salvação deste casamento."

E foi. Durante aqueles anos todos, Rosana usava a filha doente para manter o casamento a todo custo. Quando Amelinha melhorava, ficava boa, Rosana esperava a menina adormecer. Aproximava-se da cama lentamente e... delicadamente puxava com a unha comprida e afiada a mangueirinha de plástico presa ao nariz da menina.

Não demorava trinta segundos para Amelinha começar a se debater e acordar com os olhos arregalados, sufocando, e Rosana dizia, com voz delicada, enquanto reintroduzia a mangueirinha no nariz:

— Está vendo? Se não fosse mamãe passar a todo momento para vê-la, você já teria morrido. Eu me preocupo muito com você, meu tesouro!

Amelinha cresceu acreditando que a mãe realmente estava ali ao lado sempre a ajudando, salvando-a.

— Obrigada, mamãe. Obrigada.

— Por isso, temos de fazer com que papai fique sempre do nosso lado.

— Sim.

E a crueldade não parava por aí. Rosana tinha seus ataques, chiliques, gritava de propósito com Luís Sérgio, preferencialmente na frente de Amelinha.

— Vai, isso mesmo — vociferava para Luís Sérgio. — Pode ir embora e me deixe aqui com esta criança roxa, doente, praticamente em estado terminal! Quem sabe, quando vier visitá-la — aumentava o tom na carga dramática —, Amelinha já estará em vias de partir desta para melhor.

Rosana fazia questão de falar essas delicadezas na frente da menina, para horror de Luís Sérgio. Ele se corroía de culpa. Olhava para a filha, olhinhos tristes, contorno da boquinha arroxeada, lábios quase azuis, rosto pálido feito cera. Atirava-se nos pés da filha e dizia que jamais iria abandoná-la.

Amelinha voltava a respirar melhor, Rosana voltava a se sentir melhor. Só Luís Sérgio não se sentia nem um pouquinho melhor, e assim a vida deles seguia, nessa toada terrível, num caminho doloroso, triste, cujo final não poderia ser feliz.

A cada ano, a situação tornava-se mais complicada. Amelinha agora estava com catorze anos. Eram catorze anos de sofrimento, pela filha, que entrava e saía de hospitais a cada quinze dias, e pelo casamento, arrastado, amarrado, em coma. Luís Sérgio queria acabar com aquele coma e cometer a eutanásia, matar aquele casamento sem vida. Ele nem suportava mais olhar no rosto da esposa. Dormiam em quartos separados.

Ele chegou em casa e bateu a porta da sala. Com o estrondo, escutou do hall:

— Chegou tarde.

Respirou fundo, controlou as emoções. Não queria briga. De novo, não. Foi lacônico, como de costume:

— Muito trabalho.

— Muito trabalho ou estava com *amigas* lá na Praça da Bandeira — ironizou Rosana.

— Vê se não enche o saco!

— Olha como fala.

— Fecha esse bico.

— Amelinha! — Rosana gritou da sala. — Papai chegou e está brigando com a mamãe — resmungou chorosa. — De novo, filhinha. Acredita?

Luís Sérgio sentiu o ódio subir pela garganta, e a saliva amargou:

— Está louca? Não podemos deixar Amelinha nervosa. O médico pediu, aliás, exigiu! Ela pode ter outra crise.

Rosana deu de ombros.

— E eu com isso?

— Ela é sua filha, oras.

— Sim, mas quem tem os pulmões fracos é ela, não sou eu.

— Você é má. Não acredito que esteja cometendo uma barbaridade dessas com a própria filha!

— Pois estou — Rosana encheu o peito de ar: — Os meus pulmões são fortes — e gritou: — Amelinha!

A garota chegou se arrastando na sala, carregando o tubo de oxigênio; uma mangueirinha de plástico saía dele e subia até as narinas. Amelinha tinha a expressão de uma personagem de filme de terror. As extremidades dos olhos e dos lábios eram arroxeadas, os cabelos negros eram compridos e escorridos, caídos sobre os ombros.

— Papai... — balbuciou ofegante: — O que está acontecendo?

Luís Sérgio correu até a filha e a abraçou.

— Meu amor, não foi nada. Papai só estava discutindo umas bobagens com a mamãe.

Rosana nada disse. Mirava o esmalte nas unhas das mãos.

— Filha, gostou do esmalte vermelho?

— Gos... gostei.

— Mamãe vai pedir para a manicure pintar suas unhas da mesma cor, viu?

Luís Sérgio encarou Amelinha:

— Está muito ofegante. Quer ir ao pronto-socorro?

Ela meneou a cabeça negativamente.

— Não. Só estou cansada. Estava bem, quase dormindo, mas mamãe gritou e eu me assustei.

Ele sentiu nova fisgada de ódio e procurou ocultá-la. Abraçou novamente a jovem:

— Está tudo bem.

O abraço de Luís Sérgio sempre acalmava a filha. Amelinha sentia-se protegida nos braços do pai. Ele sorriu ao percebê-la melhor:

— Perdeu o sono?

— Hum, hum.

— Quer ver novela?

Ela arregalou os olhos, contente. Rosana fez um muxoxo.

— Está tarde. E, de mais a mais, novela das dez não é para Amelinha. É para gente adulta.

Luís Sérgio ignorou o comentário da esposa e delicadamente puxou a filha, carregando o tubo de oxigênio e sentando-a confortavelmente no sofá. Acomodou-se ao lado dela e entre os dois deitou a maquininha de oxigênio. Pousou a mão sobre as dela.

— Venha. Vamos assistir juntos.

Amelinha baixou a voz e confidenciou:

— Adoro *Os Ossos do Barão*, papai. Assisto escondida no quarto.

— Eu também gosto — ele respondeu, em outro sussurro. — E o melhor é que aqui na sala — confidenciou — podemos assistir em cores.

Rosana levantou-se irritada.

— Não vai ver a novela com a gente, mamãe?

— Não — respondeu seca. — Estou com uma terrível enxaqueca. Vou me deitar.

Luís Sérgio sorriu e agradeceu. Intimamente perguntou: "Até quando vou ter de suportar essa mulher? Até quando?"

Fazia mais de dez anos que Lina deixara o sítio e nunca mais vira Eugênia. Notícia da mulher, ela não deixava de ter, porque Neide sempre visitava Eugênia e fazia questão de comentar:

— Ela envelheceu muito, está com artrose, tem dificuldade para caminhar. Eu coloquei uma das meninas, filha do Sandoval, para viver lá no sítio e ajudá-la nas pequenas tarefas.

Lina lembrou-se de quando chegara, mocinha, com a mesma idade da filha do Sandoval. Sentiu uma pontinha de saudade, contudo, procurou não deixar transparecer.

Neide percebeu e intimamente sorriu.

— Podíamos fazer uma visita a Eugênia.

— Não. O passado está morto. Não quero contato. Já disse. Prefiro viver aqui, no meu canto, ajudando você a organizar o barracão.

— Você não participa dos trabalhos...

— Mas limpo, arrumo, organizo as filas — observou Lina. — Sou uma boa voluntária. Só quero trabalhar, ajudar, em troca de casa e comida. Mais nada.

— Tem tanto para aprender, por que ficar presa aqui? Por que tem tanto medo de se soltar no mundo?

— Não tenho medo.

— Claro que tem. Sua mentora me falou.

— Minha mentora — Lina fez um gesto com a mão. — Eu nunca vi essa mentora. E ainda me diz que ela é russa. Como pode?

— Como pode o quê?

— Eu ter uma mentora que viveu do outro lado do mundo? Eu vivo aqui, no meio do mato, no meio do Brasil. Acho difícil acreditar no que diz.

— Pode não querer acreditar, mas, no fundo, você sente que é verdade.

Lina nada disse. Mordiscou os lábios. Imediatamente viu o rosto de uma loura linda, olhos grandes, expressivos. O rosto sumiu, e ela balançou a cabeça. Neide perguntou:

— O que foi?

— Nada.

Sandoval chegou esbaforido ao barracão. Neide o olhou e pressentiu o pior. Lina indagou, assustada:

— O que foi, Sandoval?

— Dona Eugênia teve um ataque. Está muito mal. Pediu para falar com você, Lina.

Neide a encarou, séria:

— Agora é com você...

Lina sentiu um frio na espinha e o peito oprimido.

— Meu Deus! O que faço?

— Não sei. Faça o que sente, não o que pensa.

— Se ela morrer...

— Deixe de pensar, já disse. Sua mentora está atrás de você.

Lina olhou para trás e nada viu. Neide prosseguiu:

— A russa está sugerindo, só sugerindo, que você vá até o sítio.

— É. Meu coração está apertado e não consigo tirar dona Eugênia da cabeça. Também devo isso a Melissa. É minha amiga.

— Se não for por você, então faça por Melissa. Vá até lá. Converse com Eugênia. Acerte as contas de uma vez.

Lina não hesitou. Num impulso, apanhou a bolsa e deixou-se conduzir por Sandoval. Neide, intuída pelos guias espirituais, foi junto.

Chegando ao sítio, foram direto para o quarto, que estava iluminado somente pela luzinha do abajur sobre o criado-mudo. Encontraram Eugênia deitada na cama, adormecida, as mãos enrugadas e contorcidas. Cibele, filha de Sandoval, acabara de trocar-lhe as roupas.

— Eu a ajudei a banhar-se — disse a menina. — Acabei de trocá-la e penteá-la — completou chorosa. — Ela não está bem. Nunca vi dona Eugênia assim. Parece que... — a menina não quis concluir.

— O que ela teve? — indagou Lina.

— Uma pontada no peito. Depois sentiu dor nas juntas, escorregou, eu praticamente a trouxe arrastada até aqui. Ela disse que o coração está fraco e não vai resistir. Depois do banho, deitou-se, pediu para chamar você e cochilou.

Lina iria falar, mas Neide declarou, categórica:

— Não pense que Eugênia fez uma encenação — Lina ruborizou porque estava achando isso mesmo, e Neide prosseguiu: — Ela está mal. Estou aqui para ajudar a fazer a passagem dela para o outro plano. Eugênia vai morrer a qualquer momento.

Cibele deu um passo para trás, aterrada. Fez o sinal da cruz.

— Pode ir, Cibele. Nós ficaremos aqui no quarto, em oração — avisou Neide.

A menina foi conduzida por Sandoval para fora da casa. Neide puxou delicadamente Lina pelo braço e aproximaram-se da cama. Eugênia não se movia, o ar saía com dificuldade e Lina espantou-se com a sua aparência.

— Não se esqueça de que anos se passaram — lembrou Neide.

— Ela está envelhecida — apiedou-se Lina. — Lembra a dona Bibiana.

Eugênia tinha os cabelos todos brancos. O rosto estava com muitas rugas, a pele perdera completamente o viço.

Neide aproximou-se e sussurrou:

— Eugênia, sou eu, Neide.

Aos poucos, Eugênia delicadamente abriu os olhos. Olhou ao redor e, ao fixá-los em Neide, sorriu.

— Você está aqui. Que bom!

— Trouxe uma visita.

Ela deu um passo para o lado, e o rosto de Lina apareceu refletido na luzinha do abajur. Os anos haviam passado, o rosto havia mudado, mas os olhos eram os mesmos. Eugênia a reconheceu:

— Lina! Você finalmente veio me ver. Depois de tantos anos. Está uma mulher feita.

— Estou aqui, dona Eugênia.

— No meu leito de morte.

— Não fale assim.

— Eu vou morrer. Estava esperando você aparecer.

Lina sentiu um estremecimento pelo corpo.

— Vai ficar boa.

Eugênia esboçou um sorriso. Estava bem cansada, a respiração estava um tanto entrecortada:

— Vou ficar depois que fechar os olhos para sempre. Meu espírito precisa se libertar deste corpo cansado. Sabe, tenho sonhado com Estela. Quero ficar com minha filha.

— Vai ficar — tranquilizou Neide. — Vai ficar.

— Lina, eu quero que você me perdoe de uma vez por todas e esqueça tudo o que aconteceu.

— O passado ficou para trás.

— Quero que fique mesmo. Sem mágoas.

— Sim.

— Ali — apontou para uma caixa sobre a cômoda — está tudo o que deve ficar com você e com Neide, depois que eu morrer.

— O que tem ali?

— A sua libertação, a sua independência.

— Não estou entendendo.

— Quero que você assuma a identidade de Estela. Pegue a certidão de nascimento dela e saia pelo mundo com um nome, com direito a ter outros documentos.

— Mas Estela morreu — objetou Lina, a contragosto.

— Morreu e o cartório pegou fogo. Você poderá ir morar em uma cidade bem longe daqui, onde ninguém saiba que Estela morreu. Poderá viver sua vida, se casar, viajar, fazer o que quiser.

— Não tenho dinheiro...

— Naquela caixa tem a solução para isso também.

“É uma caixa mágica?”, pensou Lina, com certa ironia. Mas o momento não era para isso. Eugênia estava sendo sincera, queria resolver suas pendências e estava sendo de uma generosidade fora do comum. Lina percebeu a sinceridade e sentiu-se tocada, de verdade.

Sem perceber, instintivamente, ajoelhou ao lado da cama, abraçou-se a Eugênia e sentiu o corpo quentinho, o cheiro de perfume que havia muito não sentia. Deixou que as lágrimas corressem livremente.

— Por favor, Lina, me perdoe. E peça ao padre para que celebre a minha missa de sétimo dia na Igreja da Imaculada Conceição. É meu último desejo.

— Dona Eugênia, eu também peço perdão. Fui muito dura, deixei-me levar pelo orgulho, pela dureza dos pensamentos. Infelizmente, tive uma vida difícil e tenho um jeito seco de lidar com situações e principalmente com gente. A senhora, seu Aderbal e Melissa foram as únicas pessoas que de fato se preocuparam comigo. Hoje eu sei como foi difícil para a senhora ter de enfrentar o dia a dia sem ter sua filha ao seu lado. É uma mulher forte. Eu a admiro por isso. Prometo que virei visitá-la amiúde. Quanto à missa de sétimo dia, vai demorar bastante para acontecer, mas eu prometo sim e...

Neide, logo atrás, olhos marejados, tocou-lhe gentilmente as costas:

— Querida, por favor, deixe-a.

— Agora não, Neide. Eu preciso dizer mais coisas. Dona Eugênia foi uma das pessoas mais importantes que eu tive nesta vida. Ela foi como uma mãe para mim. Precisa saber disso e...

— Sim, eu sei. Ela sabe. Mas agora não é o momento.

— Por quê? Eu preciso dizer.

— Dona Eugênia acabou de morrer.

42

Passada a missa de sétimo dia de Eugênia, celebrada na Imaculada Conceição, como ela pedira antes de morrer, Lina foi até o sítio com Neide para pegar a caixa.

— Não sei se é hora de abrir — disse receosa.

— Como não? Está com medo de quê?

— Não sei, Neide.

— Vamos. Eugênia teve seu perdão, morreu nos seus braços, fez uma passagem tranquila. Os meus guias ajudaram o espírito dela a se desligar do corpo físico e a levaram para um posto de tratamento no astral. Estela a espera com ansiedade para poderem ficar juntas antes de planejarem as atividades para nova etapa de vida, porquanto a mudança é necessária. A vida nos empurra para a frente, não tem como ficar parado no tempo, não importa em qual dimensão. Então, de que tem medo?

Lina sorriu.

— Tem razão.

Ela abriu a caixa e lá havia alguns papéis. Obviamente, encontrou a certidão de nascimento e a cédula de identidade

de Estela. Também havia uma cópia do testamento, em que Eugênia deixava o sítio para Neide.

— Agora você vai poder ampliar os tratamentos espirituais, como sonhou! — exultou Lina.

— É — tornou Neide, emocionada. — Eugênia foi de uma generosidade ímpar. Vou transformar aquele sítio em um grande centro de tratamento espiritual. Um marco de referência na área. Você verá!

No fundo da caixa, um saquinho de couro.

— O que é isso? — quis saber Neide.

Lina nem quis abrir. Já imaginava... E sua imaginação estava certa. Eugênia mantivera a pedra preciosa guardada por todos aqueles anos.

— A César o que é de César — declarou Neide.

Emocionada, Lina tirou a pedra do saquinho e ficou contemplando-a por um bom tempo. Lembrou-se do sonho com Bibiana, da ida até a casa da velhinha, a saída do sertão, a morte dos pais, o encontro com Aderbal, a chegada à cidade... todos os acontecimentos daqueles anos vieram num flash, de forma rápida, e ela se abraçou a Neide.

— E agora? — indagou, um tanto insegura.

— Se seguir o caminho indicado pelo coração, poderá mudar o curso dos acontecimentos e triunfar. Mas, se persistir nos impulsos e deixar que as ideias dos outros sejam mais fortes que suas convicções... — ela estremeceu, porém Lina não percebeu. Neide apertou-a contra o peito e acariciou seus cabelos. — A vida sempre sabe o que faz, querida. Eu gosto muito de você...

Neide não concluiu e Lina também não insistiu. Estava muito tocada com tudo aquilo, pois sabia que sua vida mudaria. Ela queria ir embora. E partiria dali a alguns dias.

Uma nova etapa de vida se iniciava ali. Com a doação das terras, Neide pôde construir e ampliar os trabalhos espirituais de cura. Em seu centro, médicos desencarnados brasileiros vinham prestar auxílio aos pacientes. Nada de facas ou utensílios cirúrgicos. Os médiuns usavam gaze, algodão, álcool, mercúrio, pomadas feitas com ervas — indicadas e misturadas sob supervisão espiritual —, cromoterapia e passes. Muitos passes.

O centro cresceu, agigantou-se. Neide viajou o mundo, conheceu outros médiuns, outros métodos de cura, outras filosofias espiritualistas, encantou-se com o trabalho de cura de algumas comunidades africanas e conheceu práticas xamânicas na América do Norte. Trouxe conhecimento e gente preparada e qualificada para trabalhar em seu centro.

Neide fez amizade com Orlando e Selma, e os dois centros espíritas firmaram parceria, tanto na terra quanto no céu... Até hoje, quando Orlando tem algum caso sério que necessita de tratamento de cura, envia o paciente de São Paulo para Minas Gerais. E os resultados têm sido surpreendentes.

Lina, depois de pegar os documentos, levou a pedra preciosa até um negociante de confiança e renome. Como era de se esperar, valia um bom dinheiro. Não era uma fortuna, mas o suficiente para Lina dar rumo à sua vida, começar a andar com as próprias pernas.

— Lembre-se: não dê ouvido ao comentário maledicente dos outros.

— Sempre me diz isso, Neide. Por que está repetindo agora que estou de partida?

— Intuição.

— Sou mulher feita — Lina riu. — Sei me virar. Já apanhei muito da vida. Sei me defender.

— Pode se defender fisicamente — advertiu Neide, séria. — Estou falando de escutar os outros. Cuidado com o que escuta. Filtre os pensamentos. Ainda é muito impulsiva.

— Pode deixar.

— Cuidado com a sede de justiça e de vingança. Isso poderá significar o seu fim.

— Aprendi a me controlar.

— Será? Se alguém tentar prejudicá-la, como vai reagir?

— Ninguém vai me prejudicar. Nunca mais.

— Como pode ter certeza?

— Eu tenho — Lina afirmou, convicta.

— A vida nos testa, Lina.

— Pois que me teste, então — rebateu, voz desafiadora.

— Ficou anos trancafiada aqui, como se tivesse medo de encarar o mundo — considerou Neide. — Ainda não sinto que esteja pronta.

Lina fez um muxoxo.

— Está querendo estragar a minha partida para São Paulo.

— Não é isso, minha querida. Eu desejo toda a felicidade do mundo para você. Quero que seja feliz, que viva a vida, experimente, ame, saboreie cada momento. Mas noto que você ainda dá mais atenção ao que os outros dizem e deprecia o que sente.

Lina não disse nada. Ficou pensativa. Neide talvez tivesse razão. Agora não era hora de pensar nisso.

— Quero rever Melissa — desconversou. — Não aguento mais trocar cartas com ela. Quero conhecer a filhinha dela...

Neide percebeu que Lina queria parar por ali e não forçou mais. Iria sempre vibrar para que acontecesse o melhor para ela.

"Que a vida sempre a ajude, minha querida", pensou.

Depois de tantos anos vivendo no interior, Lina agora caminhava, novamente, sozinha. Mas era diferente. Não era mais uma menina, tinha dinheiro e um pouco mais de confiança. Não queria dar o braço a torcer, porque Neide tinha razão em um ponto: Lina não mudara o seu jeito de encarar os fatos. Continuava a ter sede de vingança e justiça quando se sentia lesada, prejudicada.

— Ora, quem vai me prejudicar? — indagou para si, enquanto abria a janelinha do ônibus com destino a São Paulo e deixava o vento balançar os cabelos, com a mente cheia de planos e ideias para uma nova etapa.

Chegou à estação rodoviária numa manhã ensolarada. Encantou-se com os losangos coloridos da fachada do prédio em contraste com o sol e nem ligou para os ambulantes espremidos na calçada, vendendo de tudo; também não se espantou com aquele bando de gente disputando o entorno da praça com um monte de carros, ônibus e muita buzina e fumaça. Gostou da confusão.

Lina encantou-se com a cidade. Já tinha andado por Belo Horizonte, anos antes. Gostava do burburinho, do falatório, do barulho de buzina. Atravessou a praça Júlio Prestes, fez sinal para um táxi, entrou e deu o endereço de Melissa.

O encontro foi emocionante. Depois de um abraço que pareceu durar horas, Melissa a olhou de cima a baixo várias vezes:

— Transformou-se em uma mulher bonita.

— Obrigada.

— Mesmo. Claro que precisa de uns ajustes de produção. Eu vou ajudá-la.

— Imagine. Você tem casa, marido, filha...

— Estou acostumada — brincou Melissa.

— E Daniel?

— Ele sai cedo para as aulas.

— Trocamos muitas cartas, minha amiga, mas agora quero conversar, saber de você, ter notícias de todos! Dona Leonor, Solange, Eunice...

Melissa colocou água para ferver, pegou o pote de café. Estava muito feliz de ver Lina ali.

— Preciso atualizá-la. Solange vai se casar, mas vai ser um casamento diferente.

— Como assim?

Melissa riu e começou a contar. Lina ruborizou num primeiro momento, depois riram à beça, começaram a falar besteira e se divertiram a valer. Até que a pequena Maura acordou, e Lina subiu com Melissa para pegá-la.

O dinheiro que Lina tinha não era lá grande coisa e não dava para comprar uma casa na Vila Mariana. E, ainda, ela queria parte daquele dinheirinho aplicado na poupança para os primeiros meses, até encontrar um emprego que pudesse cobrir suas despesas básicas. Depois de muito procurar, Lina comprou um conjugado no centro da cidade. Gostou. Era um edifício na Duque de Caxias, e Lina tinha tudo à mão.

Aplicou o dinheiro na poupança e tinha uma vida bem regrada, gastava pouco. Começou a procurar emprego e pediu ajuda a Daniel.

— Quem sabe ela não pode ficar no lugar da Suzete? — sugeriu Melissa.

— É — ele considerou. — Suzete vai sair de licença. Pode ser uma boa. Lina é de confiança.

— Está com muita vontade de trabalhar e aprenderá o serviço com rapidez — completou Melissa. — Ela é bem esperta, inteligente.

— Você me deu uma ótima ideia.

Depois de uma semana, numa visita que Lina fez à amiga, Melissa comentou:

— Daniel pediu para você passar lá no cursinho. Às onze e meia.

— Será que tenho chance, amiga?

— Claro! Você preenche todos os requisitos, Lina.

— Estou tão empolgada!

— Vai dar certo, você vai ver. O endereço é este aqui...

Melissa passou o endereço. Não ficava muito longe de onde Lina morava. Ela podia ir a pé, se quisesse. Saiu da casa de Melissa, tomou a condução até sua casa, arrumou-se com apuro e, como a temperatura estava amena, foi caminhando até o endereço.

Encontrou Daniel, que já a esperava com outro funcionário. Lina estava um pouco nervosa, mas fez a entrevista numa boa e, por fim, Daniel afirmou:

— A vaga é sua.

— Mesmo? — ela exultou de felicidade.

— Sim. Mas o salário é baixo.

— Sem problemas. Suzete, que vai se afastar, me contou quanto ganha. O valor está ótimo para mim, cobre perfeitamente os meus gastos. Não terei de mexer na poupança. Estou muito feliz, Daniel.

— Mas só daqui a uns três meses você deverá começar, Lina.

— Também sei disso.

— Em todo caso, estamos em novembro. O emprego deverá ser para meados de fevereiro ou comecinho de março.

— Sem problemas. Eu tenho mais que o suficiente para me garantir até lá. Assim poderei arrumar minha casinha, comprar o que falta, decorar... E visitar a Melissa.

— Você e Melissa. Melissa e você — ele riu. — Meu Deus! Como vocês se gostam!

— Eu adoro sua esposa. Mesmo. A Neide diz que temos ligações de outras vidas. Eu acredito.

— Eu também acredito — Daniel consultou o relógio e arregalou os olhos. — Menina, eu aqui de papo e tenho de entrar para mais uma aula, antes do almoço.

— Pode ir. Eu vou esperar a Suzete, conversar mais um pouquinho e também já vou.

Despediram-se. O funcionário voltou para a sala da administração. Daniel virou no corredor para entrar numa das salas e começar a dar aulas. Lina caminhou por entre a recepção do cursinho. Gostou de ver aquela garotada andando de um lado para o outro, conversando, carregando livros, pranchetas, mochilas, flertando, sorrindo.

— Como é bom ser jovem! — suspirou.

Ela fechou os olhos e deu um encontrão num homem que acabava de chegar, esbaforido. Lina perdeu o equilíbrio e foi ao chão.

Ele se abaixou sem graça e lhe estendeu a mão.

— Mil perdões.

— Não tem de quê.

— Eu vim correndo, precisava falar com o Daniel.

— Ele acabou de entrar na sala — apontou, enquanto ajeitava o vestido e tentava se recompor.

Ele a mediu de cima a baixo. Achou a moreninha bem interessante.

— Você não é aluna. Quer dizer, é novinha, mas nunca a vi por aqui.

Lina riu.

— Estou aqui para preencher a vaga de recepcionista.

— Por quê? A Suzete foi demitida?

— Não. Ela está grávida...

— Está grávida?!

— Pelo jeito, você não vem muito aqui...

Ele sorriu sem graça.

— Não venho mesmo. Só venho muito de vez em quando.

Estendeu a mão:

— Prazer. Luís Sérgio.

— Oi. Eu me chamo Lina.

Suzete chegou, Luís Sérgio viu o barrigão, envergonhou-se. Fazia meses que não aparecia no cursinho. Mas por que aparecer? Daniel tomava conta de tudo direitinho, havia mais dois funcionários que o ajudavam, e a corretora, agora associada ao banco de investimentos, estava indo muito bem. Luís Sérgio usava o tempo de sobra para ficar com Amelinha, tentando manter a filha o maior tempo possível afastada do convívio nocivo com a mãe.

Luís Sérgio não entendeu se foi carência, instinto, desejo ou se aquilo que estava sentindo naquele exato momento tinha algum nome. Afinal de contas, desde que o casamento tomara aquele rumo pavoroso, ele não se envolvera com mulher alguma. Era um homem íntegro, dedicado à filha, aos negócios, e não era mais do tipo que se afogava em bebida ou mulheres de vida fácil. Havia um monte, até de vida não fácil, que tentara seduzi-lo. Amigas de Rosana, inclusive, tentaram conquistá-lo e quiseram levá-lo para a cama, mas Luís Sérgio não se interessara.

E agora aparecia essa moreninha do interior de Minas, com sotaque, simplesinha, mas com um jeitinho simpático, que o cativou sobremaneira. Lina também sentiu algo que não sentira por homem nenhum, nem quando tivera total liberdade para namorar quem quisesse em Teófilo Otoni.

Parecia coisa de novela. Eles saíram do cursinho batendo papo, esticaram no restaurante do Moraes, ali perto. Trocaram o famoso filé com alho por um bife suculento acompanhado com uma porção imensa de batatas fritas e uma cerveja. Depois, foram caminhando sem destino pela cidade, Luís Sérgio mostrando um ponto aqui, outro ali.

Lina havia estudado alguns anos com Neide, decidira não entrar na escola — por conta da falta de documentação —, mas era letrada e se interessava. Luís Sérgio observava que ela era simples, porém inteligente. Ao passarem pela Vieira de Carvalho, Lina quis um docinho.

— Quindim, de preferência. O sangue é nordestino, mas o coração é mineiro.

Luís Sérgio riu. Entraram na doceria Dulca, e Lina fez questão de pagar. Ele percebeu que ela era simples, inteligente e também independente. Começou a gamar.

— Parece que estou em casa — ela se derreteu. — Este quindim está uma delícia!

— Também vou provar um — emendou Luís Sérgio.

Saíram, continuaram a caminhar. Luís Sérgio acendeu um cigarro, o papo continuou agradável, dali esticaram para um hotelzinho embaixo do Minhocão.

Foram dois meses de paixão avassaladora. Lina ficou enlouquecida, a ponto de espaçar as visitas e praticamente deixar de ter contato com Melissa.

— A gente tinha mais contato quando ela morava longe — reclamou Melissa.

— Acabou de chegar. A cidade é grande, atrativa. Lina é jovem, conheceu um rapaz, vai saber — contemporizou Daniel.

— Pode ser...

Rosana percebeu a variação gritante no humor do marido. Luís Sérgio chegava em casa bem-disposto, alegre, com um sorriso estampado no rosto. Era irritante. Ela suspeitava de que havia contribuição feminina nessa história, mas ficou na dela. Até que veio o Natal e Luís Sérgio inventou uma reunião de emergência com o banco de investimentos justamente no dia 25, depois do almoço.

— Reunião no dia de Natal, Luís Sérgio?

— São investidores japoneses.

— E vão tratar de investir o dinheiro do Papai Noel? — perguntou, com ironia, querendo explodir de ódio.

— Eles não ligam para datas. São executivos. Calhou de ser dia 25.

— Estranho. Muito estranho — ela disse para si.

Mas tudo bem. A semana transcorreu normalmente, combinaram de passar o réveillon no Guarujá, na casa dos pais de Rosana, uma bela casa no alto do morro da Enseada.

— Se ele arrumar uma desculpa esfarrapada, de última hora, é porque tem mulher — avisou Consuelo, amiga com mestrado em traição.

— Ele não faria isso. É um sufoco levar Amelinha para a praia. Tem que ir oxigênio, tubo extra, enfermeira... ele não é louco de me aprontar uma dessas. Eu sou capaz de fazer a menina ter um piripaque na descida da Anchieta só para ele morrer de remorso.

— Você não seria capaz disso! — Consuelo levou a mão à boca, horrorizada. Ela era fútil e terrível, mulher que sofria com as traições do marido, mas nunca, jamais, usara os filhos para resolver seus problemas conjugais.

Rosana subiu e desceu os ombros, com desdém e frieza.

— Sou capaz de coisas que você nem imagina, Consuelo. Eu faço qualquer coisa para manter meu casamento. Qualquer coisa.

Consuelo delicadamente afastou-se de Rosana. Foi espaçando as ligações, os convites e sumiu. Tinha medo de gente assim. E tinha toda razão para ter.

A frase de Consuelo, infelizmente, ficou matutando na cabeça de Rosana:

"Se ele arrumar uma desculpa esfarrapada, de última hora...".

Luís Sérgio arrumou. De última hora. Rosana descia no dia depois do Natal, com Amelinha, oxigênio, cachorro, enfermeira, empregada e família. Era um comboio que descia a serra. Depois ainda havia o martírio da fila imensa para a balsa, já em Santos, para chegar até o Guarujá.

— O escritório vai fechar dia 30. Eu vou ficar para o inventário e pegarei a estrada logo depois do almoço, no dia 31.

— Quero só ver — ela resmungou.

Ao meio-dia de 31 de dezembro, Luís Sérgio ligou e avisou. Aparecera um problemão de última hora, mas no dia seguinte ele estaria lá para almoçarem juntos.

— Ao menos vamos ter o primeiro almoço do ano juntos!

Rosana desligou o telefone e teve vontade de estrangular o marido. Mordeu o lábio inferior com tanta força que sentiu o gosto amargo de sangue. Chupou o sangue, olhou para a filha com raiva:

— Nem você, doente e moribunda, está segurando Luís Sérgio em casa. O problema é pior do que eu pensava — rilhou os dentes de ódio.

Amelinha sentiu repentina falta de ar, tamanha lufada de energia pesada que Rosana lhe dirigira. A enfermeira aproximou-se e aumentou a saída de oxigênio.

— Isso, Amelinha. Respire. Isso. Inale com calma. Vamos, meu bem.

A menina acalmou. Rosana foi até a varanda. Encarou o marzão à frente:

— Eu vou descobrir e vou acabar com essa vagabunda. Amanhã mesmo começo a fazer o *meu* jogo.

43

Luís Sérgio fez reserva num restaurante afastado, na Cantareira, e dormiram a noite da virada do ano num chalé, ali na serra. Na manhã seguinte, desceram para a capital e foram caminhar no parque do Ibirapuera. Luís Sérgio tinha certeza de que não seriam vistos ou percebidos, pois os amigos em comum estavam fora da cidade.

Ele estava com um boné, óculos escuros, shorts, camiseta e tênis. Lina vestia camiseta e shortinho, calçava um par de sandálias. Estavam de mãos dadas, felizes e contentes, fazendo planos para o futuro.

Luís Sérgio não contara sobre Rosana, sobre o casamento ruim, evitara falar sobre a filha, sobre a doença. Queria preparar Lina, conhecê-la melhor para depois lhe contar sobre sua vida. De que adiantaria despejar na moça todos os seus problemas agora, de uma só vez? Primeiro — pensava ele — era necessário estabelecer e fortalecer o relacionamento. Depois, aos poucos, com o namoro engatado, ele revelaria a Lina, em doses homeopáticas, a sua real situação.

Eles se abraçaram, e ele a beijou com ardor.

— Tem mesmo de ir?

— Sim. Prometi à minha família que iria descer. Meu pai — mentiu — exigiu que eu vá almoçar com ele e mamãe. É o primeiro almoço do ano.

— Poderia me levar.

— Num outro momento. É primeiro de janeiro. Primeiro dia do ano. É um costume nosso, coisa de família. Prometo que ano que vem você estará lá, sentada ao meu lado.

Lina riu.

— Está bem. Prometo que ficarei em casa, esperando você.

Beijaram-se novamente.

Uma mulher de cabelos crespos abriu e fechou a boca várias vezes. Era uma amiga que frequentava o mesmo clube que Rosana. Ou aquele homem era irmão gêmeo de Luís Sérgio ou...

Mafalda não resistiu. Futriqueira de carteirinha, voltou correndo para casa, ali perto, e sacudiu o marido, adormecido pelo excesso etílico da festa da virada.

— O que é?

— Eu vi o marido da Rosana lá no parque atracado com outra.

— Teve uma visão, Mafalda — murmurava, mastigando a saliva. — O Luís Sérgio está no Guarujá... — o homem voltou a dormir.

Mafalda balançou a cabeça negativamente. Correu até a sala, pegou o caderninho de telefone e discou. Uma empregada atendeu, e ela pediu para falar com a patroa.

Rosana escutou tudo como se tivesse levado uma bofetada e em seguida tivesse engolido uma cartela de barbitúricos. Meio zonza, largou o fone no chão. O pai lhe perguntou:

— Aconteceu alguma coisa, filha?

Coisa típica de mulher violentamente traída em seu orgulho que não deixa transparecer o que sente, Rosana respirou fundo, recolocou o fone no gancho, levantou a cabeça e sorriu para o pai:

— Não, papai. Está tudo bem. Uma amiga, a Mafalda, queria uma receita de farofa doce. Coisa de cardápio de ano-novo.

O homem se afastou e não percebeu uma veia saltada querer explodir no canto da testa de Rosana. Ela engoliu a raiva, o ódio. E assim passou o dia, dissimulando.

Subiram a serra, ela permaneceu quieta o tempo todo. Luís Sérgio percebeu e indagou:

— O que foi?

— O peru não estava bom. Mamãe exagerou no sal. De novo...

No dia seguinte, Rosana foi até o escritório de um detetive. Uma semana depois, tinha nas mãos o nome de Lina — que para Rosana foi apresentada como Estela —, fotos de Lina com Luís Sérgio, enfim, tudo que pudesse comprovar efetivamente o relacionamento extraconjugal do marido.

— Quero que descubra tudo o que puder sobre essa tal de Estela. Tudo. Pago o que for preciso.

O detetive, jovem e querendo ganhar confiança, aumentar a clientela e a credibilidade, fez o serviço direitinho. Descobriu sobre Estela/Lina e até conseguiu o atestado de óbito de Estela.

— Então meu marido se relaciona com uma morta — disse para si, irônica. — Agora eu acredito no mundo dos espíritos — e gargalhou. Gargalhou até perder o ar e sentir nova onda de raiva e ódio. Muito ódio.

Era fim de mês. Rosana iria acabar uma vez por todas com aquele "caso de verão". Decidida, esperou o fim da tarde e ligou para o escritório de Luís Sérgio.

— Amelinha está mal.

— Ligue para o médico.

— Não sei — a voz dela era lacônica. — Melhor vir para cá. Nunca vi Amelinha nesse estado — do nada fez uma voz chorosa. Teatro total. — Parece que vai... que vai...

— Parece o quê?

Rosana desligou o telefone. Luís Sérgio ficou atônito. Ligou para Lina.

— Estou esperando você, meu bem.

— Não poderei ir.

— Por quê?

— Surgiu um imprevisto. Meu pai está mal e...

Lina desligou o telefone um tanto contrariada. Mas entendia. Se Luís Sérgio tinha um pai doente, fazer o quê?

Rosana pousou o fone no gancho.

— Idiota. Acreditou. Eu poderia estar na novela das oito. Eu sou demais.

Levantou-se com um sorriso sinistro no canto dos lábios, foi até o quarto da filha. Amelinha dormia e a respiração estava regular. Ela se aproximou e retirou a mangueirinha do ar e contou:

— Um, dois, três...

Em instantes, a menina começou a respirar com dificuldade. Logo, o ar começou a faltar, e Amelinha começou a se debater. Arregalou os olhos, atônita.

Rosana calmamente recolocou a mangueirinha nas narinas.

— Se mamãe não estivesse aqui, não sei o que seria de você, meu bem. Sempre eu a salvá-la. Sempre eu.

Rosana recolocou a mangueira nas narinas da filha, mas baixou a quantidade de oxigênio, fazendo Amelinha sentir-se cansada. Amelinha sentiu um calafrio pelo corpo. Na sequência, Rosana levantou-se, apanhou a bolsa, consultou o relógio:

— O paspalho logo vai chegar. Ótimo.

Tomou um táxi e foi para o centro da cidade. Antes, pediu para o motorista parar numa floricultura. Ao voltar para o carro, o motorista fez um esgar de incredulidade ao encará-la pelo retrovisor.

— O que foi? — ela interrogou.

— Nada. É que...

— É que nada. Segue a corrida. Estou pagando para você correr e não para olhar ou fazer comentários. Anda.

— Sim, senhora.

O rapaz balançou a cabeça, fez o sinal da cruz e seguiu o trajeto. Parou no meio-fio.

— Vai logo, dona. A avenida é movimentada.

— Não. Você fica — Rosana tirou algumas notas da bolsa. — Fique com isso. É uma parte da corrida. Só para garantir. Vou entrar no prédio, entregar essas flores e voltarei em dez minutos.

— Não posso ficar parado. Já estão buzinando atrás de mim.

— Pois ande, dê uma volta, sei lá. Fique rodando, dando voltas no quarteirão.

— Vou ter de manter o taxímetro ligado.

— Tudo bem. Eu pago.

Rosana saiu, pisou duro na calçada em frente ao prédio de Lina. Chamou o porteiro com um sorriso falso e pediu para interfonar.

— É entrega de flores.

O porteiro ligou, Lina atendeu e pediu para subir.

— Eu entrego — ele disse.

— Não. Por favor. Na nossa empresa, fazemos questão de entregar. E não vou me demorar. O motorista vai aguardar — apontou para trás.

O porteiro mediu Rosana de cima a baixo. Era uma mulher elegante, bem-vestida. E viu por trás dos ombros dela o táxi ainda parado na guia.

— Pode subir, senhora. Sexto andar. Sessenta e seis.

— Sessenta e seis — repetiu para si, em tom jocoso. — Se tivesse mais um seis, diria, como nas escrituras, que é o número da besta. Mas, como são só dois, diria que é o número da tonta.

Ela riu e pegou o elevador. Subiu com o arranjo. Havia comprado uma coroa, típica das usadas em velório. Até que tinha tido senso de humor... negro. Precisava extravasar seu ódio. Senão, iria explodir, ter um ataque, ou coisa pior.

Lina abriu. Rosana foi entrando e empurrando-a com a coroa.

— Aqui então é o antro de amor! Neste cubículo. Quanta decadência!

Lina não entendeu.

— O que é isso?!

— Feche a porta.

— Não fecho. Não sei quem é você.

— Vai saber. Já, já. Ou quer um escândalo?

— Olha lá! — Lina estava se enervando.

— Olha lá, digo eu! Espere um pouco — Rosana fez cena. — Com quem estou falando? Com a Estela ou com a Lina?

Lina estremeceu. Quem era aquela mulher? O que fazia com aquela coroa de flores nas mãos? Fechou a porta e encostou as costas no batente.

— Quem é você?

— Esposa do Luís Sérgio — Rosana disparou sem rodeios.

Lina demorou um pouco para concatenar as ideias.

— Não pode ser. Impossível.

Rosana gargalhou.

— Impossível?! Eu sou a esposa traída, e você se passa por vítima? Por favor, tenha vergonha nessa cara!

— Ele me disse que é solteiro, tem um pai doente.

— Pai doente? Sei.

Rosana jogou a coroa sobre o sofá.

— A coroa de flores é para selar o fim dessa sem--vergonhice. É o enterro do caso.

Abriu a bolsa, tirou uma pasta. Lá havia fotos do detetive, os documentos que provavam que Lina estava usando documentos de uma pessoa falecida etc. Depois, tirou fotos do casamento com Luís Sérgio e fotos de Amelinha, atirando-as sobre uma mesinha.

— Veja por si só. Quem está se casando comigo nas fotos? O lobo mau?

Lina, trêmula, apanhou as fotos. Embora tiradas havia quinze anos, não restava dúvida de que o noivo era mesmo Luís Sérgio. Depois Amelinha, a filha. E fotos recentes dos três juntos.

Rosana não parava de tagarelar:

— Amelinha nasceu doente. É uma mocinha que requer cuidados constantes. Se souber que o pai tem um caso, ela morre. Quer ser a responsável por uma morte? Quer?

Lina meneava a cabeça, negativamente.

— Não. De forma alguma. Claro que não. Ele não me contou nada...

— Nunca iria contar. Porque ele sempre faz isso — mentiu. — Ele conhece uma mulher, a seduz, passam um tempo juntos e depois ele a abandona, porque tem Amelinha. Enquanto existir Amelinha, ele nunca vai nos abandonar. Entende que você foi um joguete, um brinquedo, uma boneca para satisfazer um pai desesperado, um marido carente?

Lina deixou as lágrimas escorrerem livremente.

— Ele não faria isso comigo. Disse que me ama, de verdade.

— Mentira! — Rosana tinha vontade de estapear Lina, mas conteve-se. — Ele diz isso para todas. Olha o que fez com a pobre Suzete — mentiu de novo, venenosa.

— Suzete?!

— A recepcionista da escola. Pobrezinha. Então você não sabe?

— O quê? Não vai me dizer...

— Suzete está grávida de Luís Sérgio. E Daniel é conivente, protege o amigo.

Lina sentiu enjoo. Aquilo tudo era surreal.

— Não pode ser!

— Mas é.

— Vou falar imediatamente com Luís Sérgio. Agora!

O sentimento de justiça veio forte. Lina não ia deixar as coisas ficarem assim. Rosana não podia permitir que eles se encontrassem. Pensou, pensou e ameaçou:

— Não. Você vai falar com ele amanhã. Só amanhã. No trabalho.

— Não. Vou hoje mesmo.

— Já disse. Amanhã.

— Ninguém diz o que tenho ou o que não tenho que fazer — gritou Lina. — Posso ter errado, mas também fui enganada. Não sabia que Luís Sérgio era casado. Eu vou me afastar dele, pode ter certeza, porque sou uma mulher direita.

Rosana riu com desdém.

— Uma mulher que dorme com um homem casado não é direita.

— Já disse que não sabia.

— Pois agora sabe. E não vai falar com ele hoje. Ele está cuidando da nossa filha, que não está bem. Amelinha teve outra crise forte. Talvez tenha de ser internada.

Lina sentiu pena. Rosana prosseguiu:

— Só vai falar com ele amanhã, caso contrário...

— Caso contrário?

— Eu vou à polícia e conto sobre sua identidade. Sabia que usar identidade de gente morta é crime? Falsidade ideológica. Pois bem. Eu meto você no xadrez.

Lina estremeceu.

— Não, por favor.

— Não quero prender você, queridinha. Só quero que se afaste de nossa vida. Para sempre. Amanhã, cedinho, você vai até o escritório e vai dizer na cara do Luís Sérgio que tem de viajar, que vai partir, que vai sumir, que conheceu outro, sei lá. Mas vai lá dizer, para que a dúvida não corroa Luís Sérgio...

Rosana consultou o relógio, impaciente.

— Está tarde. Preciso ir.

Apanhou as fotos, entretanto, uma delas, a do casamento, ficara embaixo do sofá. Ela não percebeu e saiu, batendo o salto, sentindo-se quase vingada. Só se sentiria vingada, de fato, quando o marido chegasse em casa com aquele aspecto triste e carregado de sempre.

— Não vejo a hora de ele chegar em casa com aquele ar cansado, triste, irritado, deprimido. Amanhã será um dia especial. Não perderei por nada deste mundo a carinha dele quando abrir a porta de casa. Daí saberei que ela o deixou — disse entre dentes, enquanto descia o elevador.

Lina fechou a porta e caiu de joelhos. Chorou à beça. Não podia acreditar naquilo. Apanhou uma bebida, encheu o copo, jogou-se no sofá. Picou a coroa de flores. Passou a madrugada em claro, nervosa, triste, remoendo aquela cena em sua sala.

Houve um momento, durante a madrugada, em que ela notou a foto embaixo do sofá. Lina pegou o retrato em preto e branco, olhou a foto do casal sorridente e chorou ao passar o dedo sobre o rosto jovem de Luís Sérgio.

— Meu querido, por que mentiu para mim? Por quê?

Seus olhos percorreram a foto e fixaram-se no rosto de Rosana. Era familiar.

— Conheço esse rosto, de algum lugar...

Lina espremeu os olhos. Mas a dor era grande. As ideias estavam embaralhadas na mente e ela mal conseguia concatená-las. Estava difícil juntar ali os pensamentos.

De repente veio a palavra "queridinha" e Lina voltou a ver a foto. Lembrou-se de Rosana.

— Claro! É a moça que namorava o amigo do Daniel. Mas eu não conheci o amigo do Daniel. Meu Deus!

Lina levou a mão ao peito, depois à testa, e as lágrimas correram insopitáveis. Daí vieram a raiva, o ódio. Não de Rosana. Ela não tinha nada a ver com aquilo. Pelo contrário. Era uma mulher que fora traída, que tinha uma filha doente. Luís Sérgio é que era um canalha, um aproveitador. Ele, sim, é que deveria pagar, assim como Olério, Tenório, Jurandir...

— Se eu pudesse, teria pegado e matado esse Jurandir — disse entre lágrimas. — Só para fazer justiça à minha amiga Melissa. Isso é passado. Agora meu ódio está todo concentrado em Luís Sérgio. Ele me paga. Pensa que me fez de otária? Ele vai ver só o que eu farei com ele. É hoje!

O sol começava a surgir. Era sexta-feira, primeiro dia do mês de fevereiro. Uma manhã ensolarada, bonita até. Lina estava horrível. Não dormira nada. O espírito de Maruska tentara contato, entretanto, como ela não dormira, não houve maneira de inspirar-lhe pensamento algum, transmitir-lhe nada de positivo. Lina estava presa numa aura de ódio, vingança e justiça a qualquer preço.

— Ao menos vamos tentar inspirar-lhe uma cartinha — sugeriu Estêvão. — Melissa não pode ficar sem notícia alguma.

— Sim — tornou Maruska.

Os dois fecharam os olhos, fizeram uma vibração positiva. Lina sentiu um pouquinho da amorosidade dos espíritos amigos.

Mesmo atormentada, esboçou umas linhas.

— Vou acabar com esse maldito. E vou viajar por uns tempos, ou vou sumir. Preciso avisar Melissa. Ela é a única pessoa com quem me importo na vida.

E escreveu um bilhete para Melissa:

Amiga,
Vou viajar por uns tempos, ou por muito tempo, não sei.
Estou precisando ficar comigo, seguir meu destino longe daqui.
Em respeito à nossa amizade, por favor, não me procure.
Só saiba que eu a amo. Muito.
Um beijo do tamanho da nossa amizade.

Lina

Lina tomou um banho demorado. Enjoada, tomou um sal de frutas. Melhorou. Colocou um par de óculos escuros, pegou uma bolsa, com a foto do casamento dentro, e rumou para o prédio onde Luís Sérgio tinha o escritório.

Chegou lá e entrou. Já sabia o andar e, naqueles tempos, não se dava nome nem havia o costume de ser anunciado na recepção. Lina, assim como um monte de gente que entrava e saía, caminhou e se espremeu num dos elevadores. A porta fechou, com ela e mais oito passageiros.

Ao chegarem ao décimo nono andar, ela saiu e se dirigiu a uma mocinha na recepção:

— Preciso falar com Luís Sérgio. Ele me disse que trabalha neste andar.

— Sim. Um momento.

A moça foi até a mesa, pegou o telefone e discou. Voltou e informou:

— Lamento, mas liguei para a casa dele e a empregada disse que Luís Sérgio perdeu a hora. Vai se atrasar. É muito urgente?

— É — Lina estava impaciente, mas não iria arredar pé.

— Olha, se quiser, pode subir mais cinco andares e esperar. Lá tem uma sala de reunião e poderá ficar mais confortável.

— Ele vai demorar muito?

A moça consultou o relógio:

— Uns quarenta minutos.

— Vou subir. Obrigada.

Lina girou nos calcanhares, caminhou até os elevadores e apertou o botão. Começou a ouvir uma gritaria. Gente subindo pelas escadas, correndo no escritório. A porta de um dos elevadores abriu e ela foi empurrada. Mais outros se espremeram, totalizando treze passageiros. Um deles ordenou, muito nervoso:

— Sobe pro último andar!

Lina, apertada entre doze estranhos aflitos, quis saber:

— Por quê? O que está acontecendo?

— O prédio está pegando fogo!

Lina engoliu em seco. Sentiu ao mesmo tempo um calorão no corpo e um frio na espinha. Não chegou a conversar com Luís Sérgio. Ela e os doze ocupantes do elevador morreriam carbonizados, segundos depois.

O incêndio do Joelma, ocorrido naquela sexta-feira, 1º de fevereiro de 1974, é considerado um dos mais trágicos registrados no país até hoje, com um saldo de 189 mortos.

44

Quando grandes tragédias estão para acontecer, espíritos no astral são informados com tempo necessário para agrupar os envolvidos encarnados no evento. Pouco antes do acontecimento fatídico, espíritos amigos juntam-se para agrupar os que precisam estar naquele momento, naquele lugar, assim como afastar os que não devem estar ali. São exemplos as pessoas que perderam justamente aquele voo cujo avião acidentou-se, ou deixaram de entrar naquele prédio que desabou.

A certeza de que continuamos vivendo depois da morte, conservando a individualidade e tudo quanto aprendemos nesta ou em outras vidas, conforta e estimula a busca pelo conhecimento todos os dias da nossa existência.

Os espíritos, no entanto, agrupam-se solidariamente para ajudar no resgate. Médicos, enfermeiros e outros tantos, com o real desejo tão somente de auxiliar o próximo, unem-se e montam postos de atendimento, como ocorre aqui no planeta depois de um desastre de grandes proporções.

Os prontos-socorros são erguidos, os espíritos recém-desencarnados para lá são levados e atendidos até que se recuperem e possam ser designados para suas colônias astrais de origem. Sempre recebem a visita do espírito de um parente ou amigo querido para buscá-lo. Aquele que aceita o fato de ter morrido parte para a cidade de origem numa boa, sem problemas. Aquele que entra em desequilíbrio e histeria tem o tratamento estendido até que possa absorver melhor o impacto da nova realidade.

Quem não aceita a nova condição, revolta-se, é livre para fazer o que bem entender. O plano espiritual não é uma prisão, tampouco um cárcere privado onde o desencarnado é obrigado a ficar contra sua vontade. Longe disso. Ele é livre para seguir seu caminho, obviamente, mas tem de zelar sozinho por sua segurança dali para a frente, sem contar com o apoio dos mentores, que não podem, de forma alguma, interferir nas decisões de ninguém, por mais disparatadas que elas possam parecer.

No astral, o espírito pode sair e ir para onde quiser, inclusive voltar ao planeta, entretanto, aqui, infelizmente, não é mais o lugar ideal para ele viver.

Depois que todos os desencarnados de determinada tragédia são encaminhados, o pronto-socorro é desfeito, e os espíritos voluntários partem para outro trabalho de resgate. E assim seguem, ajudando e socorrendo, uns unindo-se à corrente de Bezerra de Menezes, outros à de Eurípedes Barsanulfo, de Batuíra, de André Luiz e Meimei, de Santa Clara e da Ordem das Clarissas, e até a grupos formados no plano astral de outros países, como os de Florence Nightingale, grupo de espíritos liderados pela abnegada enfermeira, do qual Maruska fazia parte. Era uma amizade entre Maruska e Florence, que se solidificara na época da Guerra da Crimeia, em meados do século 19. Essa história daria outro belo romance...

Lina abriu os olhos e tentou reconhecer onde estava. Não era o seu apartamento. Assemelhava-se a uma barraca de acampamento militar. Ela se lembrou do seriado *Mash*, e o moço, em pé ao seu lado, sorriu.

— Onde estou? — indagou, um tanto confusa.

— Num posto de socorro, montado especialmente para resgatar pessoas nesse estado.

Ele levantou o queixo. Lina ergueu os olhos e depois o rosto. Não era bem uma barraca. O local era imenso, parecia mais um galpão, um ginásio. Deveria haver ali umas duzentas macas.

— O que é isso?

— Um pronto-socorro.

— Então eu me queimei.

— Queimou. Bastante.

— Quem é você?

— Eu me chamo Estêvão.

Ela espremeu os olhos.

— Eu me lembro de você.

— Já nos encontramos antes.

Ela se lembrou do choquinho quando apertou a mão dele, num sonho que tivera muitos anos antes. Sorriu. Sentiu segurança.

— Por que está aqui comigo?

— Estou a pedido de Maruska.

Lina não se lembrou de nada. Cabeceou, os olhos giraram, fecharam, e ela adormeceu.

Passou um dia, uma semana, um mês... Era soro e sono. Só. Depois de muito tempo abriu os olhos, bem desperta. Uma loura bem bonita estava ao lado da cama. Era a moça dos sonhos. Lina sorriu.

— Eu conheço você!

— Claro, meu amor. Sou eu, Maruska.

— Estou tão confusa ainda. Um moço apareceu aqui, falou comigo...

— Estêvão.

— É. Estêvão. Muito simpático ele.

— É. Ele é ligadíssimo na Melissa. Está querendo voltar. Se tudo correr bem, será filho dela daqui a uns anos.

— Voltar? Não estou entendendo.

Lina remexeu-se na cama, soergueu o corpo. Maruska ajudou-a a se ajeitar e colocou o travesseiro atrás das costas dela. Nesse instante, Bibiana entrou no ambiente. Lina arregalou os olhos e, mesmo perturbada, acreditando ainda estar num sonho, abriu um largo sorriso e sentiu forte emoção. Estendeu os braços, e Bibiana fez o mesmo.

— Meu tesouro! Quanta saudade! Como é bom poder abraçá-la de novo.

Lina não continha a emoção.

— Quanta felicidade! Estar com você de novo, Bibiana.

— Vim vê-la. Saber como tem reagido.

— Estou bem. Quer dizer...

Lina encarou Maruska, depois seus olhos foram para Bibiana. Olhou para as macas espalhadas pelo amplo espaço, viu aquela movimentação toda, contudo, o número de macas havia diminuído bastante. Embora o silêncio ali reinasse, percebia uma ou outra pessoa mais nervosa, um ou outro revoltado, em desequilíbrio. Imediatamente essas pessoas eram dali retiradas. Ela não demorou muito para alinhar os pensamentos e refletir:

— O incêndio! Eu estava no elevador e...

Bibiana assentiu. Maruska interveio:

— Isso. Você morreu no incêndio.

— Morri?

As duas assentiram.

— Acabou?

Maruska foi quem elucidou:

— Esta etapa encarnatória acabou. A Lina não existe mais. Só ficarão as lembranças e as experiências.

— Eu tinha assuntos a terminar.

— Não tem mais nada — acrescentou Bibiana. — Acabou, acabou. Agora é momento de reflexão, de rever o que foi bom e o que não foi, de aprender a controlar melhor certos impulsos, rever crenças, ver o que foi melhor e o que não foi. É um balanço que pode levar alguns anos para finalizar.

— Não se preocupe — tornou Maruska. — Estaremos ao seu lado, ajudando-a no que for preciso.

— Eu tenho que conversar com Luís Sérgio, tirar satisfações.

— Não "tem que" nada, Lina.

— Ele me enganou, Maruska.

— As coisas não são bem assim — ela procurou contemporizar. — Faz seis meses que você veio para cá.

— Seis meses? Achei que...

— Não. Você dormiu bastante. Com o devido tempo, saberá tudo o que aconteceu e poderá pensar melhor no que fazer — ponderou Maruska.

— Não. De forma alguma — o semblante de Lina foi se alterando.

— Não fique assim — pediu Bibiana. — Se persistir nesse estado de desequilíbrio emocional, nada poderemos fazer. Você terá de sair daqui do acampamento e sabe Deus para onde será atraída.

Lina não escutava. Parecia estar em transe. Os impulsos pareciam incontroláveis. De novo.

— Luís Sérgio tripudiou sobre meus sentimentos, brincou com meu coração. Como querem que eu siga em frente sabendo que ele está lá, no mundo, livre, leve e solto?

— Não é bem assim, Lina. Esqueça. Deixe essa raiva junto ao fogo que consumiu seu corpo físico. A mudança existe sempre, nada fica parado, tudo se transforma. Vamos andar para a frente e deixar para trás as coisas que nos incomodam.

Maruska e Bibiana tentaram, contudo, Lina não deu ouvidos. Uma raiva surda brotou em seu peito e foi incontrolável. Num segundo ela sumiu, desapareceu do acampamento.

— O que faremos? — indagou Bibiana.

— Vamos orar e torcer para que um dia ela volte. Fizemos o que foi possível, minha amiga — tornou Maruska.

Lina viu-se arrancada do acampamento e atirada num vácuo, no tempo e no espaço. Abriu os olhos e parecia ter saído de um transe. Maruska e Bibiana haviam sumido. O acampamento havia sumido. Ela ouvia gritos. Só gritos. Sentiu enjoo e dor de cabeça. A energia do local agredia seu corpo perispiritual, recém-desencarnado.

Olhou ao redor e procurou imaginar onde estava. Lembrou-se das conversas com Neide.

— Será que estou no umbral? Será que vim mesmo para o inferno?

Ela fechou os olhos com medo. Só que as vozes continuavam gritando... e eram familiares, conhecidas.

— Eu conheço essas vozes — disse para si, olhos ainda fechados.

Lina abriu um olho, percebeu melhor o ambiente. Não era o umbral, mas um quarto. Aterrada, viu Luís Sérgio, colérico, com o dedo em riste no rosto de Rosana. Lina puxou os joelhos contra si e os abraçou. Prestou atenção.

— Você não presta — ele dizia, nervoso. — Não vale nada.

— Não adianta ficar assim. Sua raiva não vai trazer sua filha de volta.

— Você podia ter me ligado antes. Por que demorou tanto?

— Agora me culpa? Eu tenho culpa de Amelinha ter contraído meningite e ter morrido?

Luís Sérgio andava de um lado para outro do quarto, irritado, atormentado. Passava nervosamente as mãos pelos cabelos, as lágrimas escorriam.

— Estamos passando por um surto de meningite. Amelinha tinha os pulmões fracos. Os médicos nos alertaram. Você bem que podia...

Rosana o cortou de maneira seca:

— Alertaram, mas ela era fraca, meu Deus! O que fazer?

— É. Tem razão. O que fazer? Nada. Não há mais nada a fazer.

Luís Sérgio foi até o guarda-roupa, apanhou a mala em cima do móvel e jogou-a sobre a cama.

— O que está fazendo?

— O que deveria ter feito há dezesseis anos. Ir embora.

— Já sei. Agora que a filha moribunda morreu, vai atrás daquela vagabunda. Até rimou: moribunda com vagabunda.

Luís Sérgio voltou-se e deu um tabefe no rosto de Rosana. Plaft. Ela levou a mão ao rosto. Ardeu.

— Nunca, mas nunca mais, fale de nossa filha nesse tom. Se voltar a falar de Amelinha, eu juro que quebro você inteira.

Rosana afastou-se, nunca o vira daquele jeito, naquele estado alterado. Luís Sérgio estava colérico e prosseguiu:

— E tem mais: Lina não é uma vagabunda. É a mulher que amo. Eu gosto dela. De verdade.

Rosana riu com desdém.

— Faz seis meses que a vagabunda sumiu. Até a amiga dela, a Melissa, acha que ela se perdeu na vida.

Vê se acorda, Luís Sérgio. Aquela mulher usa nome falso, é pilantra, deve estar querendo armar uma para cima de você. Abre teu olho.

— Abrir meu olho? O que ela pode querer de mim? Perdi meu escritório, três funcionários meus morreram no incêndio do Joelma, minha filha morreu faz quinze dias, e a mulher que amo vai querer arrancar de mim o quê? Você é uma das criaturas mais repugnantes que conheci em toda a vida. Nunca deveria ter me envolvido com você. É mesquinha, cruel e má.

Rosana sentiu uma ponta de ciúme, mas não tinha como argumentar. Achara muito atrevimento de Lina não ter ido falar com Luís Sérgio como combinado. No entanto, ela sumira.

"Vai ver ficou com medo de que eu fosse à polícia", pensou.

Num primeiro momento, alimentou expectativas de tudo voltar à normalidade. Só que Amelinha piorava, veio o inverno, o surto de meningite, a morte. Agora esse casamento não durava nem com reza brava. Rosana sabia que era o fim, que seria inútil manter Luís Sérgio preso a ela. Tinha de se conformar. Ele também já não era mais aquele moço bonito e galante de anos antes.

"Luís Sérgio está ganhando barriga. E ficando grisalho. O tempo passa e as pessoas ficam velhas. Cansei", pensou.

Ela já estava farta. Mas era cruel e precisava provocar. Tinha de espezinhá-lo.

— Aquela pilantra, se amasse você de verdade, estaria por aqui. Por onde anda?

Ele não respondeu. Estava triste. Gostara mesmo de Lina e achava muito estranho ela ter desaparecido assim, do nada.

Quando Daniel comentou que uma grande amiga de Melissa havia sumido sem deixar rastros e pronunciou o nome Lina, Luís Sérgio gelou. Até pensou em conversar com Daniel, mas a tragédia do incêndio o abalara profundamente. Achou melhor ficar quieto, sem se abrir nem mesmo com seu melhor amigo. Quando Daniel o chamou para irem até o apartamento de Lina, vislumbrou ali a possibilidade de, quem sabe, encontrar um bilhete escrito para ele, uma carta, uma pista que pudesse levá-lo até ela. Mas nada. Entraram no apartamento dela, encontraram o bilhete escrito para Melissa. Concluíram que Lina fora viajar, espairecer, refletir sobre a vida e queria distância de todos. Luís Sérgio saiu do apartamento com um aperto no peito. E nunca mais tivera notícias dela.

Rosana o cutucou nos braços:

— Está no mundo da lua? Estou falando com você! E então? Por onde anda a pilantra?

Luís Sérgio fechou a mala, apanhou uns documentos.

— Não tenho mais nada para falar com você. O advogado vai procurá-la para tratar do desquite.

— Já falei com papai. Esta casa é minha. E vou querer pensão e...

— Cale a boca! — ele vociferou. — Você terá tudo o que a lei lhe permitir. Nem mais nem menos. Pode ficar nesta casa. Ela só me traz recordações tristes. Não quero mais viver aqui — ele aproximou tanto o rosto do dela que Rosana sentiu sua respiração. Luís Sérgio declarou com amargura: — Desejo a sua infelicidade, pelo resto de sua vida.

Virou as costas e foi embora. Rosana levantou o sobrolho, ajeitou o cabelo no espelho e não gostou do que viu. Telefonou para o salão de beleza:

— Quero marcar corte e tintura dos cabelos, pé e mão.

Lina ouviu tudo e não podia acreditar.

— Ele gosta de mim! Rosana é que foi má. Ela distorceu tudo. Maruska estava certa.

Passou por Rosana e deu um tapa no rosto dela. Rosana não sentiu o tapa, mas sentiu repentina dor de cabeça.

— Essa conversa desgastante com Luís Sérgio me deu um princípio de enxaqueca. Preciso de um comprimido e me deitar, antes de ir para o salão.

Lina saiu correndo atrás de Luís Sérgio, mas a energia na rua era densa, muito pesada. Ela passara seis meses recebendo tratamento num posto de atendimento no astral, seu perispírito ainda estava sensível às energias pesadas do planeta. Lina sentiu tontura, fraqueza, seus olhos embaçaram, e ela desmaiou.

45

Luís Sérgio saiu de casa para nunca mais voltar. Separou-se de Rosana, esperou por Lina, mas ela não apareceu. O tempo passou. Como homem não é de ferro, e Luís Sérgio havia comido o pão que o diabo amassou na mão daquela mulher pavorosa, apesar de não esquecer Lina, um dia ele se deu a chance de recomeçar a vida.

Comprou um apartamento perto do parque do Ibirapuera, passou a ser adepto da corrida, muito antes de ela cair no gosto popular, e conheceu Manuela, uma jornalista, ex-aluna da Cásper Líbero, ex-católica, ex-hippie, ex-presa política, ex-casada, ex-tudo. Trabalhava na mesma revista que Melissa, escrevia sobre economia e política. Os dois se entrosaram, engataram namoro e decidiram viver juntos.

Com a aprovação da lei do divórcio, casaram-se. Manuela engravidou na sequência, e nasceu Amanda, uma menina linda, fofinha, que inicialmente tinha uma asma terrível, mas, com tratamento no centro espírita de Orlando e posteriormente com algumas viagens até o centrão de Neide lá em Teófilo Otoni, a menina recuperou-se

completamente, tendo uma infância e adolescência normais. Amanda cresceu grudada com o pai. Luís Sérgio tinha adoração pela filha. Eles gostavam de brincar e correr no parque. Nádia era sua amiguinha. Elas cresceram juntas e eram inseparáveis. Casaram-se no mesmo dia, na mesma igreja, com o mesmo padre, mesma festa. Só não dividiram o noivo...

Amanda casou-se com um engenheiro da Poli, tiveram um casal de filhos. O menino era afilhado de Nádia, que, por sua vez, casou-se com um dentista e tiveram duas filhas. Uma delas, obviamente, era afilhada de Amanda.

Rosana continuou levando a vida de sempre. E, conforme o tempo foi passando, a implicância com os parentes, com os empregados e com os pouquíssimos amigos foi aumentando, assim como a feiura, a rabugice, a impaciência, a amargura e a chatice. Ela se transformou em uma pessoa extremamente inconveniente, chata, daquelas que as amigas, ao cruzar na rua, faziam de conta que não tinham visto, fingindo não reconhecer.

Ela foi sendo esquecida, foi reclamando cada vez mais da vida. Os pais morreram, os homens não queriam mais saber dela. Os problemas de saúde começaram a se tornar uma rotina, até que Rosana foi diagnosticada com Alzheimer. Internada por uma sobrinha em uma casa de saúde, Rosana nem percebeu a mudança. A sobrinha, mais interessada na casa do que na saúde da tia, depois de assinada a procuração, pegava o dinheiro no banco, pagava a casa de saúde e nem queria saber se Rosana passava bem ou mal.

— Ela que apodreça e mofe ali até morrer — era o edificante ditado de Jéssica, a sobrinha que seguia a mesma linhagem da tia. Coisa de família, de iguais. Estava no sangue.

Um dia, na clínica, uma paciente teve uma crise séria e tiveram de interná-la no hospital. Rosana estava mais para lá do que para cá, tomando uma medicação fortíssima, de tarja preta. Não se lembrava do que fizera havia cinco minutos, mas a sua memória do passado era perfeita. Ela entrou no quarto da companheira e viu sobre a cômoda uma bicicletinha em miniatura. Pegou o objeto e não havia quem tirasse aquilo das mãos dela. Já fazia dois anos que ela segurava a bicicleta. Até nas crises mais fortes, mesmo sob forte efeito de medicação, Rosana não largava a bicicleta.

Certo dia, uma das enfermeiras cutucou a outra:

— Sabe por que ela segura essa bicicleta?

— Não sei.

— Já perguntou?

— Tenho medo. Ela é nervosa, tem cara feia, carrancuda, de quem quer briga. É uma velha com cara de gente ruim.

— Tem razão. Mas eu vou perguntar.

A moça, com ar gentil, aproximou-se delicadamente.

— Tudo bem, dona Rosana?

Ela não tinha mais os dentes, também estava sem a dentadura e mastigava a língua.

— Tudo.

— Por que guarda esta bicicleta?

— Porque a Lina pediu.

— A Lina?

— É. Ela pediu. Ela pediu para eu guardar a bicicleta. Eu não guardei. Agora vou guardar. Estou com a bicicleta. Ela vem pegar a qualquer momento.

A enfermeira levantou com ar piedoso.

— E então? — quis saber a outra.

— Biruta total. Ela diz que está guardando a bicicleta porque uma tal de Lina vem buscar.

A outra moveu a cabeça para os lados.

— Coitada. E não tem um parente que vem visitá-la.

— Que pena!

E assim Rosana permaneceria, por muito tempo, nas lembranças do passado e sem noção do presente. Morreria muitos anos lá na frente, bem doente, segurando a bicicletinha.

Melissa acordou num sobressalto. Sonhara de novo com Lina.

— Ela não está bem — disse para Daniel.

— Meu amor — tornou ele, enquanto alisava o ventre dela, avolumado. — Está indisposta. Faz dias que não tem uma posição boa para dormir. Logo o bebê vai nascer. É normal que tenha sonhos ruins.

— Não. Foi real. Eu estive com Lina, tentei chegar perto, mas não deixaram. Lina não me viu, porque está numa outra faixa de energia, compreende?

— Não — Daniel sorriu. — Não compreendo. Como assim?

— Estou grávida, não posso transitar por qualquer lugar. Parece que não posso ir aonde Lina está.

— Será que ela se perdeu no mundo?

— Não acho possível.

— Ela lhe deixou um bilhete, sumiu. A Caixa tomou o imóvel, levou a leilão, e o pouco dinheiro que havia no banco também foi bloqueado, depois que a certidão de óbito de Estela veio a público.

— Vai ver que ela ficou com medo.

— Se tivesse medo, teria pegado um orelhão e ligado. Teria aparecido aqui em casa. Teria ido até a Neide.

— Tem razão.

— Escute, Lina é uma mulher, não é uma criança. Se precisar da gente, virá nos procurar. Agora trate de se levantar e alimentar esse barrigão.

Melissa sorriu e Daniel ajudou-a a se levantar. Ela fez a higiene matinal, colocou um vestido largo, florido, calçou um par de chinelos confortáveis, pois os pés estavam inchados, e desceu. Maura terminava o café da manhã, despediu-se da mãe com um aceno a distância, frio.

— Ei, quero um beijo.

Maura voltou e a beijou, a contragosto. Daniel sorriu e sussurrou:

— É natural que ela sinta ciúme. O médico disse que isso passa.

— Está bem.

Contudo, à medida que o tempo passava, o relacionamento de Melissa e Maura tornava-se um tanto conflituoso. Seria necessário muito carinho, muita paciência, muito entendimento. Ainda bem que uma das bênçãos da reencarnação é o esquecimento. E Melissa só tomaria conhecimento das diferenças com Maura muitos, mas muitos anos à frente, depois do desencarne de ambas. Seria chocante descobrir que Maura era a reencarnação de Penha, sua mãe, morta no incêndio do circo de Niterói.

Em todo caso, Melissa despediu-se da filha e do marido. Sentou-se para tomar seu café. Alisou o ventre com amor e sentiu um carinho profundo por aquele serzinho que logo viria ao mundo.

Estava ali, entre uma torrada, um café com leite e divagações da vida, quando a empregada entrou, olhos arregalados de susto e medo.

— O que foi, Zefa?

— Tem um homem lá na porta. Deus do céu!

— O que tem?

— Diz que quer falar com a senhora.

— É conhecido?

— Sei não — Zefa fez o sinal da cruz e bateu na mesa da cozinha. — Se o capeta tem um filho, acabou de aparecer. Vá ver.

Melissa levantou-se receosa. Não gostava de atender estranhos. Estavam sozinhas, ela e a empregada. No estado avançado de gravidez, não podia se defender; aliás, tinha medo de sofrer alguma coisa. Com passos lentos, caminhou até a sala, desencostou a porta e olhou na direção do portão.

— Pois não?

O homem estava de chapéu, óculos escuros, casaco. Não dava para ver nada. Conforme se virou, deu para notar o rosto deformado, a pele repuxada. Ele tirou os óculos e avançou o degrau. Mesmo a certa distância, Melissa o reconheceu. O instinto materno fê-la levar as mãos até o ventre, defendendo seu feto.

— Jurandir!

— Não se assuste. Não vim lhe fazer mal.

Zefa apareceu atrás de Melissa.

— Quer que eu ligue para a escola e chame seu Daniel? — indagou baixinho.

— Não será necessário.

— Eu vou ser rápido. Ficarei aqui mesmo no portão.

— Pode subir — Melissa fez um sinal.

Conforme Jurandir aproximou-se mais e tirou o chapéu, ela pôde ver melhor e assombrou-se. O aspecto era repugnante. O rosto estava praticamente irreconhecível. Não havia mais cabelos, somente um tufo de fios esbranquiçados desgrenhados e ensebados que caíam

sobre a testa. O olho esquerdo era de vidro, todo branco; não havia orelha esquerda, e o lábio era todo retorcido para baixo. Jurandir andava com dificuldade e rastejava uma das pernas.

— Eu só vim porque precisava lhe entregar isso.

Melissa apanhou um envelope pardo.

— O que é?

— As certidões de óbito de sua mãe e de sua irmã.

Melissa levou um susto.

— Minha mãe morreu? Telma... Como? Quando?

— Faz mais de quinze anos. Morreram no incêndio do circo em Niterói.

— Foi uma tragédia...

— Sim. Uma tragédia. Eu deveria ter morrido. Elas deveriam ter sobrevivido. Contudo, a vida me puniu. E eu continuei vivo. Perambulei esses anos todos tentando achar você. Foi Neide quem me deu seu endereço. Eu precisava vir aqui para lhe trazer as certidões. Aí também está o endereço do cemitério onde elas foram enterradas, caso queira visitar os túmulos.

Melissa estava muito chocada para articular palavra que fosse. Até vislumbrara um reencontro, um momento em que, muitos anos depois, pudesse meter o dedo em riste e falar um monte de impropérios para Jurandir. Mas o que via à sua frente era uma massa disforme, um ser humano atormentado, atarantado, desencaixado, fora de si. Antes de ela dizer alguma coisa, ele comunicou:

— Adeus, Melissa. Perdão. Eu não soube dominar os meus impulsos. Quem sabe nos reencontremos, em nova oportunidade?

Falou, virou com dificuldade e saiu rastejando, cabisbaixo. Ela abriu o envelope e lá estavam as duas certidões de óbito. Penha e Telma morreram no mesmo dia, no distante ano de 1961. Uma lágrima escapou-lhe pelo

canto do olho. Melissa viu Jurandir dobrar a esquina arrastando o corpo com dificuldade, meneou a cabeça e entrou em casa, consternada.

— Quer um copo de água, dona Melissa?

Ela fez que sim e sentou-se no sofá, pensativa. Um monte de cenas vieram-lhe à mente e Melissa chorou bastante. Chorou muito. Pediu perdão a si, perdão à vida e desligou-se de Jurandir.

— Que Deus tenha misericórdia de você!

Naquele mesmo instante, Jurandir atravessou a rua com dificuldade. Estava farto e cansado de ser alvo de comentários maledicentes e motivo de piada do mundo. Havia feito o que tinha de fazer. Não precisava mais continuar assim.

— Chega! — disse entre dentes. — Acabou.

Dirigiu-se ao ponto de ônibus, fez sinal, tomou a condução e saltou na avenida Ipiranga. Caminhou algumas quadras e, atormentado pela consciência pesadíssima, não escutou os gritos, tampouco deu bola para o motorista do caminhão que tentava desviar inutilmente. Jurandir morreu atropelado na esquina da Ipiranga com a São João, naquele cruzamento imortalizado na canção de Caetano Veloso. Foi muito triste.

46

Voltar para onde? Lina não sabia para onde voltar nem para onde ir. Depois de vagar por um bom tempo, naturalmente seu espírito foi atraído até o cemitério onde tinha sido enterrada. Cruzou a entrada e sentiu-se conduzida para a outra extremidade. Fechou e abriu os olhos. Viu-se diante de um túmulo. Olhou ao redor e estavam enfileirados, afastados dos demais. Lina contou. Eram treze.

Sentou-se em frente a um deles, que a atraiu. Ficou observando. Abraçou-se aos joelhos e começou a pensar nos últimos acontecimentos, na conversa de Luís Sérgio com Rosana, nos seus impulsos, no abraço de Bibiana e no carinho de Maruska. Sentiu-se só, profundamente só.

Os dias foram passando, o tempo, de certa maneira, foi passando, e Lina não soube precisar quanto teria passado. Olhou para o alto, sentiu a energia do sol e, pela primeira vez em muito tempo, sentiu sede. Alguém lhe estendeu a mão com um copo de água. Lina só viu a mão e o copo. Nem virou o rosto. Apanhou o copinho de plástico e bebeu devagar, mas com vontade. Passou as costas das mãos nos lábios e agradeceu.

— Obrigada. Nem faço ideia de quanto tempo não bebia um copo decente de água.

— Não há de quê. Se precisar, é só pedir mais.

Lina sentiu o ar fresco e fixou os olhos *naquele* túmulo em particular.

— Você foi enterrada aí — disse a voz.

— Onde?

— Bem em frente. Neste túmulo.

Ela teve uma sensação estranha. Sentiu um calafrio. Levantou-se, olhou, perscrutou o local. Depois viu a placa de metal e leu:

Somente Deus conhece seus nomes
Descansem em paz
2 de fevereiro de 1974
Incêndio do Edifício Joelma

Lina sentiu um nó na garganta. Chorou.

— Que homenagem bonita!

— Feita por pessoas que nem conheceram você e os demais — continuou a voz. — Foi um ato de amor e solidariedade.

Ela fungou e secou as lágrimas com as costas das mãos.

— Por que eu não vejo você?

— Porque é dia ainda. Quando anoitecer, eu vou aparecer e então você vai poder me ver.

— Tenho medo de escuro.

A voz riu.

— Por favor. Você é praticamente uma alma penada. Quem está vivo é que deveria ter medo de você. Não o contrário, concorda?

— Eu não sou alma penada — respondeu, nervosa.

— E é o quê? Anjinho do Senhor? Pensa que está aqui por quê?

Lina não respondeu de pronto. Nem ela sabia ao certo porque fora atraída até ali. Deu de ombros e ficou quieta. Estava cansada de brigar.

— Deveria estar em tratamento e ter seguido para outras dimensões, como os outros doze colegas — apontou para os demais túmulos.

— Não estou entendendo. O que eu tenho a ver com esses outros túmulos?

A voz riu. Era uma risada grave.

— Você é famosa. Ninguém sabe seu nome, mas é famosa.

— Eu?! — Lina estava surpresa.

— É. Você e os demais.

— Não fiz nada que pudesse me tornar famosa em vida. Aliás, nem certidão de nascimento eu tive, acredita?

— Sim. E, no entanto, depois de morta, ganhou fama.

Lina começou a se irritar. Caminhou de um lado para o outro, passando pelas treze covas, torcendo as mãos e balançando a cabeça de maneira negativa. Depois parou e tentou fixar os olhos em direção à voz. Parecia estar conversando com o ar.

— Escute aqui. Melhor explicar direito essa história. Não estou entendendo patavina.

— Você e seus colegas aí ao lado — apontou — morreram carbonizados dentro de um dos elevadores do Edifício Joelma.

— Eu sei que morri no Joelma.

— Então é isso. Vocês morreram lá, espremidos. Os legistas não conseguiram identificar os corpos, as famílias não vieram atrás, e foram enterrados aqui como os treze sem nome do incêndio. Por isso a placa — apontou.

— Sei.

— Ocorre — a voz prosseguiu — que muita gente, comovida com a situação, começou a vir aqui e rezar,

pedir por essas almas, incluindo a sua, é claro, para que pudessem descansar em paz.

Lina sentiu-se tocada.

— As pessoas vinham aqui assim, sem mais nem menos?

— É. Vinham. E aí começou a formar uma energia boa, uma energia bonita, uma forma-pensamento nutritiva.

— Hum... — Lina fez um muxoxo.

A voz fez que não ouviu e continuou:

— As formas-pensamento que você cria, além de acompanhá-la, ficam também no ambiente. Quando um tipo de pensamento é muito cultivado, muito vivido num grupo, num determinado lugar, forma-se uma egrégora. É um conjunto de formas-pensamento, uma espécie de nuvem bem grande, que vive sobre um lugar, sobre um objeto. As egrégoras podem se formar nas nossas casas, na empresa em que você trabalha, no seu negócio, nas escolas e assim por diante. Os lugares santos, lugares em que Jesus passou durante sua vida neste planeta, por exemplo, estão carregados de egrégoras boas, assim como algumas igrejas e templos sagrados. Aqui onde estamos também.

— Num cemitério? — questionou Lina, surpresa.

— Sim. Depois explico melhor.

— Mas há lugares onde a egrégora é pesada, ruim?

— Com certeza. Por exemplo, a casa daquele vizinho que, quando bebe, bate na mulher e nos filhos, tem uma egrégora de medo, de revolta, tem uma energia muito ruim, de desequilíbrio. Geralmente, hospital é um lugar onde a egrégora também é pesada, porque as formas-pensamento que lá estão são densas, de doença, de aflição, de desespero e morte.

— Tem uns bem bonitos, bem decorados.

— O hospital pode até ser bonito, ter uma decoração moderna e elegante, possuir um atendimento com padrão sofisticado, ter enfermeiras graciosas, médicos

competentes, gente muito simpática. Entretanto, com o tempo, o lugar vai ficando impregnado dessas formas-pensamento, e a nossa sensibilidade percebe isso.

— Sei — Lina estava interessadíssima.

— Outro exemplo de egrégora pesada foi o local onde o Joelma foi construído. Eu disse *foi*, no passado, porque não é mais. É uma história bem interessante, para você entender bem o que são egrégoras.

— Pode me contar?

— Sim. Muito antes da construção do edifício, existiu ali um pelourinho. Naquele espaço, os escravos eram açoitados e mortos de maneira cruel. Isso ocorreu durante os séculos 17 e 18, de forma rotineira. O tempo passou, veio a libertação, mas a energia trágica, negativa, cheia de ódio e vingança ficou ali no local. Depois, com a urbanização da capital, no início do século 20, o centro da cidade foi expandido e ali, onde hoje está o edifício e outros arranha-céus, havia casinhas bem charmosas. Era um local totalmente residencial nos anos 1940.

Lina nem piscava. A voz, numa modulação suave, porém firme, prosseguiu:

— Numa dessas casas, morava uma senhora com três filhos: duas moças e um rapaz. Paulo era professor universitário, moço culto, educado. Envolveu-se com uma moça que pertencera à sociedade, Eunice. Ele se apaixonou perdidamente por ela, mas Eunice vinha de uma relação afetiva malsucedida, não era mais virgem e, para os padrões da época, isso era um passaporte para a condenação eterna e para a solteirice.

— Os padrões sociais da época eram muito rígidos, não permitiam que um homem pudesse se unir a uma mulher que já tivesse se deitado com outro. Paulo não quis se casar porque Eunice não era mais pura. É isso?

— Os padrões eram rígidos, sim — tornou a voz para Lina. — Mas Paulo não ligou, aceitou Eunice. O problema,

num primeiro momento, foi o pai dela. Emílio tinha ciúme da filha e foi ele quem abriu o bico para dona Benedita, mãe de Paulo.

— Como pôde fazer isso?

— Emílio inventou uma história, disse que Eunice estava usando Paulo para se livrar dos comentários, que ela não amava Paulo..., enfim, envenenou a cabeça da mulher. Mãe é mãe, e a de Paulo não foi diferente. Benedita fez da vida do filho um inferno. Paulo revoltou-se, propôs a Eunice que fugissem, mas ela não aceitou. Não queria deixar a família, queria conversar com dona Benedita, contudo, Paulo não conteve os impulsos e adotou medidas extremas.

— O que ele fez? — indagou Lina, curiosíssima.

— Eunice rompeu com ele e, desesperado, Paulo matou a mãe e as irmãs. Jogou os corpos no poço que mandara construir nos fundos da casa.

— E nunca descobriram?

— Os vizinhos acharam estranho a falta de movimentação, porquanto Cordélia e Maria Antonieta sempre iam cedo à missa, todas as manhãs. Uma vizinha suspeitou, deu queixa. Depois Paulo declarou à polícia que a mãe e as irmãs tinham ido visitar parentes no Sul e haviam morrido num acidente. Certa noite, a polícia apareceu na casa para averiguar, saber mais sobre o tal acidente, visto que até então a polícia do Paraná não informara nada sobre acidente ou morte da mãe e das irmãs de Paulo. Quando foram até o quintal e se aproximaram do poço, Paulo, pressentindo o perigo de ser descoberto, fingindo naturalidade, pediu licença para ir ao banheiro. Trancou-se no cômodo, pegou um revólver que guardava no armário do banheiro e meteu uma bala no peito. Morreu na hora.

— Nossa! Encontram os corpos?

— Sim. A polícia e os bombeiros acharam os corpos de Benedita, Cordélia e Maria Antonieta já em avançado estado de decomposição. Um dos bombeiros, tempos depois, morreu de infecção cadavérica.

— Que horror! Que tragédia!

— Durante pouco mais de vinte anos, o astral do lugar acumulou mais energia trágica, negativa, cheia de ódio e vingança, impregnando e contaminando, inclusive, o solo. Construíram o edifício no local. O resto é história.

Lina estava boquiaberta.

— O fogo...

— Consumiu muito dessa energia, facilitando a limpeza energética. Houve uma renovação no ambiente. Com o passar do tempo, as pessoas vão conseguir, com as suas novas formas-pensamento, limpar essa energia e destruir de vez a egrégora negativa.

— Muita gente morreu. Vai me dizer que morreram por conta de uma limpeza energética? — a voz dela era de indignação.

— Não. Isso é transformar o ser humano em nada, em brinquedo da vida. Acontece que Deus não brinca em serviço.

— Não entendi.

— A vida na Terra é curta. Ninguém dura duzentos anos, ainda — a voz replicou.

— É verdade.

— Quando você nasce, já tem consciência de que um dia vai morrer, acreditando ou não em Deus ou em reencarnação. Esse é um fato concreto. E cada um morre de um jeito, uns mais cedo, outros mais tarde, uns mais jovens, outros mais velhos. A vida no planeta é assim. Não adianta querer que seja diferente.

— Eu queria.

— Mas ela não é. Aceitar o que não se pode mudar é um dos caminhos da sabedoria. De que adianta dar murro

em ponta de faca? Para sentir mais dor? Se você está encarnado no planeta, já sabe: vai desencarnar a qualquer momento.

— E por que essas tragédias? Eu não entendo o porquê.

— Depende da maneira como olha a situação. Nenhuma morte é bem-aceita, seja individual ou coletiva. Contudo, a morte coletiva, os desencarnes em grande quantidade de gente, causa comoção porque são muitas pessoas ao mesmo tempo. Impressiona, comove, nos faz perceber que a vida é curta, nos faz refletir sobre uma série de posturas, nos faz sentir mais solidários, mexe com nossos sentimentos mais íntimos, começa a cutucar o nosso espírito, independentemente de crença ou religião. Quando você vê um desastre de grandes proporções, que mata sem respeitar idade, raça, gênero, condição econômica ou orientação sexual, nivelando todos, percebe que há algo mais forte que comanda o universo.

— A morte é uma transformação. É o que começo a vislumbrar.

— Sim, exato. Ilusão é pensar que a vida seja tão pequena que termine com a morte. O espírito é eterno. No universo nada se perde, tudo se transforma. As pessoas no planeta estão acostumadas a valorizar a dor e o sofrimento. E esta valorização negativa chegou a tal ponto que tudo aquilo que acontece de bom é visto com desconfiança pelo ser humano. O mundo está assim porque muita gente se recusa a acreditar na força do bem. E o que me diz de agrupamento de pessoas que conseguem coisas boas?

— Como assim?

— Por intermédio de associações e organizações que promovem ações de crescimento e bem-estar, que ajudam no ensino, no desenvolvimento, na qualidade de vida, na saúde. Há grupos espalhados pelo mundo que

promovem tão somente o bem-estar dentro da coletividade. Há também casos de empresas que se instalam em determinada cidade, oferecendo progresso para a região e melhoria da qualidade de vida para seus habitantes. O mecanismo de atração não é diferente.

— Bom, olhando por esse lado... Em todo caso, as mortes do Joelma têm a ver com essa egrégora negativa?

— Não. Juntou-se a fome com a vontade de comer. O ambiente precisava de uma limpeza energética. Veja: o fogo é uma forma de purificação, e a limpeza pelo fogo foi capaz de destruir a energia que estava concentrada no local havia trezentos anos. Já houve um avanço. Em relação às mortes, vamos falar mais sobre desencarnes coletivos.

— Desencarnes coletivos?

— Sim. Mortes de grupos afins, de espíritos reencarnados que têm objetivos de vida bem parecidos e morrem, por esse motivo, de maneira semelhante. A vida reúne essas pessoas. É o que chamamos de desencarne com dia e horário agendados.

— Isso pode ser feito?

— Sim. Se analisar pelo ponto de vista individual, sem acreditar que a vida continua, é uma tragédia sem proporções; do ponto de vista espiritual, digamos que são tempestades passageiras do destino. O desencarne coletivo provoca revolta e dor nos encarnados. Diante da espiritualidade, tais processos são desencadeados por forças da natureza que unem as pessoas de acordo com o momento de vida delas, afinidades. Afinal, todos nós temos de partir, não importa quando.

— Por que morrer assim? — protestou Lina. — Tanta gente junta. É muito triste.

Dois espíritos aproximaram-se. Um deles, muito simpático, apresentou-se.

— Olá. Meu nome é Jaime.

— Oi, sou Lina.

— Eu morri no incêndio do Joelma.

— Mesmo?

— Sim. Meu amigo, Estéfano — apontou com o polegar para o lado — também.

— Estão enterrados aí? — apontou para os jazigos.

— Não. Fomos velados e enterrados por nossas famílias.

— E os que foram enterrados aqui ao meu lado?

— Foram resgatados logo após o incêndio e levados para o pronto-socorro onde você também estava internada. Depois, cada um seguiu com um familiar para suas cidades astrais de origem.

— Sabem por que morreram ali?

Jaime fez sim com a cabeça e explicou:

— No meu caso e no do Estéfano, em outras vidas fomos corsários, piratas que ateavam fogo em embarcações e cidades, sem dó nem piedade, na conquista de presas fáceis. Ao retornar ao astral, com o espírito afundado na culpa, eu, Estéfano e alguns amigos pedimos o retorno à Terra para o desencarne coletivo em incêndio sem escapatória, inexplicável sem a reencarnação.

— Deus os puniu — ela replicou, rancorosa.

— Deus não tem nada com isso. Foi a nossa consciência atormentada que não viu outra saída senão passar por situação semelhante para ficar em paz.

— É o tal do faz, paga.

— Depende da interpretação. Há espíritos que encaram essas experiências de outra forma, preferem entender de outra maneira, acreditam que não precisam passar pela mesma situação. Cada um é um. Vim aqui falar de mim e de alguns amigos meus só para esclarecê-la.

— Tem muita história do nosso passado que ainda desconhecemos — emendou Estéfano, ao lado. — As civilizações

mais antigas matavam por matar, cometiam crimes bárbaros, hediondos mesmo, porque não conheciam as leis de Deus. Com o passar dos séculos, tocados pela luz das escrituras sagradas, os homens começaram a tomar consciência de outros valores, surgiram as noções de justiça, fraternidade, irmandade, respeito, igualdade de raças...

— Até hoje há crimes e guerras. O homem ainda mata — protestou Lina. — Não percebo tanto avanço assim.

— Sim, porquanto os processos de autopunição se intensificaram com a tomada de consciência; contudo, se olhasse agora à sua frente toda a história da humanidade, veria que avançamos bastante. O homem evoluiu muito. Hoje há muito mais gente interessada em ajudar e crescer do que em destruir. Muitos também perceberam que não precisam mais sofrer para evoluir. Infelizmente, para a mente humana, o negativo ainda chama mais atenção que o positivo. Esse padrão de pensamento está mudando.

— Além do mais — voltou a falar Jaime —, nem todos os que morreram no incêndio do Joelma eram piratas como nós. Como eu disse, cada caso é um caso. Fomos lá atraídos por afinidade energética. Cada um com um propósito específico. Veja você, por exemplo.

— O que tem eu?

— Não foi pirata, não ateou fogo em cidades.

— Morri lá por quê?

— Embora o fogo tenha feito parte do seu passado, precisa reconhecer que, no dia da tragédia, estava com raiva, com ódio.

— Estava mesmo — concordou Lina.

— Energia de ódio é explosiva, é combustão pura. Você foi atraída até lá. Se tivesse pensado diferente, se tivesse se ligado ao seu guia espiritual, talvez tivesse mudado de ideia, talvez tivesse dormido até tarde, perdido a hora e, quando acordasse, o incêndio já tivesse

começado. Poderia ter sido poupada, ter tido um fio a mais de vida, ganhado uns anos, quem sabe?

— E por que não tive?

Jaime coçou a cabeça e sorriu. Olhou para seu companheiro e fez um sinal com o queixo.

— Precisamos partir. Só viemos porque o guardião pediu para esclarecê-la, para entender que os mais de cento e oitenta desencarnados no incêndio tinham de morrer naquele dia e naquela hora. Cada um vai saber, no momento certo, por que desencarnou dessa forma. Eu e Estéfano tivemos esse esclarecimento, e você, assim como os demais, também terá, no devido tempo.

— Muito embora — tornou Estéfano — não importe para o espírito o motivo.

— Como não? Claro que importa! Eu me importo — contra-argumentou Lina.

— Não, minha amiga. Chegará um momento em que você não vai mais ligar para o "porquê". Vai se interessar tão somente pela sensação que a experiência provocou em seu espírito. E seguir adiante, porque, dessa experiência toda, você aprende que a morte não tem volta.

— Por essa razão — completou Jaime —, controle os impulsos, mantenha o equilíbrio, pois as coisas acontecem sempre do jeito que elas têm de acontecer. Espero que você tenha assimilado, compreendido, e logo possa sair daqui e ir em busca da sua felicidade. Isso é o que importa para todos nós, encarnados e desencarnados.

— O quê? — perguntou Lina.

— A felicidade, minha pequena — frisou Jaime. — Só a felicidade. O resto é balela.

Eles se despediram e sumiram.

47

Certa tarde, com ar cansado, Lina perguntou:

— Por que só conversa comigo durante o dia?

— Porque, quando o sol se põe, você se recolhe e deita no túmulo.

— Tenho medo de andar aqui à noite. Ouço vozes, gemidos.

— São almas atormentadas, espíritos presos ainda ao corpo de carne.

— Por que você não as ajuda a sair, a se libertar?

— Não posso. É tarefa do próprio espírito. Enquanto não sair do estado de loucura, parar de se punir, e pedir ajuda sinceramente, eu e meus assistentes não podemos fazer nada.

— Os gemidos são terríveis. Outro dia teve um que gritou aqui — apontou para um dos treze túmulos. — Gritou tanto, mas tanto, que um dos coveiros assustou-se. Achou que era uma das almas do incêndio, jogou água sobre a lápide. O grito cessou.

— Porque o espírito assustou-se. Você bem sabe que não há nenhum desencarnado do incêndio preso aqui.

— Só eu.

— Porque quer, Lina. Está aqui porque quer.

— Estou insegura. Tenho medo de sair.

— Um dia perderá o medo.

Ela sentou e apoiou o queixo nas mãos.

— Gostaria de partir.

— Pode ir. É livre para fazer o que quiser.

— Não sei para onde — ela abaixou a cabeça, entristecida. Depois de refletir, perguntou: — Por que não tive mais um tempo na Terra?

— De que adiantaria? Você não iria mudar, estava viciada em padrões que só lhe traziam dor e sofrimento. Lembre-se de que, mais uma vez, naquele dia, por mais que tentasse, não controlou os impulsos, foi inflexível.

— Sempre fui uma mulher de extremos. Comigo é oito ou oitenta. Sempre foi assim, no vai ou racha.

— E o que adiantou ser tão resistente? Achou que isso fosse sinal de segurança? — ela fez sim com a cabeça, e ele prosseguiu: — Você não sentiu a vida com profundidade, foi de um lado para o outro, nunca quis parar para sentir, refletir, dar-se a chance de mudar seu jeito de ser. Na vida, não podemos ser muito definidos, precisamos ser mais maleáveis, flexíveis, porque a vida muda a cada momento, a cada segundo. Se a vida é flexível, também precisamos aprender a ser.

— Senti-me traída. Rosana me disse um monte de coisas horríveis. Eu me abalei.

— Problema seu. Quem mandou dar ouvidos a ela?

Lina sentiu-se ofendida.

— Está vendo? — tornou a voz. — Você é fraca. Deixa-se levar na conversa, envolve-se no comentário dos outros, não toma posse dos seus pensamentos. O que os outros dizem vale mais do que o que sente. Se ouve algo de que não gosta, fica nervosa, irrita-se com

facilidade e altera todo seu campo de energia, ficando vulnerável ao ataque de formas-pensamento negativas de encarnados e desencarnados.

— Faço tudo errado, mesmo — resmungou chorosa.

— Não. Não existe certo e errado. Nada está errado. Se eu afirmar que você age errado, estaria julgando. Ora, quem sou eu para criticar ou julgar? Sou um espírito como você, que também está preso ao ciclo das reencarnações, vivendo, experienciando, aprendendo. Não quero apontar o dedo para ninguém. Quero ajudar, esclarecer e confortar.

Uma lágrima escorreu pelo canto do olho de Lina e ela deixou que o pranto corresse livremente. Escureceu. Lina não correu para o túmulo, perdida em suas dores. A voz foi tomando forma. Transformou-se em um homem alto, muito alto, com mais de dois metros de altura, elegante, porte atlético, rosto quadrado, furinho no queixo e olhos grandes, negros e profundos. Vestia um conjunto preto, com uma capa elegante, também preta.

Ele a abraçou e Lina aconchegou-se naquele corpão que lhe transmitia confiança, serenidade e segurança. Sentiu-se protegida. Ele continuou a falar, agora com a modulação mais suave:

— Quero que você pare de sofrer, porque cada vez que você escuta o comentário do outro e se irrita, toda vez que vai ao extremo e se machuca, provoca dor em seu espírito. Eu gostaria que você não sentisse dor, só isso.

— Como foi bom conversar com você...

— João.

— Prazer, João.

Com o tempo, Lina percebeu o quanto aquele canto do cemitério teve sua egrégora, ou sua nuvenzinha de

energia, cada vez mais condensada com boas energias. Os túmulos eram visitados, as orações se multiplicavam, a romaria era contínua. Logo, alguém apareceu e agradeceu pela graça alcançada. Depois outro foi lá e também agradeceu, deixando flores; outro alguém agradeceu e mandou confeccionar uma pedra de granito pelo milagre alcançado. Surgiram outras pedras, outras placas, mais vasos de flores ao redor e sobre os túmulos.

Detalhe interessante: havia um pedido para não se acenderem velas sobre os túmulos. No lugar delas, eram — e ainda são — colocados copos com água.

A administração do cemitério cercou os túmulos, depois construiu uma capelinha e um velário. Atualmente, as pessoas conhecem aquele local do cemitério como o cantinho das treze almas. Muita gente faz suas orações, pede uma cura, um emprego, um relacionamento afetivo... Os pedidos são os mais diversos.

Lina ficou ali por livre e espontânea vontade, trabalhando como voluntária, por trinta e oito anos ininterruptos. Aprendeu de cor a oração das treze almas e juntava-se àqueles que oravam com fé:

— Ó minhas treze almas benditas, sabidas e entendidas...

Consolou mães que perderam filhos, orou por doentes terminais, chorou ao lado de maridos que perderam esposas, de esposas que perderam maridos, de amores que perderam seus amores; exultou de alegria com as graças alcançadas; aprendeu, com cada caso, dia a dia; refletia sobre seu próprio processo de crenças e naturalmente passou a controlar seus impulsos, investindo em atitudes melhores.

Agora, não era mais impulsiva e sedenta de justiça e vingança como antes. Gastara toda essa energia de impulsividade doando para as pessoas aflitas, desesperadas

e necessitadas. Esta foi a maneira que seu espírito encontrou de sentir-se útil, de ficar em paz consigo mesmo.

Ela trabalhava sob a supervisão de João Caveira, o chefe do cemitério e supervisor do crematório, e de dona Maria Quitéria, um espírito evoluidíssimo, de uma competência singular, respeitada e admirada no astral superior, e temida no astral inferior.

Maria Quitéria conta com sete assistentes. Esses espíritos, que se revezam até hoje, anotam os pedidos, tentando interceder, ajudar, fazer o que for possível e que for o melhor para cada um, sem interferir no processo reencarnatório do indivíduo.

Não é tarefa fácil. Há um número muito grande de espíritos envolvidos nesse processo, todavia, o fato é que funciona, porque se juntam a boa vontade dos espíritos com a fé do encarnado que pede.

Uma noite, Lina sonhou com Melissa. Sentiu saudades, uma vontade louca de correr e abraçá-la, mas não pôde chegar perto dela.

— Por quê?

— Porque ela está grávida — esclareceu uma assistente de Maria Quitéria. — Grávidas não podem entrar aqui. A energia daqui não faz bem ao bebê.

— Eu só queria abraçá-la. Estou com saudade da minha amiga.

Melissa, ao longe, acenava e não conseguia andar, sentia-se paralisada. Lina estava intrigada.

— Uma mulher grávida não pode frequentar um cemitério?

— Claro que pode. Porém, no caso de ela dormir e seu perispírito sair para fazer uma viagem astral, podem ocorrer várias situações.

— Quais?

— A gestante pode sair para encontrar amigos encarnados, ir ao encontro de desencarnados queridos, e o

espírito do bebê permanece no ventre dela, lá no corpo físico. Pode acontecer de ela se desprender do corpo físico e carregar o bebê consigo, e ainda há o caso em que a mãe vai para um lado, e o espírito do bebê vai para outro a fim de receber energias mais sutis, dependendo dos objetivos propostos para a nova etapa reencarnatória do bebê.

— Interessante — tornou Lina, com o dedo no queixo. — Entretanto, percebo que Melissa veio sozinha. O bebê dela não veio junto. Então, por que ela não pode se aproximar? Eu só queria lhe dar um abraço, mais nada.

— Melissa poderia entrar no cemitério, poderia andar pelas alamedas e até abraçar você — a assistente de Maria Quitéria era bem didática. — Todavia, *você* — enfatizou — não está bem, em termos energéticos.

— Eu sei — reconheceu Lina, cabisbaixa. — Tenho altos e baixos, meu estado de desequilíbrio emocional é patente.

— Nesse abraço, Melissa poderia pegar uma carga mais densa de energia sua e, apesar de uma boa limpeza energética, transmitir algum resquício dessa energia pesada para o bebê.

— Não quero prejudicar o bebê de minha amiga, de maneira alguma.

— Então... nada de abraços. Dê apenas um aceno. Um dia, lá na frente, poderão se abraçar. Vamos — incentivou a assistente —, mande um beijo. O que conta não é o ato, mas a intenção.

— Amo minha amiga.

— Aproveite e jogue neste beijo toda a vibração de amor que sente por ela.

Lina deixou escapulir uma lágrima. Emocionada, fechou os olhos, levou uma das mãos aos lábios, beijou-a e devolveu no ar, em direção a Melissa.

— Fique bem, minha amiga.

E Lina aprendia todo dia...

— Você tem capacidade de atrair boas energias para a sua vida. Você tem potencial para isso, pode acreditar.

— Acho tudo meio complicado, dona Maria Quitéria. Estou muito aflita com aquela senhora que pede pela mãe doente no hospital, mal à beça. Estou preocupada com ela.

Maria Quitéria tinha a voz firme:

— Está aflita hoje, minha filha?

— Muito.

— Então não vai trabalhar.

— Como não? — Lina estava a ponto de indignar-se. — Aquela doente precisa de mim! Vai morrer!

— Com essa energia de preocupação que você tem, ela vai morrer rápido.

— Hã? Como assim?

— Se quer que ela viva, não trabalhe hoje. Espere melhorar sua energia, ficar bem. Depois ajude.

— Dona Maria Quitéria!

— Minha filha, preocupação é energia ruim, promove ligações negativas com as pessoas. Sua aflição não vai ajudar no processo de cura da mãe dessa mulher. Mande luz, amor para ela; aí sim você poderá ajudar.

— Só?

— Acha pouco? Amor não preocupa. Se estiver preocupada, vai passar energia de preocupação. Pensa que a doente não vai pegar isso? Pega sim.

— Então não vou ajudar, vou atrapalhar.

— É, vai atrapalhar. Agora, se você fizer uma ligação positiva com a doente, poderá fazer uma doação para ela.

— É que a doença dela é terrível e... — Lina estava impressionada.

Maria Quitéria a cortou, seca:

— A doença é dela, é problema dela, é lição na vida dela. Imagine-se ao lado dela lá no hospital, beijando-a

e abraçando-a com muito amor, muita luz. Se conseguir fazer isso, ótimo, senão, eu chamo um dos assistentes.

Lina emudeceu e fez sim com a cabeça. Fechou os olhos e encostou a palma da mão na mulher ajoelhada ali aos pés do túmulo. Em seguida, conseguiu ver a mãe da mulher na cama do hospital. Sorriu e abraçou, mental e amorosamente, a doente.

Maria Quitéria assentiu.

— Isso. Aproveite que está no bem do seu coração, com esse sentimento de bondade, e espalhe energia do bem no ambiente, lá no hospital. A doente vai sentir essa energia, esse sentimento puro de amor, imediatamente.

Lina fez tudo mentalmente. Depois que terminou, Maria Quitéria ensinou, séria:

— Você não pode dar nada de bom se não estiver no bem.

O aprendizado era diário. A cada dia, uma nova experiência de vida. Lina sorvia cada palavra de Maria Quitéria com todos os sensores da alma ligados. Seu espírito vibrava de contentamento. Ela aprendia, sua consciência se ampliava, sua lucidez aumentava, e seus impulsos se abrandavam.

Maria Quitéria surpreendia, dia após dia:

— As pessoas vêm aqui porque ainda não entendem que têm força, que são mais fortes do que qualquer forma-pensamento, que são criadoras. Você, Lina, é apenas um canal, um meio para que elas possam utilizar essa força criadora. Na verdade, a própria pessoa realiza o milagre. O poder de fé delas é que cura, transforma, faz as modificações necessárias para o crescimento delas mesmas.

— Começo a entender.

— Agora esse vai ser o seu exercício diário. Toda pessoa que aqui chegar e pedir, você vai se aproximar dela e sussurrar em seu ouvido: "Você é mais forte do que

qualquer forma-pensamento, porque você é criador. E, se você é criador, pode criar coisas boas e impor com convicção, com firmeza. Você vive de tudo em que acredita".

E Lina transmitia, todo santo dia, a frase para qualquer um que lá chegasse, fosse ao pé de um dos túmulos, fosse na capela das treze almas. Chegou um ponto em que aquilo ficara tão forte em seu espírito que ela naturalmente acreditou que podia criar coisas boas e impor suas vontades com firmeza, sem extremos.

Um dia, Maria Quitéria a viu meditando, e um círculo brilhante formou-se ao redor, com uma iluminação intensa. Ela fez sinal para um dos assistentes:

— Pode chamar Maruska. Lina está pronta para partir.

48

Melissa escutou Amanda e os olhos marejaram.

— Tem certeza de que Luís Sérgio balbuciou este nome?

— Sim. Lina — Amanda foi categórica.

— Não pode ser. Por que ele diria o nome dela?

— Eles não se conheceram, mãe? — perguntou Nádia.

— Que eu saiba, não. Depois que Amelinha morreu, Luís Sérgio se separou de Rosana, conheceu Manuela, engataram namoro e foram morar juntos. Quando veio a lei do divórcio, eles se casaram e você nasceu — contrapôs, encarando Amanda.

— Onde Lina entra nessa história? — Nádia estava curiosa.

— Talvez seja esse o motivo pelo qual Orlando quer que você vá até o hospital — arriscou Amanda.

— Vou, claro. Quando será o encontro?

— Selma ligou e disse que Neide virá amanhã. O encontro deverá ser sábado, mamãe — interveio Nádia.

Melissa sorriu.

— Neide! Uma boa amiga. Faz anos que não a vejo.

— Eu ligo avisando o horário — disse Nádia. — Preciso ir. Tenho de pegar as crianças na escola.

— Vou junto — emendou Amanda. — Tenho que pegar meus filhos também.

Despediram-se. Melissa voltou para a sala, pensativa. Apanhou um porta-retratos. Lá estava ela, Daniel e os três filhos: Maura, Nádia e Bruno, seu preferido. Ela beijou o retrato e sentou-se, abraçando-se ao porta-retratos.

Sentiu uma saudade imensa de Lina. Há quanto tempo não pensava na amiga querida? Será que Lina morrera?

— Onde você se meteu? Para onde você foi depois que deixou aquele bilhete?

Eram tantas perguntas sem respostas, fazia tantos anos que Lina partira que Melissa nem mais sabia o que pensar. De repente, uma brisa suave tocou-lhe o rosto. O espírito de Lina aproximou-se e parou próximo dela. Maruska foi categórica:

— Nada de abraços e beijos, por ora. Senão vai se emocionar.

— Estou querendo tanto abraçá-la!

— Depois que contar sua história, poderá encontrá-la em sonho, mais uma vez.

— Só mais uma vez? — queixou-se Lina.

— Sim. Depois, se tudo seguir conforme o combinado, você terá muitos anos ao lado dela.

— É verdade. Bruno e a esposa, num primeiro momento, concordaram em me receber como filha.

— Bruno é um bom moço. Ele tem imenso sentimento de gratidão por você.

— Por mim? Eu nem o conheço — admirou-se Lina.

— Não se lembra de Estêvão, amigo espiritual de Melissa?

Lina espremeu os olhos para se lembrar.

— Estêvão?! Ele é Bruno?

— Sim. É um espírito que tem afinidade incrível com Melissa. E garanto que será um ótimo pai. Dessa vez você não vai ter do que reclamar!

Lina sorriu encabulada. Soprou um beijo para Melissa e partiram. Melissa levou a mão à bochecha e deixou uma lágrima de saudade escapar pelo canto do olho.

Na cidade astral, Lina estava contente. Tentava entender e saber o que ocorrera naqueles anos todos que estivera ausente.

— Foram praticamente quarenta anos fora, trabalhando, dedicando-me a uma atividade gratificante, que enriqueceu sobremaneira meu espírito e o marcará positivamente pela eternidade.

— Por isso deixamos você lá, aos cuidados de João Caveira e Maria Quitéria — observou Maruska.

— Serei eternamente grata a esses espíritos. Eles abriram a minha mente, serenaram meu coração. Hoje sou outra, completamente diferente.

Conversaram mais um pouco. Lina estava curiosa:

— Sei que Maura é a reencarnação de Penha.

— Por isso o relacionamento difícil dela com Melissa.

— E Nádia?

— Não faz ideia?

— Não.

— É Telma.

— A irmãzinha!

— Sim, Lina. Telma e Amelinha tiveram uma curta encarnação. Agora têm a chance de viverem muitos anos.

— Não posso deixar de me lembrar do Jurandir.

Maruska fez um gesto vago com a mão.

— Não cabe a nós julgar o comportamento de ninguém. O dia que você tiver acesso às várias vidas de

Melissa, Penha, Telma e Jurandir, vai entender muita coisa. Em todo caso, não interessa o que aconteceu no passado.

— Não? Pensei que isso tivesse de ser valorizado.

— Não. De que adianta reviver situações dolorosas? Importa entender o porquê de seu espírito atrair tal situação. Se você precisa viver uma situação desagradável, é porque precisa aprender alguma coisa. Ora, não é melhor parar, refletir e ver o que a vida quer lhe mostrar?

— Simples assim?

— É. Porque a maioria das pessoas não para a fim de refletir, não se dá um minuto para valorizar o que sente. Você escuta o outro, mas não se permite escutar a si mesmo.

— Tem razão.

— Maura está namorando um advogado. Vai engravidar. Receberá Jurandir como filho.

Lina ficou pensativa por instantes. Depois indagou:

— Dona Eugênia, seu Aderbal? Cadê eles?

— Reencarnaram. São filhos de Amanda.

— Amanda... que é a reencarnação de Amelinha, e Nádia, que, por sua vez, é a reencarnação de Telma.

— Por certo.

— E as filhas de Nádia, eu as conheço?

— Uma das meninas, sim. Bibiana.

Lina emocionou-se.

— Bibiana! Tão querida.

— A outra é a reencarnação de Estela, de quem você usou o nome por pouco tempo.

— Quanta mudança!

— A vida não para — ponderou Maruska. — Nada fica parado.

Lina queria saber mais.

— Rosana ainda está viva, certo?

— Sim.

— Solange também está encarnada?

Maruska riu.

— Solange vive a vida do jeito dela, de acordo com a verdade do espírito dela.

— Eunice e Hermes?

— Vivem numa cidade astral aqui perto. Não têm planos de reencarnar, por enquanto. Eunice procura ajudar Doroteia, primeira esposa de Hermes, que está reencarnada há trinta anos.

— Eunice é mentora de Doroteia?

— Mais ou menos. Digamos que é uma amiga querida, que procura inspirar bons pensamentos, ajudar Doroteia a permanecer no caminho do bem.

— Dona Leonor?

— Está tentando ajudar Emílio. Ele ainda está atormentado, culpa-se pelo que aconteceu com Paulo e sua família.

— Mas Emílio não matou ninguém.

— Não matou, contudo envenenou a cabeça de Benedita, mãe de Paulo. Emílio não se perdoou e está perdido em um lugar de difícil acesso. Leonor gosta muito dele e, com a ajuda de Ione, está empenhada em trazê-lo até nós, demore o tempo que for.

— Falando em Paulo...

— Ele e as irmãs voltaram ao planeta. Reencarnaram no Rio de Janeiro, em uma comunidade. Dona Benedita, a mãe, deverá reencarnar em breve. Vai ser filha de Paulo.

— Será um relacionamento difícil. Já vislumbro um relacionamento conflituoso entre pai e filha.

— Por isso é que há a bênção do esquecimento — considerou Maruska.

— Meus pais?

— Vivem no Haiti.

Lina surpreendeu-se.

— Haiti?

— Sim. Cícera, Jovelino, Donizete, Olério e Tenório. Estão todos lá, vivendo novas experiências, aprendendo a dominar os impulsos.

— Sei o que é isso.

— O que atrapalha muito a conquista do domínio é a baixa valorização das pessoas. Não aproveitam tudo aquilo que podem fazer por si mesmas, acabam por ter uma vida com consequências muito difíceis. Assim como você, um dia eles também vão dominar os impulsos, deixar de ser extremistas, e sentirão a profundidade do espírito. E, antes que me pergunte, eu já respondo: eles sobreviveram ao terremoto de 2010.

— Foi um grande desencarne coletivo.

— Houve uma grande mobilização aqui do astral. Muitos países juntaram-se para ajudar no resgate dos milhares de desencarnados.

— Eu aprendi da maneira mais difícil — tornou Lina. — Mas foi assim que aprendi, Maruska. Com o erro e com o acerto de todo mundo.

— Perceba como é importante melhorar a sua autoestima, como é imperioso valorizar as oportunidades e trabalhar na sua firmeza, naquilo que é possível. Faça as coisas da sua maneira, na persistência, entendendo que o melhor trabalho é aquele que você faz por si.

— Entendi. Antes, acreditava que precisava ser bem rígida comigo. Não sabia diferenciar rigidez de firmeza.

— Explique melhor — incentivou Maruska.

— Nesses anos todos, ajudando as pessoas a atingir suas graças, seus milagres, percebi que uma pessoa rígida é teimosa, é dura. Já uma pessoa firme aprende que ordem e disciplina não são forçadas; é o tipo de pessoa que persiste no bem. Ninguém está empurrando o bem em você, mas é o bem que você sabe. Persistir

no bem não é teimosia, mas firmeza. Persistir no bem é assumir a responsabilidade do melhor para você.

— Isso mesmo! Viu como aprendeu? — parabenizou Maruska.

— E acordo todos os dias com a frase que aprendi com dona Maria Quitéria: "O bem não é para pensar, é para sentir".

Maruska concordou com a cabeça e refletiu sobre as sábias palavras.

— Estou muito orgulhosa de você!

— Eu também.

— Está na nossa hora.

Chegaram ao quarto. Orlando e Selma estavam ali, cada um de um lado da cama. Lina comoveu-se ao ver Neide. Bem envelhecida, mas ainda bem lúcida, porte elegante, cabelos brancos presos em coque, Neide permanecia na ponta da cama, mãos pousadas sobre os pés do doente.

Os olhos de Lina vagarosamente atingiram o rosto do moribundo. Não havia ali nem um sinal do Luís Sérgio que ela conhecera.

— Tem certeza de que estamos no quarto certo?

— Sim. É ele. Imagine um homem com oitenta anos de idade e doente há quatro, sendo consumido por uma doença cruel e irreversível.

Lina aproximou-se. Neide percebeu sua presença. Sorriu e mentalmente disse um "oi".

— Oi, Neide — respondeu Lina.

Amanda e Nádia entraram no quarto. Melissa veio logo atrás, acompanhada de Daniel. Assim que Lina a viu, sentiu as pernas falsearem. Maruska apoiou-a nos braços.

— Coragem e força. Agora você não pode esmorecer.

— Eu me emociono. É como se fosse minha irmã. Queria tanto abraçá-la! Só isso.

— Quando terminarmos, poderá lhe dar um abraço. Prometo.

— Está bem.

Melissa sentiu uma forte emoção. Neide abraçou-a feliz.

— Quanto tempo, minha amiga.

— Fico feliz em vê-la. Está tão bem!

— Você também, Melissa.

— Estou tão emocionada.

— Há alguém aqui no quarto que muito a ama. Deseja falar.

— Quem?

Orlando e Selma estenderam as mãos. Nádia ficou ao lado de Orlando, e Amanda ao lado de Selma. Fizeram o mesmo e os quatro começaram a orar. Daniel sentou-se numa cadeira no canto do quarto, em estado meditativo. Neide começou a falar:

— Sou eu, Melissa. Lina.

Melissa deu um passo atrás.

— Lina?!

— Sim, querida. Sou eu. Não estou mais no mundo há quase quarenta anos. Morri no dia em que lhe escrevi o bilhete.

— Meu Deus! Como? O que aconteceu?

— Morri no incêndio do Joelma.

Até Daniel levantou-se de um salto. Estavam todos interessados. Orlando e Selma, acostumados com essas manifestações, mantinham-se em prece. Neide prosseguiu:

— Agora não importa saber o que eu estava fazendo lá. Como eu usava os documentos de Estela, e você jamais teria imaginado que eu pudesse estar ali, não reclamaram meu corpo, não me identificaram, e eu fui enterrada como uma alma sem nome. Fui resgatada, acolhida, e agora, passados tantos anos, estou me preparando para voltar à Terra. Vim aqui porque, antes de voltar, precisava lhe dar

a certeza de que havia desencarnado e ajudar Luís Sérgio a desatar os nós que o prendem ao corpo físico.

— Qual é a sua ligação com Luís Sérgio? Que eu saiba, vocês não se conheceram nesta vida — disse Melissa, sinceramente.

Maruska levantou a sobrancelha, e Lina sorriu. Não havia necessidade de entrar em detalhes. O que importava, naquele momento, era serenar o coração de Melissa e ajudar no processo de desligamento de Luís Sérgio, mais nada. Neide respirou fundo e respondeu, simplesmente:

— Nossa ligação vem de outras vidas. Sou só uma amiga que quer ajudar, mais nada. Vim porque precisava encontrá-la, dizer-lhe que já não estou mais no mundo dos vivos, que meu espírito está bem, e logo Luís Sérgio será recebido por nós de braços abertos. Agora preciso ir.

— Já? — Melissa queria que Lina continuasse ali. Mesmo sem vê-la, podia sentir a presença da amiga.

Lina sussurrou no ouvido de Neide e ela repassou:

— Lembre-se, Melissa, do que conversamos e prometemos há muitos anos: "*Juntas, vamos vencer nossos medos*". Agora preciso ir. Fiquem com Deus.

Neide exalou profundo suspiro e abriu os olhos. Nádia, Amanda e Daniel a encaravam, esperando mais alguma palavra. Melissa não continha a emoção.

— Era a Lina, sei que era. Essa frase no final... é coisa nossa...

Daniel passou o braço pelo ombro dela.

— Pelo menos agora acabaram as dúvidas, meu amor.

— É. Acabaram — e, virando-se para Neide: — O que mais Lina tem a dizer?

— Ela não vai dizer mais nada — e, encarando Luís Sérgio, sentenciou: — Ele vai desencarnar daqui a alguns dias.

epílogo

Naquela noite, Luís Sérgio, mesmo inconsciente, dormiu bem. Três dias depois, morreu. Amanda já esperava, mas, como filha, sentiu bastante a partida do pai amado. Depois de uns meses, estava com a vida seguindo seu rumo, cuidando da casa, do marido, dos filhos, cultivando e fortalecendo a amizade com Nádia e frequentando cada vez mais o centro espírita.

Melissa começou timidamente a frequentar o centro. Antes ia com Nádia e Amanda. Depois, Daniel quis ir junto. Ele já poderia ter se aposentado, mas era apaixonado pela sala de aula. Continuava ativo, cuidando do cursinho. Conversara com Amanda sobre a partilha dos bens, mas ela não queria saber. Assinara uma procuração e deixara tudo nas mãos de Daniel. Confiava muito no tio de coração.

A vida de Melissa mudou depois do encontro com Lina. Ela teve a certeza de que a vida continua depois da morte do corpo físico. Sonhou com Lina, viu a amiga bem, e Lina lhe disse que ia reencarnar. No sonho, Lina adiantava que seria sua neta, mas, quando acordava, Melissa não se lembrava desse detalhe em particular.

— Acordou contente hoje, meu amor — tornou Daniel.

— Fiquei feliz. Passei anos na dúvida, querendo ter notícias de Lina. Sei que poderia ter contratado um detetive, poderia ter ido além. Mas estava no auge da carreira, Maura era muito pequena e nosso relacionamento já era meio tenso. Em seguida nasceu Nádia e, perto dos quarenta, engravidei de Bruno. Perdi a noção do tempo...

— A vida foi seguindo seu curso. No fundo, a vida lhe transmitia serenidade, porque Lina estava bem, não corria perigo.

— Sim. Daí o inventário da casa da sua mãe ficou pronto, e suas irmãs, num ato de generosidade sem precedentes, doaram-nos a parte delas da casa.

Daniel deixou passar um brilho emotivo pelos olhos.

— Eunice e Solange foram espetaculares. Como nunca quiseram ter filhos, acharam justo que as nossas crianças tivessem um lar de verdade, uma casa boa para crescer. Viemos morar aqui, na escola de etiquetas de dona Leonor. Quem diria?

Melissa sorriu e abraçou Daniel. E prosseguiu:

— Foram tantos acontecimentos, tantas coisas acontecendo em nossa vida, e fui-me esquecendo da minha amiga. Se eu soubesse que ela havia morrido, poderia ter feito alguma coisa, providenciado o reconhecimento de seu corpo, pelo menos. Ela foi enterrada como indigente!

— Não se impressione. Está se ligando aos conceitos do mundo. Teve provas mais do que concretas de que Lina está viva em espírito. A forma como morreu, como foi enterrada, não interessa. O que importa é que ela está bem e diz que vai voltar.

Melissa aconchegou a cabeça no peito do marido:

— Tem razão, querido. Eu aqui, presa nos conceitos do mundo, e Lina pronta para recomeçar uma nova etapa.

— Então! Deixe de pensar bobagens. Agora vamos, estamos atrasados para a festinha de nossa neta.

— Vou terminar de me arrumar.

Melissa subiu as escadas, foi para o quarto arrumar-se para a festinha, sentindo o peito leve, a alma cantando de alegria, e com a certeza de que a vida continua.

No astral, Lina estava impaciente. Andava de um lado para outro, esfregando as mãos, mordiscando os lábios. Maruska apareceu e encarou-a, com seus olhos profundos e vasta cabeleira loura:

— Meu bem, o que foi?

— Luís Sérgio despertou. Está consciente. Deseja ver-me.

— E por que tanta aflição?

— Estou nervosa. Tantos anos se passaram.

— Qual é o problema?

— Não sei. Estou sentindo algo diferente, algo estranho.

— Como se o conhecesse bem antes de ele ser Luís Sérgio...

— É isso! — concordou Lina, aliviada. — Eu sei que o conheço de outra vida, mas não consigo me lembrar. A nossa ligação em última encarnação foi forte e intensa. Ficamos pouco tempo juntos. Não pude me despedir.

— Agora terá um tempo para ficar ao lado dele, ajudá-lo a se recuperar.

— Não muito. Devo partir daqui a um mês. Começarei o treinamento para voltar ao planeta.

— Entendo. Um mês para ficarem juntos é um bom tempo.

— Acha?

— Melhor que nada. Vocês ficaram afastados trinta e oito anos. Não acha que um mês juntos é um presente da vida?

— Se eu olhar por esse ângulo...

— Procure sempre olhar pelo lado bom, Lina, não importa a situação.

— Tem razão. Aprendi tanto lá no cemitério. Vi muita gente aflita e aprendi que aflição não ajuda em nada.

— Pois bem. Acalme o coração. Aqui não é um lugar para desequilíbrio energético.

— Sim.

Lina fechou os olhos, respirou fundo, procurou livrar-se dos pensamentos aflitivos. Lembrou-se das orientações de dona Maria Quitéria, fez exercícios corporais, balançou o corpo, trouxe à tela mental cenas de paz, harmonia e, por fim, imaginou caindo sobre si uma luz branca, suave.

— Agora tem condições de visitar Luís Sérgio — observou Maruska. — Vamos. Ele a espera.

Lina assentiu e deu a mão para Maruska. Caminharam por um bosque florido, perfumado. Lina encantou-se com alguns pássaros que pulavam de galho em galho e, quando percebeu, estava diante de um campo aberto. Parecia um parque. As pessoas passeavam alegres. Algumas andavam de mãos dadas, outras sozinhas, outras em grupos. Algumas estavam sentadas em toalhas estendidas sobre a grama verde. O clima era ameno, o sol deixava o ambiente mais leve, agradável.

Maruska conduziu Lina até uma árvore. Nela estava um homem sentado, com a cabeça apoiada nas mãos, imerso em seus pensamentos. Ela fez sinal. Lina aproximou-se. Abaixou-se e fez:

— Psiu!

Luís Sérgio levantou os olhos e exclamou surpreso:

— Lina!

— Como vai, meu querido?

Ele não disse nada. Abraçou-a, e os dois beijaram-se com ardor. Luís Sérgio falava com a voz que a paixão tornava rouca:

— Não tem ideia de quanto tempo fiquei à sua espera!

— Muita coisa aconteceu...

E Lina contou toda sua história. Luís Sérgio emocionou-se, chorou e também contou a sua. Falou sobre a morte de Amelinha, sobre a separação, depois contou sobre o desespero por não encontrar Lina, o desânimo, o segundo casamento, o nascimento de Amanda, a viuvez, a doença.

— Agora ficaremos juntos! Nada vai nos separar.

— Não. Não é assim, querido.

— Como não?

— Eu vou voltar. Preciso voltar.

— Vamos ficar separados? De novo?

Maruska os interrompeu:

— Não. Dessa vez, não ficarão separados. Quer dizer, há grande chance de ficarem juntos.

— Mas, se Lina vai voltar... não estou entendendo — objetou Luís Sérgio, confuso.

— Ela precisa voltar porque já está na hora. Você acabou de chegar, tem muito o que refletir, tem toda uma vida para rever. Se tudo correr bem, quem sabe daqui a uns anos você não tem a oportunidade de voltar também?

— É?

— Sim, Luís Sérgio. O mundo hoje está bem avançado nos costumes. As pessoas não levam mais em consideração a idade, a cor da pele, a condição social — ponderou Maruska. — Houve uma evolução na maneira de pensar. As pessoas têm cada vez mais se aproximado por afinidade, por gosto, por livre e espontânea

vontade. Por que uma mulher mais madura não pode relacionar-se com um rapaz mais jovem?

— Tem razão. É verdade.

— E quem disse que Lina vai reencarnar como mulher e você como homem?

— Isso também pode mudar?

— Tudo pode mudar, meu querido. O corpo humano se adapta às necessidades do espírito. Nada mais, nada menos.

— E Manuela gostaria de revê-lo — tornou Lina, serena.

— Manuela...

— Não se preocupe, Luís Sérgio. O espírito de Manuela é avançado, está envolvido em outras atividades, em movimentos sociais. Não tem planos para reencarnar. É uma amiga que o quer muito bem; torce para que você e Lina se acertem. Virá visitá-lo e vocês poderão conversar bastante — ele enrubesceu e Maruska prosseguiu: — Não fique envergonhado. Pode continuar tecendo planos para reencarnar em breve e reencontrar-se com Lina.

— Tenho muito o que aprender — ele não sabia o que dizer.

— Você é lúcido, inteligente. Aprenderá rápido — Maruska olhou para o horizonte e considerou: — Precisa voltar para seu quarto, Luís Sérgio. Em breve, marcaremos nova visita.

O casal levantou-se e um enfermeiro veio apanhar Luís Sérgio. Ele se despediu de Maruska e abraçou-se a Lina. Beijou-a com ardor.

— Logo voltaremos a nos ver. Eu a amo.

— Também o amo.

Despediram-se, e Luís Sérgio partiu, acenando para as duas.

— Ele remoçou bastante — observou Lina.

— Sim, mas o perispírito foi bastante afetado pela doença. Por isso precisará ficar aqui alguns anos. Não poderá partir por enquanto.

— Entendo.

Foram caminhando e voltaram pelo bosque. Lina sentiu o aroma delicado das flores e perguntou:

— Estava aqui matutando e gostaria de saber a minha ligação com Luís Sérgio. Não consigo me recordar. Por quê?

— Porque sofreram muito em última vida, antes desta passagem pelo Brasil.

— Eu bloqueei a memória. É isso?

— Sim. Mas vou lembrá-la, rapidamente. Voltemos até o Império Russo, em meados do século 19.

Lina estremeceu. Seu corpo sentiu um formigamento. Maruska prosseguiu:

— Você, Melissa e Rosana eram irmãs. Você e Melissa eram inseparáveis, enquanto Rosana era a irmã preterida, indesejada. Rosana conheceu um jovem soldado. Ivan era um moço bem-apessoado, e eles ficaram noivos. Você se apaixonou por Ivan e fez de tudo para ficar com ele. Melissa tentou dissuadi-la, mas você não quis escutá-la. Arquitetou, sozinha, um plano para afastá-lo de Rosana. Contratou um casal de camponeses e prometeu-lhes uma grande quantia em dinheiro para sequestrarem Rosana. No princípio eles não queriam, mas precisavam do dinheiro para comprar a terra dos latifundiários, por conta da reforma camponesa. O plano não deu certo e, por um descuido seu, Rosana morreu num incêndio. Você pôs a culpa no casal, eles foram condenados e presos. Depois disso, você acreditou que o caminho estivesse livre para se unir a Ivan, mas ele foi lutar na Guerra da Crimeia e morreu em combate.

As cenas vieram com muita rapidez e parecia que Lina revivia tudo aquilo. Era incrível!

— Eu me lembrei de tudo. Tudinho. Rosana e eu acabamos sozinhas e abandonadas. Morremos muito tristes. O casal preso era Eugênia e Aderbal — Lina levou a mão ao peito. — E Ivan... Claro! É Luís Sérgio!

— É muito fácil lembrar. Basta ter domínio de si mesma. Você fez um treinamento de quase quarenta anos. Aprendeu na marra — Maruska sorriu.

Lina nem esperou. Deu um abraço bem apertado e demorado em Maruska. Depois beijou-lhe a face e disse sem perceber, num russo impecável:

— *Ya tebya lyublyu.*

Foi a vez de Maruska se emocionar.

— Obrigada, minha filha.

— De nada, mamãe.

— E então, como se sente? Pronta?

— Sim, mamãe — respondeu Lina, convicta. — Estou pronta pra recomeçar...

As duas se deram as mãos e continuaram a caminhar no bosque florido e perfumado. Os passarinhos continuavam voejando de galho em galho em trinados festivos. Um beija-flor parou diante delas. Lina estendeu a mão, e ele ficou na frente dela, tocando-lhe delicadamente um dos dedos. Ela sentiu naquele toque a magia da vida, a presença de Deus. Lina não teve dúvidas de que a vida é, de fato, uma beleza!

fim

Conheça os romances dos nossos autores best-sellers

Zibia Gasparetto

pelo espírito Lucius

A verdade de cada um – *nova edição*
A vida sabe o que faz
Entre o amor e a guerra
Esmeralda – *nova edição*
Espinhos do tempo
Laços eternos
Nada é por acaso
Ninguém é de ninguém
O advogado de Deus
O amanhã a Deus pertence
O amor venceu
O encontro inesperado
O fio do destino
O matuto
O morro das ilusões
O poder da escolha
Onde está Teresa?
Pelas portas do coração – *nova edição*
Quando a vida escolhe
Quando chega a hora
Quando é preciso voltar
Se abrindo pra vida
Sem medo de viver
Só o amor consegue
Somos todos inocentes
Tudo tem seu preço
Tudo valeu a pena
Um amor de verdade
Vencendo o passado

Ana Cristina Vargas

pelos espíritos Layla e José Antônio

A morte é uma farsa
Em busca de uma nova vida
Em tempos de liberdade
Encontrando a paz
Intensa como o mar
O bispo – *nova edição*

Marcelo Cezar

Pelo espírito Marco Aurélio

A última chance
A vida sempre vence - *nova edição*
Ela só queria casar...
Medo de amar - *nova edição*
Nada é como parece
Nunca estamos sós
O amor é para os fortes
O preço da paz
O próximo passo
O que importa é o amor
Para sempre comigo
Só Deus sabe
Um sopro de ternura
Você faz o amanhã

Mônica de Castro

Pelo espírito Leonel

A atriz – *edição revista e atualizada*
Apesar de tudo...
Até que a vida os separe
Com o amor não se brinca
De frente com a verdade
De todo o meu ser
Desejo – Até onde ele pode te levar? (pelos espíritos Daniela e Leonel)
Gêmeas
Giselle – A amante do inquisidor – *nova edição*
Greta – *nova edição*
Jurema das matas
Lembranças que o vento traz
O preço de ser diferente
Segredos da alma
Sentindo na própria pele
Só por amor
Uma história de ontem – *nova edição*
Virando o jogo